KB090653

20   TELP
          록!

G-TELP KOREA 문제 제공

지텔프
기출 독해

(Level 2)

BM (주)도서출판 성안당

[지텔프 기출 독해 Level 2]를 내면서

도서출판 성안당에서 지텔프 코리아가 제공한 G-TELP Level 2 기출 독해 문제를 반영한 **[지텔프 기출 독해 Level 2]**를 출간하였습니다. 반세기 동안 수험서 출간을 선도해 온 성안당에서 특유의 노하우와 진심을 담아, 지텔프 독해의 최근 출제 경향에 맞춰 파트별로 핵심 어휘와 구문, 만점 전략 등을 제시하고 기출 독해 문제를 총정리하여 지텔프 독해 시험에 완벽하게 대비하고 단기간에 목표 점수를 성취하도록 돕고자 합니다.

지텔프 기출 독해 문제를 수록한 독해 기본서!
[지텔프 기출 독해 Level 2]는 미국 지텔프 문제 출제 기관으로부터 기출문제 7회분을 제공받아 교재에 수록한 지텔프 기출 독해 기본서입니다. 파트별 문제 유형과 키워드 중심의 풀이 방법, 패러프레이징을 활용한 정답 접근법 등을 제시하여, 수험생들이 지텔프 독해의 핵심 내용을 알차게 정리하고 기출문제로 실전처럼 연습하여 학습 효과를 극대화하도록 교재를 구성하였습니다.

본 교재 한 권으로 G-TELP Level 2 독해 완벽 대비!
지텔프 시험에서 목표 점수를 받기 위해서는 독해 영역에서 고득점을 확보하는 것이 필수입니다. 본 교재에서는 수험생들이 신속하고 정확하게 독해 문제를 풀 수 있는 역량을 단기간에 기를 수 있도록 파트별 빈출 어휘와 유용한 구문을 예문과 함께 정리하였고, 파트별 샘플 지문에서 키워드와 근거 문장을 찾고 독해 문제에 접근하는 방법을 제시하였습니다. 또 실전 감각을 익히기 위해 실제 G-TELP Level 2 시험의 기출문제들로 연습 문제를 구성하였습니다. 본 교재 한 권으로 지텔프 독해를 완벽하게 대비하고 목표 점수를 성취할 수 있습니다.

파트별 만점 전략과 정답을 찾는 열쇠, 패러프레이징 노트 및 리딩 포레스트 제공!
본 독해 교재는 지텔프 최신 출제 경향에 맞추어 파트별 만점 전략을 제시하여 정답에 빠르게 접근하는 노하우를 알려줍니다. 특히, 독해에서 정답의 열쇠가 되는 패러프레이징을 정리한 패러프레이징 노트와 지문 전체를 토픽과 주요 구문으로 정리하여 독해력 향상을 돕는 리딩 포레스트를 부록으로 제공합니다.

[지텔프 기출 독해 Level 2]를 통해 영어 실력 향상과 함께 목표 점수를 확보하여 학업과 취업에서 좋은 성과를 이루길 진심으로 응원합니다.

성안당 지텔프 연구소

목차

PART 1

인물 일대기 016

PART 2

잡지 기사 040

PART 3

지식 백과 064

PART 4

비즈니스 레터 088

기출 실전테스트

부록

별책: 해설집

📝 2주 완성 학습 플랜

Day 1	Day 2	Day 3	Day 4	Day 5	Day 6
PART 1 학습 및 체크 문제 풀기	**PART 1** 기출문제 풀기 및 리뷰	**PART 2** 학습 및 체크 문제 풀기	**PART 2** 기출문제 풀기 및 리뷰	**PART 3** 학습 및 체크 문제 풀기	**PART 3** 기출문제 풀기 및 리뷰

Day 7	Day 8	Day 9	Day 10	Day 11	Day 12
PART 4 학습 및 체크 문제 풀기	**PART 4** 기출문제 풀기 및 리뷰	패러프레이징 노트 및 리딩 포레스트 학습	기출 실전테스트 1회 풀기	기출 실전테스트 2회 풀기	기출 실전테스트 3회 풀기

▶ 각 독해 파트에 나오는 문제 유형, 그에 필요한 핵심 단어와 빈출 표현을 반드시 암기합니다.
▶ PART 1 인물 일대기와 PART 4 비즈니스 레터를 집중적으로 학습합니다.

📝 3주 완성 학습 플랜

Day 1	Day 2	Day 3	Day 4	Day 5	Day 6
PART 1 학습 및 체크 문제 풀기	**PART 1** 기출문제 풀기 및 리뷰	**PART 1** 어휘 암기 및 리뷰	**PART 2** 학습 및 체크 문제 풀기	**PART 2** 기출문제 풀기 및 리뷰	**PART 2** 어휘 암기 및 리뷰

Day 7	Day 8	Day 9	Day 10	Day 11	Day 12
PART 3 학습 및 체크 문제 풀기	**PART 3** 기출문제 풀기 및 리뷰	**PART 3** 어휘 암기 및 리뷰	**PART4** 학습 및 체크 문제 풀기	**PART 4** 기출문제 풀기 및 리뷰	**PART 4** 어휘 암기 및 리뷰

Day 13	Day 14	Day 15	Day 16	Day 17	Day 18
패러프레이징 노트 학습	리딩 포레스트 학습	기출 실전테스트 1회 풀기 및 리뷰	기출 실전테스트 2회 풀기 및 리뷰	기출 실전테스트 3회 풀기 및 리뷰	부족한 파트와 틀린 문제 복습

▶ 각 독해 파트에 나오는 문제 유형, 그에 필요한 단어와 표현을 반드시 암기합니다.
▶ 패러프레이징 노트와 리딩 포레스트는 휴대하여 수시로 보면서 익숙해지기를 권장합니다.

이 책의 구성과 특징

1. 2021 최신 기출문제 7회분 수록

지텔프 유형 익히기 [01-07] 기출 1회

TETRIS

Tetris is a video game created by Russian game designer and computer engineer Alexey Pajitnov. It is one of the most successful video games of all time.

The idea for Tetris came to Pajitnov in 1984 while playing Pentominoes, his favorite puzzle game, which involves rearranging pieces of five equally-sized squares to fill a rectangular board. He imagined the pieces falling into a well and then piling up. He then developed an electronic game out of this idea during his spare time while working for the Soviet Academy of Sciences. The result was Tetris.

The name "Tetris" derives from *tetra*, the Greek word for "four," and tennis, Pajitnov's favorite sport. It requires players to rotate and move pieces consisting of four cubes in different combinations as they fall toward the bottom of the screen at increasing speeds. The goal is to arrange the pieces to form a continuous horizontal line from one edge of the screen to the other. This clears the line, earns points, and moves the new falling pieces down the cleared-out space. When the pieces are not arranged properly and fill up the screen, the game ends.

2. 파트별 빈도수 높은 표현과 단어 제공

핵심 표현

1. 출생과 성장

❶ **at the age of**: ~의 나이에
At the age of 24, Nietzsche started workin
니체는 24세의 나이에 바젤 대학에서 교수로 일하기 시작했다.

❷ **earn a degree**: 학위를 받다
Apgar **earned a degree** in zoology from M
아프가는 마운트 홀리오크 대학에서 동물학 학위를 받았다.

❸ **lead to**: ~로 이어지다, 초래하다
This **led to** a long period of isolation that re
이것은 긴 기간의 고립으로 이어졌는데, 이 고립의 기간은 결과적으로

2. 활동

❹ **pursue a career**: 경력을 추구하다
Her father's fondness for scientific investig
in the field of medicine.
그녀의 아버지의 과학적 탐구에 대한 애정이 그녀가 의학 분야에서 경

빈출 어휘

1. 인물 소개와 성장기

❶ **be born**: 태어나다
Friedrich Wilhelm Nietzsche **was born** on
프리드리히 빌헬름 니체는 1844년 10월 15일에 뢰켄에서 위젠에서

❷ **enter / graduate**: 들어가다, 입학하다 / 졸업하다
She then **entered** Columbia University's sc
fourth in her class in 1933.
그녀는 그 후 컬럼비아 대학교 외과대학에 입학하여 1933년 그녀의

❸ **go to = attend**: 다니다
Musk **went to** private schools in Pretoria,
머스크는 남아프리카의 프레토리아에 있는 사립학교를 다녔다.

He **attended** Queen's University in Canada
Pennsylvania.
그는 캐나다의 퀸스 대학에 다녔고, 펜실베이니아 대학으로 편입했다.

❹ **grow up**: 자라다, 성장하다

3. 파트별 만점 전략을 통해 정답 선택 전략 제시

만점 전략

글의 흐름	연구 소개, 연구의 필요성/계기, 연구과정, 연구의 특징, 시사점 등의 순서로 지문에 나오며 지문에 언급된 순서대로 이들을 묻는 문제가 출제되므로 이러한 흐름을 파악한다.
풀이 순서	지문 앞에 주어진 제목을 통해 지문의 소재와 주제를 파악하고 지문의 전체적인 내용을 이해하는 단서로 활용한다. 문제부터 먼저 읽고 의문사나 키워드를 중심으로 찾는다.
근거 문장	지문에서 해당 문제의 키워드가 나오는 부분의 문장을 훑어보면서 정답의 단서가 되는 근거 문장을 찾는다.
패러프레이징	지텔프 독해에서는 지문의 근거 문장에 나온 표현을 선택지에서 그대로 반복해서 쓰지 않고 비슷한 의미의 다른 표현으로 바꿔 쓰는 경향이 있다. 이렇게 지문의 근거 문장 표현을 패러프레이징(paraphrasing)한 선택지가 정답일 확률이 높음에 유의한다.
추론	추론 문제는 주로 most likely, likely, probably 등의 부사와 함께 쓰인다. 이런 부사가 쓰인 문항은 추론 문제로 판단하고, 정답의 단서가 지문에 직접 언급되어 있지 않으므로 본문에 근거하여 논리적으로 추론해서 문제를 푼다.
어휘	어휘 문제는 기존에 알고 있던 해당 어휘의 뜻으로만 정답을 찾는 것이 아니라 그 어휘가 본문에서 쓰인 의미를 파악하여 문맥상 가장 유사한 뜻을 가진 단어를 선택지에서 골라야 한다.

지텔프 유형 공략하기

POCAHONTAS

1 ¹Perhaps one of the most **famous** Native American in history was Pocahontas **because** she helped maintain peace between Native Americans and the English colonists of Jamestown, Virginia in 1607. Legend has it that she saved John Smith's life when her father, Powhatan, was about to kill the gentleman.

인물 개관

4 체크 문제를 통해 독해 문제를 푸는 세밀한 학습 가능

---

1. (c)

유형▶ 유명한 이유(핵심 업적)

포카혼타스는 무엇으로 유명한가?
(a) 원주민 아이들에게 교육을 가져다 줌
(b) 원주민들에게 창업하는 법을 가르쳐 줌
(c) 부족에게 제임스타운 식민지 개척자들과의 평화를 가져 옴
(d) 원주민들에게 유럽인들과 싸우는 법을 가르쳐 줌

해설▶ 본문 1단락에서 "¹ Perhaps one of the most famous Native American in history was Pocahontas because she helped maintain peace between Native Americans and the English colonists of Jamestown, Virginia in 1607. (아마도 역사상 가장 유명한 원주민 중 하나는 포카혼타스였을 것이다. 왜냐하면 그녀는 1607년 버지니아주 제임스타운의 영국 식민지 개척자들 사이의 평화를 유지하는 것을 도왔기 때문이다.)라고 하였다. 포카혼타스가 가장 유명한 아메리카 원주민인 이유가 원주민과 식민지 개척자들 사이의 평화를 유지시켰기 때문이라고 했으므로 (c)가 정답이다.

---

5 패러프레이징된 문장만을 선별하여 별도 학습 가능

No	TEST	PART	Q_No	본문에 쓰인 표현 ➡ 패러프레이징된 표현
1	TEST 1	PART 1	53	rescuing Jewish children in Czechoslovakia 체코에 있는 유태인 어린이들을 구출한 것 ➡ saving Jewish children in Czechoslovakia 체코에 있는 유태인 어린이들을 구한 것
2	TEST 1	PART 1	55	to arrange for the children's rescue 아이들의 구출을 준비하기 위해 ➡ prepared for the transport of Jewish children 유태인 아이들의 수송을 준비했다
3	TEST 1	PART 1	56	found adoptive parents for each child 각각의 아이에게 양부모를 찾아주었다 ➡ finding British parents who were willing to take them in 기꺼이 데려갈 영국 부모를 찾아냄
4	TEST 1	PART 1	57	appeared on a nationwide BBC television program 전국적인 BBC 텔레비전 프로그램에 등장하였다 ➡ was seen on national television 텔레비전 전국 방송에 출연했다
5	TEST 1	PART 2	60	save energy on air conditioning 냉방에 드는 에너지를 절약 ➡ saving money on electricity use 전기 사용 비용을 절감
6	TEST 1	PART 2	61	it also allows infrared radiation to escape 적외선이 방출되도록 허용한다 ➡ It does not block infrared radiation. 적외선 방사를 차단하지 않는다
7	TEST 1	PART 2	62	is completely transparent. 완전히 투명하다 ➡ can be seen through 속이 통하다) 보일 수 있다

PART 4 ● Reading

6 리딩 포레스트를 통한 지문 전체의 흐름 파악

[Check]

Monica Jonas
1264, Colonial Building
350 E., Lake Shore Drive
Chicago, IL

Dear Ms. Monica Jonas:

I am writing this letter in reference to my insurance claim on the policy that I signed up for, two years ago, with your company. I am filing the claim for coverage or some kind of compensation for my covered loss. This letter is actually for documentation purposes as I have already spoken with you when I went down to your office last Tuesday, the day following the theft.

Like I told you, my motorcycle, the "LiveWire One", the first and only electric Harley Davidson on the market today, was stolen while it was parked outside my office on 4521 Lake Shore Drive. I only noticed that my motorcycle was gone as I

📝 G-TELP란?

G-TELP(General Tests of English Language Proficiency)는 ITSC(International Testing Services Center, 미국 국제 테스트 연구원)에서 주관하는 국제 공인영어시험입니다. 한국은 1986년에 지텔프 코리아가 설립되어 시험을 운영 및 주관하고 있습니다. 현재 각종 국가고시, 기업 채용 및 승진 평가 시험, 대학교 졸업 인증 시험, 교육 과정 등에서 널리 활용되는 글로벌 영어평가 교육 시스템입니다. G-TELP에는 다양한 테스트가 있으며, 그중 G-TELP Level Test의 Level 2 정기 시험 점수가 가장 많이 사용되고 있습니다.

📝 G-TELP Level별 시험 구성

구분	출제 방식 및 시간	평가 기준	합격자의 영어 구사 능력
Level 1	청취 30문항 독해 및 어휘 60문항 총 90문항 (약 100분)	Native Speaker에 준하는 영어 능력: 상담, 토론 가능	모국어가 영어인 사람과 대등한 의사소통 국제회의 통역 가능한 수준
Level 2	문법 26문항 청취 26문항 독해 및 어휘 28문항 총 80문항 (약 90분)	다양한 상황에서 대화 가능: 업무 상담 및 해외 연수 등이 가능한 수준	일상 생활 및 업무 상담 가능 외국인과의 회의 및 세미나, 해외 연수 등이 가능한 수준
Level 3	문법 22문항 청취 24문항 독해 및 어휘 24문항 총 70문항 (약 80분)	간단한 의사소통과 친숙한 상태에서의 단순 대화 가능	간단한 의사소통 가능 해외 여행과 단순한 업무 출장이 가능한 수준
Level 4	문법 20문항 청취 20문항 독해 및 어휘 20문항 총 60문항 (약 80분)	기본적인 문장을 통해 최소한의 의사소통이 가능한 수준	기본적인 어휘의 짧은 문장으로 최소한의 의사소통이 가능한 수준
Level 5	문법 16문항 청취 16문항 독해 및 어휘 18문항 총 50문항 (약 55분)	극히 초보적인 수준의 의사소통 가능	영어 초보자 일상의 인사, 소개 등을 이해할 수 있는 수준

🖉 G-TELP Level 2의 구성

영역	분류	문항	배점
문법	시제, 가정법, 조동사, 준동사, 연결어, 관계사, 당위성/이성적 판단	26	100점
청취	Part 1 개인적인 이야기를 하는 대화 Part 2 정보를 제공하는 발표 형식의 담화 Part 3 결정을 위해 의논하는 대화 Part 4 절차나 과정을 설명하는 형식의 담화	26 (각 7/6/6/7문항)	100점
독해 및 어휘	Part 1 과거나 현세대 인물의 일대기 Part 2 사회나 기술적 내용을 다루는 잡지 기사 Part 3 일반적인 내용의 지식 백과 Part 4 설명하거나 설득하는 내용의 비즈니스 레터	28 (각 7문항)	100점
전체	약 90분 (영역별 제한 시간 없이 전체 90분 활용 가능)	80문항	공인 성적: 영역별 점수 합을 3으로 나눈 평균값

🖉 G-TELP의 특징

▶ 절대 평가 방식: 문법, 청취, 독해 및 어휘 모두 75점 이상이면 해당 등급에 합격(Mastery)하지만 국내의 각종 영어 대체 시험 성적으로는 Level 2의 65점 이상만 얻으면 합격 가능

▶ 빠른 성적 확인: 응시일로부터 일주일 이내 성적 확인 가능

▶ 문법, 청취, 독해 및 어휘의 3영역에 객관식 4지선다형으로 학습 부담 적음

▶ 영역별 문제 유형이 확실하게 정해져 있어 단기간 학습으로 점수 상승 가능

G-TELP Level 2의 성적 활용 비교

구분	G-TELP (LEVEL 2)	TOEIC
5급 공채	65	700
외교관 후보자	88	870
7급 공채	65	700
7급 외무영사직렬	77	790
7급 지역인재	65	700
국회사무처(입법고시)	65	700
대법원(법원행정고시)	65	700
국민안전처(소방간부 후보생)	50	625
국민안전처(소방사) (2023년부터)	43	550
경찰청(경찰간부 후보생)	50	625
경찰청(경찰공무원)	43	550
국방부(군무원) 5급	65	700
국방부(군무원) 7급	47	570
국방부(군무원) 9급	32	470
카투사	73	780
특허청(변리사)	77	775
국세청(세무사)	65	700
고용노동부(공인노무사)	65	700
국토교통부(감정평가사)	65	700
한국산업인력공단(관광통역안내사)	74	760
한국산업인력공단(호텔경영사)	79	800
한국산업인력공단(호텔관리사)	66	700
한국산업인력공단(호텔서비스사)	39	490
금융감독원(공인회계사)	65	700

시험 접수부터 성적 확인까지

✍️ 접수하기

▶ **접수** : www.g-telp.co.kr에 회원 가입 후 접수 또는 지정 접수처에 직접 방문하여 접수
▶ **응시일** : 매월 2회(격주) 일요일 오후 3시

　　　　　(정기 시험 일정과 고사장, 응시료 등은 변동될 수 있으므로 지텔프 코리아 홈페이지에서 확인)
▶ **응시료** : 정기 접수 6만 300원, 추가 접수 6만 4,700원, 수시 접수 6만 8,200원
▶ **응시 자격** : 제한 없음

✍️ 응시하기

▶ **입실** : 오후 2시 20분까지 입실 완료
▶ **준비물** : 신분증, 컴퓨터용 사인펜, 시계, 수정테이프
▶ **유의 사항** :

　– 신분증은 주민등록증, 여권(기간 만료전), 운전면허증, 공무원증, 군인신분증, 중고생인 경우 학생증(사진 + 생년월일 + 학교장 직인 필수), 청소년증, 외국인등록증(외국인) (단, 대학생의 경우 학생증 불가)만 인정
　– 허용된 것 이외에 개인 소지품 불허
　– 컴퓨터용 사인펜으로만 마킹 가능(연필이나 볼펜 마킹 후 사인펜으로 마킹하면 오류가 날 수 있으니 주의)
　– 수정테이프만 사용 가능, 수정액 사용 불가

✍️ 성적 확인하기

▶ **성적 결과** : 시험 후 일주일 이내에 지텔프 코리아 홈페이지(www.g-telp.co.kr)에서 확인 가능
▶ **성적표 수령** : 온라인으로 출력(최초 1회 발급 무료)하거나 우편으로 수령 가능하고 성적은 시험일로부터 2년간 유효함

성적표 샘플

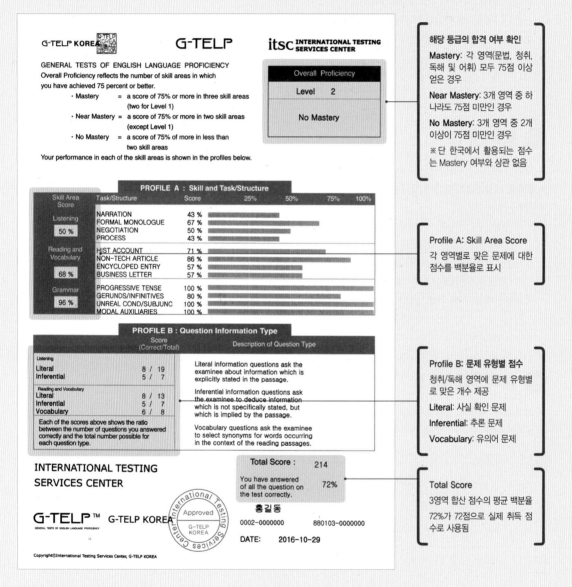

G-TELP KOREA

G-TELP

itsc INTERNATIONAL TESTING SERVICES CENTER

GENERAL TESTS OF ENGLISH LANGUAGE PROFICIENCY
Overall Proficiency reflects the number of skill areas in which
you have achieved 75 percent or better.

- Mastery = a score of 75% or more in three skill areas (two for Level 1)
- Near Mastery = a score of 75% or more in two skill areas (except Level 1)
- No Mastery = a score of 75% of more in less than two skill areas

Your performance in each of the skill areas is shown in the profiles below.

Overall Proficiency	
Level	2
No Mastery	

해당 등급의 합격 여부 확인

Mastery: 각 영역(문법, 청취, 독해 및 어휘) 모두 75점 이상 얻은 경우

Near Mastery: 3개 영역 중 하나라도 75점 미만인 경우

No Mastery: 3개 영역 중 2개 이상이 75점 미만인 경우

※ 단 한국에서 활용되는 점수는 Mastery 여부와 상관 없음

PROFILE A : Skill and Task/Structure

Skill Area Score	Task/Structure	Score	25%	50%	75%	100%
Listening 50 %	NARRATION	43 %				
	FORMAL MONOLOGUE	67 %				
	NEGOTIATION	50 %				
	PROCESS	43 %				
Reading and Vocabulary 68 %	HIST ACCOUNT	71 %				
	NON-TECH ARTICLE	86 %				
	ENCYCLOPED ENTRY	57 %				
	BUSINESS LETTER	57 %				
Grammar 96 %	PROGRESSIVE TENSE	100 %				
	GERUNDS/INFINITIVES	80 %				
	UNREAL COND/SUBJUNC	100 %				
	MODAL AUXILIARIES	100 %				

Profile A: Skill Area Score
각 영역별로 맞은 문제에 대한 점수를 백분율로 표시

PROFILE B : Question Information Type

	Score (Correct/Total)	Description of Question Type
Listening		Literal information questions ask the examinee about information which is explicitly stated in the passage.
Literal	8 / 19	
Inferential	5 / 7	
Reading and Vocabulary		Inferential information questions ask the examinee to deduce information which is not specifically stated, but which is implied by the passage.
Literal	8 / 13	
Inferential	5 / 7	
Vocabulary	6 / 8	Vocabulary questions ask the examinee to select synonyms for words occurring in the context of the reading passages.

Each of the scores above shows the ratio between the number of questions you answered correctly and the total number possible for each question type.

Profile B: 문제 유형별 점수
청취/독해 영역에 문제 유형별로 맞은 개수 제공

Literal: 사실 확인 문제

Inferential: 추론 문제

Vocabulary: 유의어 문제

INTERNATIONAL TESTING SERVICES CENTER

G-TELP ™ G-TELP KOREA
GENERAL TESTS OF ENGLISH LANGUAGE PROFICIENCY

Approved G-TELP KOREA

Copyright©International Testing Services Center, G-TELP KOREA

Total Score :	214
You have answered all the question on the test correctly.	72%

홍길동

0002-0000000   880103-0000000

DATE: 2016-10-29

Total Score
3영역 합산 점수의 평균 백분율 72%가 72점으로 실제 취득 점수로 사용됨

영역 소개

제시된 지문을 읽고, 7개 질문의 정답을 고르는 문제이며, 53번부터 80번까지 28문제가 출제됩니다. 4개의 파트로 되어 있고, Part 1은 인물 일대기, Part 2는 잡지 기사, Part 3은 지식 백과, Part 4는 비즈니스 레터로 파트별 지문의 길이는 5~7단락 정도입니다. 유의어를 고르는 어휘 문제는 각 파트의 마지막 2문제로 출제됩니다.

문제 형태

Part 1. Read the following biography article and answer the questions. The underlined words in the article are for vocabulary questions.

SIR NICHOLAS WINTON

Sir Nicholas Winton was a British humanitarian best known for rescuing Jewish children in Czechoslovakia from the Nazis just before the Second World War. The rescued later became known as "Winton's Children."

Nicholas George Wertheimer was born on May 19, 1909 in London. His parents, Rudolf and Barbara Wertheimer, were German Jews who had moved to England and changed their surname to Winton. (생략)

53. What is Nicholas Winton famous for?

    (a) saving Jewish children in Czechoslovakia
    (b) his work in the Czech refugee camps
    (c) fighting the Nazis in the war
    (d) his adoption of Jewish Czech children

📝 최신 출제 경향 분석 및 고득점 전략

1 독해 및 어휘 최신 출제 경향

❶ 지텔프의 독해 및 어휘 문제는 4개의 파트가 있습니다.

Part 1	**인물 일대기**: 과거 또는 현재의 유명 인사의 일대기를 소개하는 글입니다. 인물의 소개 ➡ 유년기 ➡ 청소년기 ➡ 전성기(업적이나 특징) ➡ 말년이나 죽음
Part 2	**잡지 기사**: 사회적 이슈가 되는 기사나 사건을 다루는 잡지나 기사가 나옵니다. 연구 결과 또는 신기술 소개 ➡ 특징이나 사회적 중요성 ➡ 추후 변화의 흐름
Part 3	**지식 백과**: 역사적 또는 과학적 사실이나 유익한 정보나 지식을 소개합니다. 정보 소개 ➡ 특징이나 유익성 소개 ➡ 현재 상황 ➡ 발전 방향 및 영향력
Part 4	**비즈니스 레터**: 업무 관련 메일로 주로 마케팅, 사업 제안 및 업무 내용을 편지로 소개합니다. 인사 ➡ 편지의 목적 ➡ 세부사항 및 앞으로 업무 절차 ➡ 마무리 인사

❷ 파트별로 7문제가 출제되는데 1번 문제는 주로 주제나 목적을 묻는 문제이고, 육하원칙에 따른 세부사항(When, Where, What, Who, Why, How)을 묻는 문제가 출제됩니다.

❸ 본 담화에 나온 내용을 확인하는 사실 관계(True or Not True) 문제가 한 문제 정도 출제되기도 하지만 최근에는 거의 출제되지 않고 있습니다.

❹ 본 담화에 나오지는 않지만, 그 담화를 기초로 어떤 행동이나 사실을 묻는 추론 문제가 출제됩니다.

❺ 모든 파트에서 마지막 2문제는 어휘 문제가 출제됩니다.

② 독해 및 어휘 고득점 전략

❶ 지텔프 독해 및 어휘 문제는 문제부터 먼저 읽고 의문사나 키워드를 찾는 것이 포인트입니다.

❷ 지문에서 해당 문제의 키워드가 나오는 부분의 문장들을 훑어보면서 정답의 단서가 되는 **근거 문장**을 찾습니다.

❸ 지문의 근거 문장에서 찾은 답을 알맞게 표현한 선택지를 고릅니다.

❹ 패러프레이징(paraphrasing)을 이해해야 고득점이 나옵니다. 해당 문제의 근거 문장을 지문에서 찾고 이를 알맞게 표현한 선택지를 고를 때, 지문의 근거 문장에 나온 표현을 그대로 반복해서 쓰지 않고 비슷한 의미를 가진 다른 표현으로 바꾸어 쓴 선택지가 정답이 되는 경우가 대부분입니다. 지텔프 독해에서 고득점을 받을 수 있는 핵심 전략이 바로 이 **패러프레이징**에 대한 대비와 연습입니다. 본 교재에서 지문에 나온 표현과 유사한 표현이 쓰인 선택지를 비교하는 정답키를 자세하게 제시하고 있습니다.

❺ 추론 문제는 본문에 직접 언급되어 있지 않지만 미루어 짐작할 수 있는 내용을 물어보기 때문에 아주 난이도가 높습니다. 이때 자주 나오는 부사나 부사구는 **most likely, likely, probably**입니다.

❻ 마지막 어휘 2문제는 본문에서 밑줄로 주어지고, 그 단어 앞뒤의 내용과 본 문장에서 어떤 의미로 사용되었는지를 묻는 문제입니다. 이때 주의할 점은 기존에 알고 있던 의미로만 접근하면 안 된다는 것입니다. 반드시 본문에서 어떤 의미로 사용되었는지를 중심으로 문맥상 비슷한 어휘로 골라야 합니다.

✎ 최신 출제 경향 분석 비주얼 차트

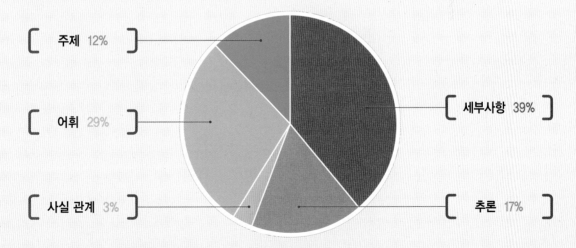

기출 7회분 [독해와 어휘] 영역 출제 유형 분석

주제 12%

어휘 29%

사실 관계 3%

세부사항 39%

추론 17%

인물 일대기

PART 1에서는 과거 또는 현재 유명인의 일대기가 출제되고 가끔 유명한 콘텐츠의 역사를 소개하는 지문도 나온다. 인물 소개, 성장기, 전성기, 말년 등이 시간 순서대로 서술되며, 사건, 활동, 업적, 특징 등을 묻는 문제가 자주 출제된다.

만점 포인트

❶ 인물 소개, 유명한 이유, 성장기(진로의 계기), 전성기(활동 및 업적)나 말년 등이 순서대로 나오므로 흐름을 잘 파악한다.

❷ 문제부터 먼저 읽으면서 의문사와 핵심 단어를 확인하고 지문에서 정답의 단서를 찾는다.

❸ 지문의 근거 문장에 나온 표현이 반복되지 않고 패러프레이징된 문장이 정답이 되는 경우가 많다.

❹ 어휘 문제는 해당 어휘의 기본적인 뜻만 파악할 것이 아니라 본문에 쓰인 의미를 파악하여 문맥상 가장 가까운 뜻을 가진 단어를 정답으로 선택한다.

지텔프 유형 분석하기

지문의 특징

PART 1에서는 역사적 인물이나 유명인의 일대기를 다루는 지문이 출제된다. 인물의 출생부터 성장 과정, 주요 활동 및 업적, 말년 등이 시간 순서대로 서술된 지문으로 구성되어 있으며, 인물과 관련된 사건이나 활동, 업적을 묻는 문제가 자주 출제되고 있다.

출제 경향

위인이나 역사적 인물의 일대기뿐만 아니라 현시대의 과학자나 기업가, 스포츠 선수 등 유명인에 관한 지문도 많이 출제되고 있다. 최근에는 실제 인물 외에도 작품 속 주인공에 관한 내용도 지문으로 등장하는 등 소재가 다양하게 변화하고 있다.

❶ **역사적 인물**: 니콜라스 윈턴(영국 인도주의자), 버지니아 아프가(미국 마취과 의사), 프리드리히 니체(독일 철학자), 세코야(북미 원주민 언어학자)

❷ **근현대 유명인**: 일론 머스크(미국 엔지니어, 기업가), 월터 크라이슬러(미국 기업가)

❸ **작품 속 인물**: 조지 브라보(미국 애니메이션 시리즈 주인공)

문항 구성 및 문제 유형

PART 1의 일곱 문항 중 첫 문항에서는 인물이 무엇으로 유명한지를 묻는 문제가 자주 출제되고 세부사항을 묻는 문제들이 3~4문항 출제되며 간혹 1문항 정도는 추론 문제나 사실 관계를 묻는 문제가 출제되기도 한다. 또 PART 1의 마지막 2문항은 어휘 문제로 구성된다.

❶ **유명한 이유(핵심 업적)**: PART 1에 특화된 문제 유형으로 인물이 무엇으로 유명한지를 묻는 문제

What is Nicholas Winton **famous for**?
니콜라스 윈턴은 무엇으로 유명한가?

❷ **세부사항**: What, Why, When, How 등 의문사로 시작하여 인물에 관한 세부적인 사항을 묻는 문제

Why did Nietzsche quit his teaching post at Basel?
니체는 왜 바젤 대학의 교직을 그만두었는가?

❸ 추론: 지문에 명시되어 있지 않지만 지문의 내용을 통해 인물에 대해 상식적 혹은 논리적으로 추론하도록 요구하는 문제

What **most likely** was the reason that Chrysler left the Willys-Overland Company?
크라이슬러가 윌리스-오버랜드 사를 떠난 이유는 무엇이었을까?

❹ 사실 관계(True/Not true): 인물과 관련된 사건이나 행적 등에 관해 사실 여부를 묻는 문제로, 최근 이 유형은 드물게 출제되고 있음.

Which of the following statements is **not true** about John Smith?
다음 중 존 스미스에 대해 사실이 아닌 것은?

❺ 어휘: 지문에 쓰인 어휘의 문맥상 뜻을 묻는 문제

In the context of the passage, documented means _____.
본문의 맥락에서 documented는 _____ 을 의미한다.

만점 전략

글의 흐름	인물 소개 및 유명한 이유, 어린 시절, 전성기 활동 및 업적, 말년, 후대의 평가 등 지문에 언급된 순서대로 문제가 출제되므로 이러한 흐름을 파악한다.
풀이 순서	문제부터 먼저 읽고 의문사나 키워드를 중심으로 찾는다.
근거 문장	지문에서 해당 문제의 키워드가 나오는 부분의 문장을 훑어보면서 정답의 단서가 되는 근거 문장을 찾는다.
패러프레이징	지텔프 독해에서는 지문에 나온 표현을 선택지에서 그대로 반복해서 쓰지 않고 비슷한 의미의 다른 표현으로 바꿔 쓰는 패러프레이징(paraphrasing) 기법이 자주 사용된다. 이렇게 지문의 근거 문장 표현을 패러프레이징한 선택지가 정답일 확률이 높음에 유의한다.
추론	추론 문제는 주로 most likely, likely, probably 등의 부사와 함께 쓰이므로 이런 부사가 쓰인 문항은 추론 문제로 판단한다. 추론 문제는 정답의 단서가 지문에 직접 언급되어 있지 않으므로 본문에 근거하여 논리적으로 추론해서 문제를 푼다.
어휘	어휘 문제는 기존에 알고 있던 해당 어휘의 뜻으로만 정답을 찾는 것이 아니라 그 어휘가 본문에서 쓰인 의미를 파악하여 문맥상 가장 유사한 뜻을 가진 단어를 선택지에서 골라야 한다.

핵심 표현

❶ at the age of: ~의 나이에

At the age of 24, Nietzsche started working as a professor at the University of Basel.
니체는 24세의 나이에 바젤 대학에서 교수로 일하기 시작했다.

❷ earn a degree: 학위를 받다

Apgar **earned a degree** in zoology from Mount Holyoke College.
아프가는 마운트 홀리요크 대학에서 동물학 학위를 받았다.

❸ lead to: ~로 이어지다, 초래하다

This **led to** a long period of isolation that resulted in his most fruitful period of writing.
이로 인해 오랜 기간 고립으로 이어지고, 결과적으로 그의 가장 결실이 많은 집필 시기가 되었다.

2. 활동

❹ pursue a career: 경력을 추구하다

Her father's fondness for scientific investigation made her want to **pursue a career** in the field of medicine.
그녀의 아버지의 과학적 탐구에 대한 애정이 그녀가 의학 분야에서 경력을 추구하고 싶게 만들었다.

❺ receive a certificate: 자격증을 받다

She became the 50th physician in the US to **receive a certificate** in anesthesiology.
그녀는 미국에서 마취과 자격증을 받은 50번째 의사가 되었다.

3. 평가

❻ best known for: ~로(때문에) 가장 잘 알려진 / famous for: ~로 유명한

Sir Nicholas Winton was a British humanitarian **best known for** rescuing Jewish children in Czechoslovakia from the Nazis just before the Second World War.
니콜라스 윈턴 경은 2차 세계 대전 직전 체코슬로바키아의 유태인 어린이들을 나치로부터 구해낸 것으로 가장 잘 알려진 영국의 인도주의자였다.

❼ criticized for: ~로 비판받는

He published numerous works during his career, many of which were **criticized for** their anti-Christian ideas and remain controversial to this day.
그는 활동 기간 동안 수많은 작품을 발표했는데, 그중 많은 작품들은 반기독교적인 발상으로 비판을 받았고 오늘날까지도 논란이 되고 있다.

❽ known as: ~로 알려진

The rescued later became **known as** "Winton's Children."
구조된 사람들은 나중에 '윈턴의 아이들'로 알려지게 되었다.

❾ recognized for: ~로 인정받는, ~로 알려진

He is **recognized for** his voluminous blond hair, muscular body, and voice that sounds like Elvis Presley. 그는 풍성한 금발, 근육질 몸매, 엘비스 프레슬리 같은 목소리로 잘 알려져 있다.

빈출 어휘

1. 인물 소개와 성장기

❶ be born: 태어나다

Friedrich Wilhelm Nietzsche **was born** on October 15, 1844 in Röcken bei Lützen.
프리드리히 빌헬름 니체는 1844년 10월 15일에 뢰켄베이 뤼첸에서 태어났다.

❷ enter / graduate: 들어가다, 입학하다 / 졸업하다

She then **entered** Columbia University's school of surgery where she **graduated** fourth in her class in 1933.
그녀는 그 후 컬럼비아 대학교 외과대학에 입학하여 1933년 그녀의 학년에서 4등으로 졸업했다.

❸ go to = attend: 다니다

Musk **went to** private schools in Pretoria, South Africa.
머스크는 남아프리카의 프레토리아에 있는 사립학교를 다녔다.

He **attended** Queen's University in Canada, and transferred to the University of Pennsylvania.
그는 캐나다의 퀸스 대학에 다녔고, 펜실베니아 대학으로 편입했다.

❹ grow up: 자라다, 성장하다

Young Nicholas **grew up** in a mansion, his father being a successful bank manager.
어린 니콜라스는 아버지가 성공한 은행 매니저였기 때문에 대저택에서 자랐다.

❺ move to: 이사가다

The family **moved to** Naumburg in 1850.
그 가족은 1850년에 나움부르크로 이사했다.

❻ excellent: 뛰어난

His **excellent** skills in machinery and plant management led to a successful career in the railway industry.
기계와 공장 관리에 대한 그의 뛰어난 기술은 철도 산업에서 성공적인 경력을 쌓게 했다.

❼ fondness = love: 애정

Chrysler's **fondness** for cars showed when he bought his first car, a Locomobile, even before he could drive.
크라이슬러의 자동차에 대한 애정은 그가 운전하기도 전에 첫 번째 차인 로코모바일을 샀을 때 나타났다.

❽ influence: 영향을 미치다

There, he was strongly **influenced** by the writings of philosopher Arthur Schopenhauer.
그곳에서 그는 철학자 아서 쇼펜하우어의 저술에 강한 영향을 받았다.

❶ achievement: 성취, 업적

Despite this **achievement**, Chrysler left GM due to differences with its founder.

크라이슬러는 이러한 성취에도 불구하고 설립자의 이견으로 GM을 떠났다.

❷ career: 경력, 직업

It helped start the **career** of several animators who continued creating award-winning cartoon series.

그것은 수상 경력이 있는 만화 시리즈를 계속해서 만든 몇몇 애니메이터들의 경력을 시작하는 데 도움을 주었다.

❸ create = invent: 만들다, 창작하다, 발명하다

Johnny Bravo was **created** in 1993 by Van Partible for his thesis project at Loyola Marymount University.

〈조니 브라보〉는 1993년 로욜라 메리 마운트 대학에서 논문 과제를 위해 반 파티블에 의해 만들어졌다.

Sequoyah was a Native American metalworker, scholar, and linguist best known for **inventing** the written form of the Cherokee language.

세코야(Sequoyah)는 체로키어의 문자 형태를 발명한 것으로 가장 잘 알려진 북미 원주민 금속 세공인, 학자, 그리고 언어학자였다.

❹ develop: 개발하다

She is best known for **developing** the "Apgar score," a method that assesses a newborn baby's physical condition and checks if the baby needs additional medical attention.

그녀는 갓 태어난 아기의 신체 상태를 평가하고 아기가 추가적인 의료 치료를 필요로 하는지를 확인하는 방법인 '아프가 점수'를 개발한 것으로 가장 잘 알려져 있다.

❺ found = establish: 설립하다

He **founded** high-technology companies including SpaceX and Tesla Motors.

그는 스페이스엑스, 테슬라 모터스 등 첨단 기술 기업을 설립했다.

❻ launch: 개시하다, 출시하다

He soon **launched** the first successful business venture.

그는 곧 첫 번째 성공적인 벤처를 시작했다.

❼ unnoticed: 눈에 띄지 않는, 주목받지 못하는

Winton's efforts went **unnoticed** until nearly 50 years later, when his wife found an old scrapbook containing the children's photos, letters, and other documents.

윈턴의 노력은 거의 50년이 지나서 그의 아내가 아이들의 사진과 편지, 다른 문서들이 들어 있는 오래된 스크랩북을 발견하기 전까지는 주목받지 못했다.

❽ produce: 생산하다

Tesla Motors **produces** the more affordable Model 3, a sedan that has become the company's best-selling model and one of the world's most popular electric vehicles.

테슬라 모터스는 이 회사의 가장 잘 팔리는 모델이자 세계에서 가장 인기 있는 전기차 중 하나가 된 세단인 더 저렴한 Model 3를 생산한다.

⑨ realize: 깨닫다

She began studying the effects of anesthesia during childbirth, and **realized** that babies were given little medical attention after birth.

그녀는 출산 중에 마취의 영향을 연구하기 시작했고, 아기들은 출생 후에 거의 의학적 치료를 받지 않는다는 것을 깨달았다.

⑩ resign: 사직하다, 그만두다

Nietzsche **resigned** from his job in 1879 due to various illnesses.

니체는 1879년에 여러 가지 질병으로 직장을 그만두었다.

⑪ retire: 물러나다, 은퇴하다

Chrysler **retired** as president of his company in 1935.

크라이슬러는 1935년에 자신의 회사 사장직에서 물러났다.

3. 인물에 대한 평가

❶ contribution: 공헌, 기여

Apgar's other **contribution** in ensuring the newborn's health was her discovery of the negative effects on babies of cyclopropane.

신생아의 건강을 보장함에 있어 아프가의 다른 공헌은 사이클로프로판의 아기들에 대한 부정적인 영향을 발견한 것이었다.

❷ inspire: 영감을 주다

Nietzsche's ideas **inspired** many intellectuals of the 20th century, including Carl Jung, Sigmund Freud, and Jean-Paul Sartre.

니체의 사상은 칼 융, 지그문트 프로이트, 장 폴 사르트르를 포함한 20세기의 많은 지식인들에게 영감을 주었다.

❸ recognition: 인정, 표창

Musk has received many **recognitions**, including the Stephen Hawking Medal for Science Communication and a Gold Medal from the Royal Aeronautical Society.

머스크는 스티븐 호킹 과학 커뮤니케이션 훈장과 왕립 항공 협회로부터 금상을 포함한 많은 표창을 받았다.

❹ record: 기록

She turned the **records** over to a Holocaust historian, and soon after, stories of Winton's heroic deeds fell into the hands of a prominent figure in the newspaper industry.

그녀는 그 기록을 홀로코스트 역사학자에게 넘겼고, 얼마 지나지 않아, 윈턴의 영웅적 행동에 대한 이야기는 신문업계의 저명한 인물의 손에 넘어갔다.

❺ honor: 명예, 영예

Throughout his life, he received many **honors**, including a knighthood by the Queen and an honorary citizenship in Prague.

평생 동안, 그는 여왕의 기사 작위와 프라하의 명예 시민권을 포함하여 많은 영예를 받았다.

POCAHONTAS

1 [1]Perhaps one of the most **famous** Native Americans in history was Pocahontas **because** she helped maintain peace between Native Americans and the English colonists of Jamestown, Virginia in 1607. Legend has it that she saved John Smith's life when her father, Powhatan, was about to kill the gentleman.

인물 개관

2 Amonute aka Pocahontas was born in Virginia, sometime in 1595. [2]Her father, Chief Powhatan, was a **powerful Native Indian leader**. When Pocahontas was about 12 years old, she was introduced to the English colonists, [3d]some of whom always wanted to **communicate** with the natives. The leader, John Smith later claimed that [3b]young Pocahontas **saved** his life when [3c]he was a **prisoner** of Powhatan's men. The story, which has become part of American folklore, might not be true after all due to Smith's propensity to exaggerate. Nevertheless, Pocahontas was helpful in providing food and water to the settlers when their supply ran low. She also warned them of possible Indian attacks.

출생과 어린 시절

3 Pocahontas was captured and held for ransom by the Colonists during hostilities in 1613. [4]During her captivity, she was pressured to **convert to Christianity** and was baptized under the name Rebecca. She married the 28-year-old widower, tobacco planter, John Rolfe, in April 1614 aged about 18, and she bore their son Thomas Rolfe in January 1615. The wedding began eight years of peace between the Native Americans and the colonists.

초기 활동

4 [5]In 1616, the Rolfes travelled to London where Pocahontas was presented to British Monarchy and society as **an example of the "civilized savage"** in hopes of stimulating investment in the Jamestown settlement. She became something of a celebrity and was elegantly fêted at the Whitehall Palace.

주요 행적

5 In 1617, as the family set sail for Virginia, Pocahontas became ill and died. She was about 21 years old. Her body was laid to rest in St George's Church, Gravesend, in England. However, her grave's exact location is unknown because the church was rebuilt after a fire destroyed it.

인물의 말년

6 Numerous places, landmarks, and products in the United States have been named after Pocahontas. Her story has been romanticized over the years, with some aspects which are probably fictional. Many of the stories told about her by John Smith have been contested, however, by her [6]**documented** descendants. She is a subject of art, literature, and film, and many famous people have [7]**claimed** to be among her descendants through her son.

후대의 평가 및 영향

1 **What** is Pocahontas **famous for**?

(a) bringing education to Native American kids

(b) teaching Native American people how to start a business

(c) bringing her people peace with the colonists in Jamestown

(d) teaching her people how to fight the Europeans

2 **How most likely** did Pocahontas become acquainted with the British colonists?

(a) by a complete coincidence

(b) through an acquaintance

(c) by attending British schools

(d) through her father's position

3 Which of the following statements is **not true** about John Smith?

(a) He was a famous American storyteller.

(b) He was once saved by Pocahontas.

(c) He was captured by Native Americans.

(d) He had a desire to communicate with Native Americans.

4 Based on the article, **what happened** to Pocahontas after she was captured?

(a) She was forced into manual labor.

(b) She was forced into religious conversion.

(c) She spent several weeks without food or water.

(d) She started to befriend the soldiers who kept her.

5 **Why** did Pocahontas visit the **British Royal family**?

(a) to sign a peace treaty with the United Kingdom

(b) to have tea with her majesty the Queen

(c) to show them what Native Americans look like

(d) to show them the positive influence of the British colonization

6 In the context of the passage, **documented** means _____.

(a) registered

(b) written

(c) historical

(d) factual

7 In the context of the passage, **claimed** means _____.

(a) requested

(b) pretended

(c) declared

(d) required

포카혼타스

1 [1]아마도 역사상 가장 유명한 원주민 중 하나는 포카혼타스였을 것이다. 왜냐하면 그녀는 1607년 아메리카 원주민들과 버지니아주 제임스타운의 영국 식민지 개척자들 사이의 평화를 유지하는 것을 도왔기 때문이다. 그녀는 그녀의 아버지 포우하탄이 존 스미스를 죽이려고 했을 때 그 신사의 목숨을 구했다는 전설이 있다.

(인물 개관)

2 아모누트 아카 포카혼타스는 1595년경 버지니아에서 태어났다. [2]그녀의 아버지 포우하탄 추장은 강력한 인디언 지도자였다. 포카혼타스가 약 12살이었을 때, 그녀는 영국 식민지 개척자들에게 소개되었는데, [3d]그들 중 일부는 항상 원주민들과 소통하기를 원했다. [3c]지도자인 존 스미스는 나중에 포우하탄의 부하들에게 포로가 되었을 때 [3b]어린 포카혼타스가 그의 목숨을 구해 주었다고 주장했다. 미국 민속의 일부가 된 이 이야기는 스미스의 과장해서 말하는 성향 때문에 결국 사실이 아닐 수도 있다. 그럼에도 불구하고, 포카혼타스는 정착민들의 음식과 물 공급이 부족했을 때 정착민들에게 그것들을 제공하는 데 도움이 되었다. 그녀는 또한 그들에게 인디언의 공격 가능성에 대해 경고했다.

(출생과 어린 시절)

3 포카혼타스는 1613년 교전 중에 식민지 개척자들에 의해 붙잡혀 몸값을 요구 당하며 억류되었다. [4]감금되어 있는 동안, 그녀는 기독교로 개종하라는 압력을 받았고 레베카라는 이름으로 세례를 받았다. 그녀는 약 18세의 나이로 28세의 홀아비인 담배 농사를 짓는 존 롤프와 1614년 4월에 결혼했고 1615년 1월에 아들 토마스 롤프를 낳았다. 그 결혼식으로 8년간의 미국 원주민과 식민지 개척자들 사이의 평화가 시작되었다.

(초기 활동)

4 [5]1616년, 롤프 부부는 제임스타운 정착촌에 대한 투자를 촉진하기 위한 희망으로 포카혼타스가 영국 왕실과 사회에 "문명화된 야만인"의 모범 사례로 소개되었던 런던으로 여행했다. 그녀는 약간 유명 인사가 되었고 화이트홀 궁전에서 우아하게 환대를 받았다.

(주요 행적)

5 1617년, 그 가족이 버지니아로 출항하면서, 포카혼타스는 병에 걸려 죽었다. 그녀는 약 21살이었다. 그녀의 시신은 영국의 그레이브센드 성 조지 교회에 안치되었다. 하지만, 그 교회가 화재로 소실된 후 재건되었기 때문에 그녀 무덤의 정확한 위치는 알려져 있지 않다.

(인물의 말년)

6 미국의 많은 장소, 랜드마크와 상품들은 포카혼타스의 이름을 따서 명명되어 왔다. 그녀의 이야기는 오랜 세월 동안 아마도 허구일 수 있는 측면과 함께 낭만적으로 묘사되어 왔다. 그러나 존 스미스가 그녀에 대해 말한 많은 이야기들은 [6]문서로 기록된 그녀의 후손들에 의해 반박되었다. 그녀는 예술, 문학, 그리고 영화의 주제이고, 많은 유명한 사람들은 그녀의 아들을 통한 그녀의 후손들 중 하나라고 [7]주장해 왔다.

(후대의 평가 및 영향)

어휘 maintain 유지하다 colonist 식민지 개척자 be about to 막~하려고 하다, ~하려던 참이다 be introduced to ~에게 소개되다 communicate with ~와 소통하다 the natives 원주민들 claim ~을 주장하다 folklore 민속 prisoner 죄수, 포로 after all 결국 due to ~ 때문에 propensity to+동사원형 ~하는 성향 exaggerate 과장하다 nevertheless 그럼에도 불구하고 helpful 도움이 되는 provide 제공하다, 공급하다 settler 정착자 supply 공급 run low 부족하다 warn A of B A에게 B를 경고하다, 주의를 주다 capture 붙잡다 held ~ for ransom ~를 인질로 몸값을 요구하다 hostility 적대감, 전투, 교전 captivity 감금, 억류 be pressured to+동사원형 ~하도록 강요받다 convert to Christianity 기독교로 개종하다 be baptized 세례를 받다 under the name A A라는 이름으로 widower 홀아비 bear 낳다 (bear-bore-born) present A to B A를 B에게 소개하다 British Monarchy 영국 왕실 as an example of ~의 본보기로 civilized savage 문명화된 야만인 in hopes of ~ing ~라는 희망으로, ~를 기대하고 stimulate 자극하다, 촉진하다 investment 투자 settlement 정착, 정착촌 something of A 약간 A인 celebrity 유명 인사, 유명인 elegantly 우아하게 fete 환대하다 set sail for ~를 향해 출항하다 be laid to rest 안치되다 grave 무덤, 묘지 exact location 정확한 위치 destroy 파괴하다 numerous 수많은 product 상품, 제품 be named after ~의 이름을 따서 명명되다 romanticize 낭만적으로 묘사하다 aspect 측면, 양상 fictional 허구인, 가공인 contest 반박하다 documented 문서로 기록된, 증거 자료가 있는 descendant 후손

1. (c)

유형 유명한 이유(핵심 업적)

해석 포카혼타스는 무엇으로 유명한가?
(a) 원주민 아이들에게 교육을 가져다 줌
(b) 원주민들에게 창업하는 법을 가르쳐 줌
(c) 부족에게 제임스타운 식민지 개척자들과의 평화를 가져 옴
(d) 원주민들에게 유럽인들과 싸우는 법을 가르쳐 줌

해설 본문 1단락에서 "[1]Perhaps one of the most famous Native Americans in history was Pocahontas because she helped maintain peace between Native Americans and the English colonists of Jamestown, Virginia in 1607."(아마도 역사상 가장 유명한 원주민 중 하나는 포카혼타스였을 것이다. 왜냐하면 그녀는 1607년 아메리카 원주민들과 버지니아 주 제임스타운의 영국 식민지 개척자들 사이의 평화를 유지하는 것을 도왔기 때문이다.)라고 하였다. 포카혼타스가 가장 유명한 아메리카 원주민인 이유가 원주민과 식민지 개척자들 사이의 평화를 유지시켰기 때문이라고 했으므로 (c)가 정답이다.

정답 Key Paraphrasing

본문에 쓰인 'maintain peace between Native Americans and the English colonists of Jamestown'과 유사한 표현은 'bringing her people peace with the colonists in Jamestown'이다.

어휘 colonist 식민지 개척자 European 유럽인

2. (d)

유형 추론(How)

해석 포카혼타스는 어떻게 영국인 개척자들과 친분이 있게 되었을까?
(a) 완전한 우연의 일치로 | (b) 지인을 통해서
(c) 영국 학교에 출석하여 | (d) 아버지의 직책으로

해설 본문 2단락에서 "[2]Her father, Chief Powhatan, was a powerful Native Indian leader. When Pocahontas was about 12 years old, she was introduced to the English colonists"(그녀의 아버지인 포우하탄 추장은 인디언의 강력한 지도자였다. 포카혼타스가 약 12살이었을 때, 그녀는 영국 식민지 개척자들에게 소개되었다.)라고 하였다. 그녀의 아버지가 부족의 지도자라는 문장 바로 뒤에 포카혼타스가 영국 개척자들에게 소개되었다는 표현이 나오므로 포카혼타스가 영국인들과 친분을 쌓게 된 것은 그녀 아버지의 직책으로 인한 것으로 추론되므로 (d)가 정답이다.

어휘 become acquainted with ~와 아는 사이가 되다, ~와 친분이 있게 되다   complete 완전한   coincidence 우연의 일치
acquaintance 지인   attend 출석하다

---

3. (a)

유형 사실 관계(True or Not true)

해석 다음 중 존 스미스에 대해 사실이 아닌 것은?
(a) 그는 유명한 미국의 이야기꾼이었다.
(b) 그는 한때 포카혼타스에 의해 구해졌다.
(c) 그는 아메리카 원주민에 의해 붙잡혔다.
(d) 그는 아메리카 원주민과 소통하고 싶은 욕망이 있었다.

해설 본문 2단락에서 "[3d]some of whom always wanted to communicate with the natives."(그들 중 일부는 항상 원주민들과 소통하기를 원했다.) "[3b]young Pocahontas saved his life.(어린 포카혼타스가 그의 생명을 구해 줬다.), [3c]he was a prisoner of Powhatan's men(그는 포우하탄의 부하의 포로였다)라고 하였다. 선택지 (b) 그는 한때 포카혼타스에 의해 구해졌다, (c) 그는 아메리카 원주민에 의해 붙잡혔다, (d) 그는 아메리카 원주민과 의사소통하고 싶은 욕망이 있었다 등은 본문에서 모두 언급되어 있으므로 사실이다. 그러나 존 스미스가 이야기를 만드는 것을 즐긴 것으로 보이지만 유명한 이야기꾼이라는 언급은 없기 때문에 (a)는 사실이 아니므로 정답은 (a)이다.

어휘 statement 진술   storyteller 이야기꾼   be captured 붙잡히다   desire 욕망, 바람   communicate with ~와 소통하다

---

4. (b)

유형 세부사항(what)

해석 본문에 따르면, 포카혼타스가 붙잡힌 후에 무슨 일이 일어났는가?
(a) 그녀는 육체 노동을 강요당했다.
(b) 그녀는 종교 개종을 강요당했다.
(c) 그녀는 음식이나 물 없이 몇 주를 보냈다.
(d) 그녀는 그녀를 지켰던 군인들과 친구가 되기 시작했다.

해설 본문 3단락에서 "[4]During her captivity, she was pressured to convert to Christianity and was baptized under the name Rebecca."(감금되어 있는 동안, 그녀는 기독교로 개종하라는 압력을 받았고 레베카라는 이름으로 세례를 받았다.)라고 하였으므로 보기 중 이 내용과 일치하는 (b)가 정답이다.

정답 Key Paraphrasing

본문에 쓰인 'she was pressured to convert to Christianity'와 유사한 표현은 'she was forced into religious conversion'이다.

어휘 be forced into ~을 강요당하다   manual labor 육체 노동   religious conversion 종교 개종   befriend 친구가 되다

---

5. (d)

유형 세부사항(Why)

해석 포카혼타스는 왜 영국 왕실을 방문했는가?
(a) 영국과 평화 조약을 맺기 위해
(b) 여왕 폐하와 차를 마시기 위해
(c) 원주민이 어떻게 생겼는지 보여 주려고
(d) 영국 식민지의 긍정적인 영향을 보여 주려고

해설 본문 4단락에서 "[5]In 1616, the Rolfes travelled to London where Pocahontas was presented to British Monarchy and society as an example of the "civilized savage" in hopes of stimulating investment in the Jamestown settlement."(1616년, 롤프 부부는 제임스타운 정착촌에 대한 투자를 촉진하기 위한 희망으로 포카혼타스가 영국 왕실과 사회에 "문명화된 야만인"의 본보기로 소개된 런던을 여행했다.)라고 하였다. 포카혼타스가 영국 왕실을 방문한 이유는 문명화된 원주민의 본보기를 보여 주어 식민지 정착촌에 대한 투자를 촉진시키기 위해서이므로 (d)가 정답이다.

어휘 peace treaty 평화 조약 look like ~처럼 보이다 positive 긍정적인 influence 영향 colonization 식민지화

---

6. (a)

유형 어휘(형용사: documented)

해석 본문의 맥락에서 documented는 _____를 의미한다.
(a) 등록된   (b) 쓰여진
(c) 역사적   (d) 사실의

해설 본문 6단락 "Many of the stories told about her by John Smith have been contested, however, by her [6]documented descendants."(그러나 존 스미스가 그녀에 대해 말한 많은 이야기들은 문서로 기록된 그녀의 후손들에 의해 반박되었다.)에서 과거분사 documented는 '문서로 기록된, 증거 자료가 있는'이라는 뜻으로 사용되었다. 보기 중 이 의미와 가장 가까운 (a) registered가 정답이다.

어휘 documented 문서화된, 문서에 등록된 registered 등록된 written 쓰여진 historical 역사적인 factual 사실에 기반을 둔, 사실을 담은

---

7. (c)

유형 어휘(동사: claim)

해석 본문의 맥락에서 claimed는 _____를 의미한다.
(a) 요청했다   (b) ~인 체했다
(c) 선언했다   (d) 요구했다

해설 본문 6단락 "Many famous people have [7] claimed to be among her descendants through her son."(많은 유명한 사람들이 그녀의 아들을 통한 그녀의 후손들 중 하나라고 주장해 왔다.)에서 동사 claim은 '~라고 주장하다'의 의미로 사용되었으므로 보기 중 이 의미와 가장 가까운 (c) declared가 정답이다.

어휘 claim 주장하다 request 요청하다 pretend ~인 체하다 declare 선언하다 require 요구하다

유용한 구문 Useful Constructions

1. Legend has it that 주어 + 동사: ~라는 전설이 있다

Legend has it that she saved John Smith's life when her father, Powhatan, was about to kill the gentleman.

그녀는 아버지 포우하탄이 존 스미스를 죽이려고 했을 때 그 신사의 목숨을 구했다는 전설이 있다.

2. some of whom

목적격 관계대명사 whom의 선행사는 'the English colonists'이며, 관계대명사 앞에 콤마가 있으므로 계속적 용법의 관계대명사로서, '접속사 + 대명사'로 바꿔서 쓰면 and some of them(the English colonists)이다.

즉, 접속사(and) + 대명사(them: the English colonists) → 관계대명사(whom)

When Pocahontas was about 12 years old, she was introduced to **the English colonists,** some of whom always wanted to communicate with the natives.

= When Pocahontas was about 12 years old, she was introduced to the English colonists **and some of them** always wanted to communicate with the natives.

포카혼타스가 약 12살이었을 때, 그녀는 영국 식민지 개척자들에게 소개되었는데, 그들 중 일부는 항상 원주민들과 소통하기를 원했다.

3. provide B(물건) to A(사람) = provide A(사람) with B(물건): A에게 B를 제공하다

동사 provide는 A와 B의 관계를 확인하여 알맞은 전치사를 사용해야 한다. 이런 용법의 동사는 다음과 같다.

provide B to A = provide A with B	A에게 B를 제공하다
present B to A = present A with B	A에게 B를 수여하다, 제시하다, 소개하다
supply B to A = supply A with B	A에게 B를 제공하다
entrust B to A = entrust A with B	A에게 B를 맡기다

Nevertheless, Pocahontas was helpful in **providing** food and water **to the settlers** when their supply ran low.

                  물건   사람

그럼에도 불구하고, 포카혼타스는 정착민들의 음식과 물 공급이 부족했을 때 정착민들에게 음식과 물을 제공하는 데 도움이 되었다.

4. warn A of B: A에게 B를 경고하다, 주의를 주다

전치사 'of'는 '통보의 of'라고 하며, 이런 형태를 쓰는 동사는 다음과 같다.

assure A of B	A에게 B를 확신시키다
convince A of B	A에게 B를 확신시키다
inform A of B	A에게 B를 알리다
notify A of B	A에게 B를 알리다
remind A of B	A에게 B를 상기시키다
persuade A of B	A에게 B를 납득시키다

She also **warned** them **of** possible Indian attacks.
그녀는 그들에게 인디언들의 공격 가능성을 경고하였다.

5. be pressured to+동사원형: ~하라는 압력을 받다

'pressure A to+동사원형'에서 목적어 A가 주어가 된 수동태 형태인 'A be pressured to+동사원형'로 쓰였다. '주어 + be + p.p. + to+동사원형' 형태가 종종 나오므로 쓰임을 알아두면 유용하다.

During her captivity, she **was pressured to convert** to Christianity and was baptized under the name Rebecca.
감금되어 있는 동안, 그녀는 기독교로 개종하라는 압력을 받았고 레베카라는 이름으로 세례를 받았다.

6. A be presented to B: A가 B에게 소개되다

'present A to B'(A를 B에게 소개하다)에서 목적어 A가 주어가 된 수동태 형태인 'A be presented to B'로 쓰였다. present는 특히 좀 더 지위가 높은 사람(B)에게 소개할 때 공적으로 쓰는 표현이다.

In 1616, the Rolfes travelled to London where Pocahontas **was presented to** British Monarchy and society as an example of the "civilized savage" in hopes of stimulating investment in the Jamestown settlement.
1616년, 롤프 부부는 제임스타운 정착촌에 대한 투자를 촉진하기 위한 희망으로 포카혼타스가 영국 왕실과 사회에 "문명화된 야만인"의 모범 사례로 소개되었던 런던으로 여행했다.

7. be named after A: A의 이름을 따서 이름을 짓다

Numerous places, landmarks, and products in the United States have **been named after** Pocahontas.
미국의 많은 장소, 랜드마크, 상품들은 포카혼타스의 이름을 따서 명명되었다.

SIR NICHOLAS WINTON

Sir Nicholas Winton was a British humanitarian best known for rescuing Jewish children in Czechoslovakia from the Nazis just before the Second World War. The rescued later became known as "Winton's Children."

Nicholas George Wertheimer was born on May 19, 1909 in London. His parents, Rudolf and Barbara Wertheimer, were German Jews who had moved to England and changed their surname to Winton. Young Nicholas grew up in a mansion, his father being a successful bank manager. Winton attended Stowe School, and eventually became a stockbroker.

In December 1938, 29-year-old Winton was about to visit Switzerland for a holiday when a friend who was helping refugees in Czechoslovakia invited Winton to join him. There, he was asked to help in the refugee camps. Moved by the terrible conditions faced by Jewish families and other political prisoners, he immediately organized an operation to evacuate the camps' Jewish children from Czechoslovakia to England. He returned to England to arrange for the children's rescue. Together with his mother, his secretary, and several concerned individuals, Winton found adoptive parents for each child, secured entry permits, and raised funds for the children's passage.

On March 14, 1939, the first train carrying Winton's rescued children left Prague. They were brought to the Liverpool Street station in London, where British foster parents received them. Throughout the next five months, Winton organized seven other children's trains, rescuing a total of 669 children. His efforts only ceased when all German-controlled borders were closed at the outbreak of World War II.

Winton's efforts went unnoticed until nearly 50 years later, when his wife found an old scrapbook containing the children's photos, letters, and other documents. She turned the records over to a Holocaust historian, and soon after, stories of Winton's heroic deeds fell into the hands of a prominent figure in the newspaper industry. Winton then appeared on a nationwide BBC television program, leading to his reunion with those whom he had rescued. These included British politician Alfred Dubs and Canadian TV journalist Joe Schlesinger.

Winton died in July 2015 at the age of 106. Throughout his life, he received many honors, including a knighthood by the Queen and an honorary citizenship in Prague. His story is also the subject of several films, including the award-winning documentary, *The Power of Good.*

1. What is Nicholas Winton famous for?

   (a) saving Jewish children in Czechoslovakia
   (b) his work in the Czech refugee camps
   (c) fighting the Nazis in the war
   (d) his adoption of Jewish Czech children

2. When did Winton first see the awful situation of the Jews?

   (a) when his family moved to England
   (b) while he was helping out at a refugee camp
   (c) while he was a student at Stowe School
   (d) when he visited Switzerland

3. What did Winton do when he returned to England from Czechoslovakia?

   (a) He arranged for the release of political prisoners.
   (b) He encouraged other people to help in the camps.
   (c) He prepared for the transport of Jewish children.
   (d) He brought some Jewish children back with him.

4. How did he ensure that each rescued child would have a home?

   (a) by ensuring their safe passage to England
   (b) by finding British parents who were willing to take them in
   (c) by raising funds for a children's home in England
   (d) by also working for their parents' rescue

5. Based on the article, when were Winton's noble actions probably introduced to a wider audience?

   (a) when his story appeared in a small newspaper
   (b) when he appeared in a movie about his life
   (c) when his story was published in a history book
   (d) when he was seen on national television

6. In the context of the passage, evacuate means _____.

   (a) empty
   (b) leave
   (c) abandon
   (d) transfer

7. In the context of the passage, ceased means _____.

   (a) ended
   (b) paused
   (c) failed
   (d) quieted

▶ ▶ ▶ 정답 · 해석 · 해설 p.2

ELON MUSK

Elon Musk is a South African-born American engineer and entrepreneur known for founding high-technology companies including SpaceX and Tesla Motors. Also recognized for his environmental and charity work, Musk is one of the wealthiest people in the world.

Elon Reeve Musk was born on June 28, 1971 in Transvaal, South Africa. His father, Errol Musk, is a South African-born electromechanical engineer. His mother, Maye Haldeman, was a Canadian model. Young Elon showed his inventive nature early in life. He acquired his first computer at age 10, and with an unusual talent for technology, designed a space game called *Blastar* at 12. Musk went to private schools in Pretoria, South Africa. He attended Queen's University in Canada, and transferred to the University of Pennsylvania where he received his bachelor's degrees in economics and physics.

Musk attended Stanford University for a Ph.D. in applied physics. However, he decided to join the Internet boom that was starting at the time. He left school and soon launched the first in a chain of successful business ventures. Zip2 was a company that provided city guide software for high-profile newspapers. In 1999, Compaq Computer Corporation acquired Zip2. That same year, Musk co-founded X.com, an online payments company that eventually became part of PayPal.

Musk started SpaceX in 2002 to promote space travel for private individuals. Known as the first private company to launch a rocket into space, SpaceX also manufactures space launch vehicles and is now the world's largest maker of rocket motors. It was also in 2002 that Musk became a US citizen. He invested in Tesla Motors afterward, and joined the company as its board chairman. Tesla Motors produces electric cars including the Roadster, a high-performance sports car, and the more affordable Model 3, a sedan that has become the company's best-selling model and one of the world's most popular electric vehicles.

Further business ventures include a research company for artificial intelligence and investment in a high-speed transportation system. He is the chairman of the Musk

Foundation, a charity group that provides emergency solar energy to disaster-hit areas. For his contributions in the fields of technology, energy, and business, Musk has received many recognitions, including the Stephen Hawking Medal for Science Communication and a Gold Medal from the Royal Aeronautical Society.

8. What type of company is Elon Musk known for running?

   (a) organizations that help the needy
   (b) businesses that make earth-friendly structures
   (c) non-profits that support new inventions
   (d) enterprises that use advanced technologies

9. How did Musk show his technological skills as a child?

   (a) by creating a piece of entertainment
   (b) by designing an online game
   (c) by assembling his own personal computer
   (d) by improving existing video games

10. Why most likely did Musk stop pursuing his studies?

   (a) so he could join a web company
   (b) so he could start his own business
   (c) because he had a hard time entering a university
   (d) because he lost interest in getting a college degree

11. According to the article, what is the goal of SpaceX?

   (a) building the world's largest rocket engines
   (b) allowing non-astronauts to visit space
   (c) making space travel affordable to everyone
   (d) producing the fastest electric cars

12. How does the Musk Foundation help victims of natural disasters?

   (a) It sells them solar panels at no profit.
   (b) It gives them jobs in one of Musk's companies.
   (c) It provides them with a free source of power.
   (d) It gives them emergency loans.

13. In the context of the passage, chain means _____.

   (a) pattern
   (b) link
   (c) cycle
   (d) series

14. In the context of the passage, recognitions means _____.

   (a) honors
   (b) notifications
   (c) acceptances
   (d) realizations

WALTER P. CHRYSLER

Walter P. Chrysler was an American industrialist, engineer, and car manufacturer. He was the founder of Chrysler Corporation, now a part of Fiat Chrysler Automobiles.

Walter Percy Chrysler was born on April 2, 1875 in Wamego, Kansas. His father was a railroad engineer, and the young Chrysler initially followed the same path. At 17, he skipped college and entered a four-year machinist apprentice program instead. His excellent skills in machinery and plant management led to a successful career in the railway industry, starting at the American Locomotive Company where he eventually became works manager at age 35.

Chrysler's fondness for cars showed when he bought his first car, a Locomobile, even before he could drive. He took the car apart, learned how it worked, and reassembled it. Chrysler was still with American Locomotive in 1912, when General Motors president Charles Nash asked him to manage a GM plant that made their upscale brand, Buick. Being a car enthusiast, Chrysler readily accepted the job. He greatly increased the plant's production by introducing the assembly line process. This success got him promoted to president of GM's Buick division.

Buick soon became the most popular car brand in the US, but despite this achievement, Chrysler left GM due to differences with its founder. He was then hired to head the failing automaker, Willys-Overland Company, and later, the Maxwell Motor Company. Chrysler left Willys when its executives refused to make a new car he designed. He had more success at Maxwell, where he owned the majority of the stock that gave him corporate control. He helped the company regain financial stability with the Chrysler 6, his well-received new car that had a great design, superior engine, and affordable price.

The Chrysler name was so successful that the Maxwell Motor Company was restructured into the Chrysler Corporation in 1925. Chrysler then bought the Dodge Brothers car company as a division of Chrysler to compete with Ford and Chevrolet's low-priced cars. Chrysler Corporation became a major player in the American car industry, joining General Motors and Ford Motor Company as one of America's "Big Three" automakers. Chrysler retired as president of his company in 1935, but stayed on as chairman of the board until his death in August 1940. The Chrysler Building, a skyscraper he financed, is now an iconic part of the New York City skyline.

15. How did Walter P. Chrysler's father influence him?

    (a) by choosing his program of study
    (b) by hiring him as an apprentice
    (c) by inspiring his original career
    (d) by introducing him to machines

16. When did Chrysler's love of cars become apparent?

    (a) while he was still in college
    (b) after buying his first car
    (c) when he was learning to drive
    (d) after working at a car plant

17. Why did Chrysler accept the job as manager of GM's Buick plant?

    (a) because he was ready for a career change
    (b) because he was looking for a promotion
    (c) because the plant manager insisted
    (d) because automobiles were his passion

18. What most likely was the reason that Chrysler left the Willys-Overland Company?

    (a) He did not like its executives.
    (b) He disagreed with its founder.
    (c) It rejected his idea for a new car.
    (d) It was not a successful company.

19. How was Chrysler able to make Chrysler Corporation a major car company?

    (a) by merging with another automaker
    (b) by forming the largest car company in America
    (c) by making cheaper cars than the top rivals
    (d) by bringing in workers from competitors

20. In the context of the passage, promoted means _____.

    (a) increased
    (b) advanced
    (c) inclined
    (d) advertised

21. In the context of the passage, stability means _____.

    (a) permanence
    (b) loyalty
    (c) assistance
    (d) security

VIRGINIA APGAR

Apgar was an American physician, anesthesiologist, and medical researcher. She is best known for developing the "Apgar score," a method that assesses a newborn baby's physical condition and checks if the baby needs additional medical attention.

Virginia Apgar was born on June 7, 1909 in Westfield, New Jersey. Coming from a family who loved music, she played the violin as a child. However, it was her father's fondness for scientific investigation (he experimented with electricity and radio waves) that made her want to pursue a career in the field of medicine.

Apgar earned a degree in zoology from Mount Holyoke College. She then entered Columbia University's school of surgery where she graduated fourth in her class in 1933. Early in her career, Apgar realized that she would have limited opportunities as a surgeon because the field was dominated by male practitioners. In 1935, she moved to anesthesiology, a field that was not identified as a medical specialization at the time. She became the 50th physician in the US to receive a certificate in anesthesiology.

In 1938, Apgar became the first woman to head a department at Columbia Presbyterian Medical Center when she was appointed as the director of the Department of Anesthesiology. She began studying the effects of anesthesia during childbirth, and realized that babies were given little medical attention after birth. She then developed the Apgar score in 1952. The scoring system allowed doctors to measure how well a newborn endured the birthing process by observing five categories: appearance, pulse, reflexes, activity, and breathing. It is still used worldwide as a standard health scoring system for newborns. Apgar's other contribution in ensuring the newborn's health was her discovery of the negative effects on babies of cyclopropane, an anesthetic typically given to mothers during childbirth. She stopped using it on women in labor, and other doctors followed suit after she published her findings.

In 1959, Apgar joined the March of Dimes Foundation where she performed research and gave lectures about birth defects. She also wrote her bestseller *Is My Baby All Right?* in 1972. Even after her death in 1974, Apgar left a lasting mark in the field of medicine, especially in neonatal care.

22. What is Virginia Apgar best known for?

   (a) developing a way to check a newborn's wellbeing
   (b) being the first woman to pursue a medical career
   (c) creating ways to check babies prior to birth
   (d) founding the scientific field of anesthesiology Virginia Apgar was

23. Based on the article, why most likely did Apgar change her medical specialty?

   (a) because she lost all interest in surgery
   (b) because she wanted to study a more popular field
   (c) because she felt snubbed by the male doctors
   (d) because she wanted a better chance at succeeding

24. How does the Apgar score probably help newborns?

   (a) by determining if they need extra medical care
   (b) by teaching mothers the proper care for babies
   (c) by guiding mothers through a safe delivery
   (d) by rating the doctors working with newborns

25. Why did doctors stop using the anesthetic cyclopropane?

   (a) It prolonged the pregnant mother's labor pains.
   (b) It caused harm to babies during delivery.
   (c) It was bad for the mother's health.
   (d) It caused the baby to fail the Apgar test.

26. In what way did Apgar help the March of Dimes Foundation?

   (a) by writing a book for the group
   (b) by donating the proceeds from her book to the group
   (c) by sharing information on birth abnormalities
   (d) by holding free medical consultations

27. In the context of the passage, limited means _____.

   (a) short
   (b) reserved
   (c) minor
   (d) few

28. In the context of the passage, head means _____.

   (a) take
   (b) lead
   (c) grow
   (d) start

PART

2

잡지 기사

PART 2에서는 사회, 문화, 역사적 관심사 또는 신기술이나 과학적 발견 등을 소개하는 기사가 지문으로 나온다. 연구 소개, 특징, 시사점 등이 순서대로 나오는 지문이 자주 출제된다.

만점 포인트

❶ 연구 소개, 계기, 과정, 특징, 시사점 등 지문의 순서대로 문제가 나오므로 흐름을 잘 파악한다.

❷ 지문 앞에 주어진 제목으로 소재와 주제를 파악한다.

❸ 문제를 먼저 읽으면서 의문사와 핵심 단어를 중심으로 단서를 찾는다.

❹ 지문의 근거 문장에 나온 표현이 반복되지 않고 패러프레이징 되는 경우가 많다는 점에 유의한다.

❺ 어휘 문제는 해당 어휘의 기본적인 뜻만 파악할 것이 아니라 본문에 쓰인 의미를 파악하여 문맥상 가장 가까운 뜻을 가진 단어를 정답으로 선택한다.

지텔프 유형 분석하기

지문의 특징

PART 2에서는 사회, 문화, 역사적 관심사 또는 신제품이나 신기술, 과학적 발견 등을 소개하는 잡지 기사가 지문으로 나온다. 지문 맨 위에 제목이 표시되어 있어 글의 주제를 파악할 때, 제목을 단서로 활용할 수 있다는 특징이 있다.

출제 경향

사회, 문화, 과학, 기술 등의 변천사나 발전, 새로운 변화 등을 다루는 지문이 주로 출제되고 있다. 최신 기출문제 PART 2에서 출제된 지문의 토픽들을 정리하면 다음과 같다.

❶ 문화적 관심사: 네안데르탈인의 멸종과 불 사용

❷ 연구 및 발견: 사진 찍기가 경험 몰입에 미치는 영향
　　　　　　　　 결심을 유지하기 위한 방법

❸ 사회적 관심사: 중국 백만장자의 해외 이주 실태
　　　　　　　　　 밀레니얼 세대의 근무 환경에 대한 선호
　　　　　　　　　 은행 직원의 고객 정보 도용

❹ 신기술 / 신제품: 의류 신소재 소개

문항 구성 및 문제 유형

PART 2의 7문항 중 첫 문항에서는 지문의 주제를 묻는 문제가 자주 출제되고 연구를 통한 발견이나 통찰 등을 묻는 세부사항 문제들이 3~4문항 출제되며 간혹 1문항 정도는 사실 관계(True/Not true)나 추론 문제가 출제되기도 한다. 또 PART 2의 마지막 2문항은 어휘 문제로 구성된다.

❶ 주제/토픽: 무엇에 관한 글인지 혹은 주제가 무엇인지를 묻는 문제

What is **the main idea** of the article?
이 기사의 주제는 무엇인가?

What is the article all **about**?
이 기사는 무엇에 관한 것인가?

❷ 세부사항: What, Why, When, How 등 의문사로 시작하여 소재에 관한 세부적인 사항을 묻는 문제

How did the researchers gather data for the study?
연구원들은 어떻게 그 연구를 위한 자료를 모았는가?

❸ 추론: 지문에 명시되어 있지 않지만 지문의 내용을 통해 소재에 대해 상식적 혹은 논리적으로 추론하도록
　　요구하는 문제

Why **most likely** did the picture takers enjoy the lion attack less?
왜 사진을 찍은 사람들은 사자의 공격을 덜 즐겼을까?

❹ 사실 관계(True/Not true): 소재에 관해 사실 여부를 묻는 문제(최근 들어서 이 유형은 드물게 출제되고
　　있음)

What is Not a way to achieve a resolution?
결심을 성취하기 위한 방법이 아닌 것은 무엇인가?

❺ 어휘: 지문에 쓰인 어휘의 문맥상 뜻을 묻는 문제

In the context of the passage, confined means _____.
본문의 맥락에서 confined는 _____를 의미한다.

만점 전략

글의 흐름	연구 소개, 연구의 필요성/계기, 연구 과정, 연구의 특징, 시사점 등의 순서로 지문에 나오며 지문에 언급된 순서대로 이들을 묻는 문제가 출제되므로 이러한 흐름을 파악한다.
풀이 순서	지문 앞에 주어진 제목을 통해 지문의 소재와 주제를 파악하고 지문의 전체적인 내용을 이해하는 단서로 활용한다. 문제부터 먼저 읽고 의문사나 키워드를 중심으로 찾는다.
근거 문장	지문에서 해당 문제의 키워드가 나오는 부분의 문장을 훑어보면서 정답의 단서가 되는 근거 문장을 찾는다.
패러프레이징	지텔프 독해에서는 지문에 나온 표현을 선택지에서 그대로 반복해서 쓰지 않고 비슷한 의미의 다른 표현으로 바꿔 쓰는 경향이 있다. 이렇게 지문의 근거 문장 표현을 패러프레이징(paraphrasing)한 선택지가 정답일 확률이 높음에 유의한다.
추 론	추론 문제는 주로 most likely, likely, probably 등의 부사와 함께 쓰인다. 이런 부사가 쓰인 문항은 추론 문제로 판단하고, 정답의 단서가 지문에 직접 언급되어 있지 않으므로 본문에 근거하여 논리적으로 추론해서 문제를 푼다.
어 휘	어휘 문제는 기존에 알고 있던 해당 어휘의 뜻으로만 정답을 찾는 것이 아니라 그 어휘가 본문에서 쓰인 의미를 파악하여 문맥상 가장 유사한 뜻을 가진 단어를 선택지에서 골라야 한다.

핵심 표현

1. 연구 배경 및 과정

❶ according to: ~에 따르면

According to a global survey, millennials—the generation of people born between the 1980s and early 2000s—have special preferences with regard to their work environments.

전 세계 설문 조사에 따르면 1980년대와 2000년대 초반에 태어난 사람들의 세대인 밀레니얼 세대는 업무 환경과 관련하여 특별한 선호를 가지고 있다.

❷ based on: ~을 기반으로, ~에 근거하여

They relocate to other countries using "investment visas," visas which allow foreigners to live in another country **based on** the investment they will be making there.

그들은 "투자 비자"를 이용해 다른 나라로 이주하는데, 이 투자 비자는 외국인이 다른 나라에 투자하는 것을 기반으로 다른 나라에 살도록 허락해 주는 비자이다.

❸ compared to: ~와 비교되는

When the new fabric was **compared to** ordinary cotton, it was found that it kept a person's skin 4°F or 2.3°C cooler.

새 섬유가 일반 면과 비교됐을 때, 사람의 피부를 화씨 4도 또는 섭씨 2.3도 더 시원하게 유지한 것으로 알려졌다.

2. 연구 결과

❹ 주어 + indicate that: ~을 나타내다

The models indicated that the more humans used fire for food, the more their population grew compared to that of Neanderthals.

그 모델들은 인간이 식용으로 불을 더 많이 사용할수록, 네안데르탈인에 비해 개체수가 더 증가했다는 것을 나타냈다.

❺ 주어 + learned/found that: ~을 알게 되었다

The researchers learned that questions answerable by "yes" or "no" tended to be more effective because they are clear and precise.

연구원들은 "예" 또는 "아니요"로 대답할 수 있는 질문들이 명확하고 정확하기 때문에 더 효과적인 경향이 있다는 것을 알게 되었다.

❻ 주어 + show that: ~을 보여 주다

The study showed that questions regarding socially accepted behavior, such as volunteering or working out regularly, have the strongest effect.

그 연구는 자원 봉사나 규칙적으로 운동하는 것과 같이 사회적으로 용인되는 행동과 관련된 질문이 가장 강한 영향을 미친다는 것을 보여 주었다.

❼ rather than: ~라기 보다는

It is the mental process involved when planning to take the picture **rather than** just the act of shooting that makes a person more engaged.

사람을 더욱 몰두하게 만드는 것은 단순히 촬영하는 행위보다는 사진을 찍을 계획을 세울 때 수반되는 정신적 과정이다.

빈출 어휘

1. 연구 배경

❶ case: 경우, 사건

In other **cases**, some participants worked together with a friend when setting a goal or resolution in order to make it a public statement.

다른 경우에, 몇몇 참가자들은 그것을 공개적인 선언으로 만들기 위해 목표나 결심을 정할 때 친구와 함께 노력했다.

❷ factor: 요소, 요인

Specifically, the researchers wanted to know what physical **factors** of the workplace millennials value most.

특히, 연구원들은 밀레니얼 세대들이 직장의 어떤 물리적 요소를 가장 중요시하는지 알고 싶어 했다.

❸ propose: 제시하다, 제안하다

Recent archeological findings **propose** that one of the reasons Neanderthals became extinct may have been their failure to make full use of fire.

최근의 고고학적 발견은 네안데르탈인이 멸종하게 된 이유 중 하나가 불을 충분히 이용하지 못했기 때문일지도 모른다는 것을 제시한다.

❹ suggest: 보여 주다, 제안하다

A new study **suggests** that capturing experiences on camera can actually make people happier.

새로운 연구는 카메라로 경험을 포착하는 것이 실제로 사람들을 더 행복하게 할 수 있다는 것을 보여 준다.

2. 연구 과정

❶ carry out: 수행하다

An Internet search can call up tutorials with step-by-step instructions on how to **carry out** the scams.

인터넷 검색은 신용 사기를 수행하는 방법에 대한 단계별 지침이 포함된 사용지침서를 불러올 수 있다.

❷ examine: 조사하다, 검사하다

To determine the leading causes of the "ZOOM Fatigue," he decided to **examine** the psychological consequences of spending hours each day connected to these platforms.

"줌 피로"의 주요 원인을 알아내기 위해 그는 이러한 플랫폼에 접속하여 매일 몇 시간을 보낼 경우 나타나는 심리적 결과를 조사하기로 결정했다.

❸ example: 예

As an **example**, the researchers cited an experiment in which the participants wore glasses that tracked their eye movements during a museum tour.

그 예로, 연구원들은 박물관 견학 중에 참가자들이 눈의 움직임을 추적하는 안경을 쓴 실험을 인용했다.

❹ experiment: 실험

The study involved over 2,000 people who participated in nine **experiments**.
그 연구는 9개의 실험에 참여한 2,000명이 넘는 사람들을 포함시켰다.

❺ expert: 전문가

Some **experts** believe that their methods of food preparation, particularly their reluctance or inability to use fire, may have been a key factor in their demise.
일부 전문가들은 그들의 음식 준비 방법, 특히 불을 꺼리거나 사용하지 못하는 것이 그들의 종말에 중요한 요인이 되었을 것이라고 믿는다.

❻ note: 언급하다, 주목하다

The research likewise **noted** some downsides to taking photos.
그 연구는 마찬가지로 사진을 찍는 것에 대한 몇 가지 단점도 언급했다.

❼ participant: 참가자

Another factor is that **participants** are constantly seeing themselves on a call which can be tiring.
또 다른 요인은 참가자들이 통화 중에 자신을 계속 보고 있는데 이는 피곤할 수 있다는 것이다.

❽ survey: (설문) 조사

Surveys given after the experiment showed that in almost all cases, those who took photos enjoyed the moments much more than the non-picture-takers.
실험 후 실시된 설문 조사는 거의 모든 경우에 사진을 찍은 사람들이 사진 찍지 않은 사람들보다 훨씬 더 그 순간을 즐겼다는 것을 보여주었다.

❾ unlike: ~와 달리

Unlike older workers who place less emphasis on workplace decor and amenities, millennials consider the workplace itself a key factor when deciding to take a job.
직장 인테리어 장식과 편의시설을 덜 강조하는 고령 근로자들과 달리 밀레니얼 세대는 작업장 자체를 취업을 결정할 때 핵심 요소로 여긴다.

3. 연구 결과

❶ conclusion: 결론

The lack of information about Neanderthals makes it difficult to make definitive **conclusions** about their disappearance.
네안데르탈인에 대한 정보가 부족하기 때문에 네안데르탈인의 멸종에 대해 확정적인 결론을 내리기가 어렵다.

❷ discover: 발견하다

Researchers from universities in the United States **discovered** that people are more likely to succeed in changing their behavior if they put their goals in the form of a question instead of a statement.
미국의 대학 연구원들은 사람들이 선언 대신에 질문의 형태로 목표를 정하면 행동을 변화시키는데 성공할 가능성이 더 높다는 것을 발견했다.

❸ finding: (조사, 연구의) 결과, 결론

Not everybody agrees with the **findings**, however.

그러나 모든 사람이 그 결과에 동의하는 것은 아니다.

❹ ordinary: 일반의, 보통의

First, like **ordinary** fabrics, it lets bodily sweat evaporate through it.

첫째, 일반 직물처럼, 그것은 그것을 통해 땀이 증발되게 한다.

❺ reduce: 줄이다, 감소시키다

Being confined to the space captured in your webcam can be exhausting as ZOOM chats dramatically **reduce** our usual mobility.

줌 채팅이 우리의 일상적인 이동성을 극적으로 감소시키기 때문에 웹캠에 잡힌 공간에 국한되는 것은 지칠 수 있다.

4. 연구 시사점 및 과제

❶ agree: 동의하다

Scientists do not even **agree** on whether Neanderthals only ate plants or meat, or both.

과학자들은 네안데르탈인이 식물만 먹었는지, 육류만 먹었는지, 아니면 둘 다 먹었는지에 대해서도 동의하지 않는다.

❷ determine: 결정하다

Knowing their diet could **determine** the extent to which cooking with fire could have affected their survival.

그들의 식단을 아는 것은 불로 요리하는 것이 그들의 생존에 영향을 미쳤을 수도 있는 정도를 결정할 수 있다.

❸ identify: 발견하다

To address these limitations, the scientists **identified** a kind of polyethylene commonly used in making batteries.

이러한 한계를 해결하기 위해, 과학자들은 배터리를 만드는 데 일반적으로 사용되는 폴리에틸렌의 한 종류를 발견했다.

❹ result: 결과

In a study jointly published in the *Journal of Consumer Psychology*, researchers examined the **results** of 104 earlier studies completed over the course of 40 years.

'소비자 심리학 저널'에 공동으로 발표된 연구에서, 연구원들은 40년에 걸쳐 완성된 104개의 선행 연구 결과를 조사했다.

❺ potential: 잠재적인

While companies that cater to the preferences of millennials are becoming competitive, those that disregard them are considered out-of-date and may even be turning **potential** talent away.

밀레니얼 세대의 선호에 부응하는 기업들은 경쟁력을 갖추게 되는 반면, 이것들을 무시하는 기업들은 구식으로 여겨지고 심지어 잠재적인 인재들을 돌려 보내고 있는 것일 수도 있다.

지텔프 유형 공략하기

ZOOM Fatigue

1 Video conferencing is by no means a new technology. The dream of two-way audio-video communication goes back over a century. For the past decade, particular innovations, such as Apple FaceTime and Skype, have swiftly turned a science-fiction vision into the daily norm for many. However, when the Coronavirus pandemic took hold of the entire world in early 2020, people shifted to living their lives from home. Soon video conferencing became a primary mode of communication for everything from seeing your doctor to taking a college class.

연구의
배경

2 [2]Spending countless hours on ZOOM, Microsoft Teams, Cisco Webex, and other video conferencing platforms, while watching an array of faces staring back at them, left many workers feeling **exhausted**, which ultimately gave birth to the term "ZOOM Fatigue," coined by Jeremy Bailenson, a researcher at Stanford University. To determine the leading causes of the "Zoom Fatigue," he decided to examine the psychological consequences of spending hours each day connected to these platforms. [1]The research suggests several key reasons why video conferencing can be so unusually **fatigue-inducing** and offers several **solutions** to help make your day of "zooming" less tiring.

연구 계기

3 First, Bailenson found that the amount of eye contact used in video chats as well as the size of faces on our laptop or monitor screens is unnatural. For instance, during a normal office meeting, employees look at the speaker, take notes and look elsewhere without any [6]**repercussions**. [3]In a ZOOM call though, everyone is looking at everyone all the time and this **increases the amount of eye contact** significantly.

문제점 발견

4 The size of your monitor or laptop screen can be another source of stress since faces on ZOOM calls can appear too large for comfort. To solve this problem, [4]Bailenson recommends that users avoid using the full-screen option when in a call and use an external keyboard so they can **put more distance** between themselves and their screens.

해결책 1

5 Another factor is that participants are constantly seeing themselves on a call which can be tiring. Here, users should take advantage of the "hide self-view" button in ZOOM, according to Bailenson. And since video chats dramatically reduce our usual mobility, while increasing our cognitive load, he recommends using an external camera farther away from the screen or turning off your video periodically for a brief nonverbal rest. Being [7]**confined** to the space captured in your webcam can also be exhausting as ZOOM chats dramatically reduce our usual mobility, unlike in-person conversations where people can move about freely.

해결책 2

6 Now that businesses have fully embraced ZOOM conferencing, don't expect the software to disappear anytime soon [5]but with these tips, you might be able to make your long ZOOM conferencing a bit **less exhausting and more enjoyable**.

연구의
시사점

1 **What** is the research conducted by Bailenson mainly **about**?

(a) how technology affects the work environment

(b) what makes ZOOM chats more effective in communicating across long distances

(c) what causes ZOOM Fatigue and how we should reduce it

(d) how video calls have changed our daily lives

2 **What** did the researcher at Standford **discover**?

(a) that video conferencing does not affect people

(b) that video conferencing is only advantageous

(c) that video calling can cause exhaustion

(d) that video calling is the best way to communicate

3 **Why** is a ZOOM call **more tiring** than a regular office meeting?

(a) because there are too many people involved

(b) because people need to participate more

(c) because there aren't any distractions

(d) because people need to stay more focused

4 **How** does the researcher suggest people **decrease the focus** on their faces during a ZOOM call?

(a) by using a smaller monitor

(b) by sitting away from the computer

(c) by using external speakers

(d) by adding an extra monitor

5 **What most likely** is **the prediction** made by Bailenson?

(a) Soon people will stop using ZOOM conferencing.

(b) ZOOM conferencing will become increasingly popular.

(c) ZOOM conferencing will soon become irrelevant.

(d) People can maximize their ZOOM calls with those suggestions.

6 In the context of the passage, **repercussions** means _____.

(a) meaning

(b) trouble

(c) consequences

(d) reasons

7 In the context of the passage, **confined** means _____.

(a) detained

(b) captive

(c) taken

(d) restricted

줌(Zoom) 피로

1 화상 회의는 결코 새로운 기술이 아니다. 양방향 오디오-비디오 통신의 꿈은 한 세기 넘게 거슬러 올라간다. 지난 10년 동안, 애플 페이스타임과 스카이프와 같은 특별한 혁신은 많은 사람들에게 공상 과학의 상상을 일상의 표준으로 빠르게 변화시켰다. 그러나 2020년 초 코로나 바이러스 유행병이 전 세계를 장악하자 사람들은 집에서 생활하는 것으로 전환했다. 곧 화상 회의는 의사의 진찰을 받는 것에서부터 대학 수업을 듣는 것까지 모든 것에 대한 의사소통의 주요한 방법이 되었다.

(연구의 배경)

2 ²죽 늘어선 얼굴들이 자신을 응시하는 것을 지켜보면서, 줌, 마이크로소프트 팀즈, 시스코 웨벡스 및 그 외 다른 화상 회의 플랫폼에 수많은 시간을 보내는 것은 많은 근로자들을 지칠 대로 지치게 만들었는데, 이것은 결국 스탠포드 대학의 연구원인 제레미 베일런슨이 만든 '줌 피로'라는 용어를 탄생시켰다. "줌 피로"의 주요 원인을 알아내기 위해 그는 이러한 플랫폼에 접속하여 매일 몇 시간을 보낼 경우 나타나는 심리적 결과를 조사하기로 결정했다. ¹이 연구는 화상 회의가 왜 그렇게 이례적으로 피로를 유발하는지 몇 가지 주요한 이유를 제시하며, "줌"을 하는 여러분의 하루를 덜 피곤하게 만드는 데 도움이 되는 몇 가지 해결책을 제공한다.

(연구 계기)

3 첫째로, 베일런슨은 우리의 노트북이나 모니터 화면의 얼굴 크기뿐만 아니라 화상 채팅에 사용되는 아이 컨택의 양이 부자연스럽다는 것을 발견했다. 예를 들어, 일반적인 사무실 회의 때는 직원들이 아무런 ⁶영향을 받지 않고 말하는 사람을 보고, 메모를 하고, 다른 곳을 바라본다. ³그러나 줌 통화에서는 줄곧 모든 사람이 모든 사람을 쳐다보고 이것은 아이 컨택의 양을 상당히 증가시킨다.

(문제점 발견)

4 줌 통화에서 편안하기에는 얼굴이 너무 크게 나타나기 때문에 당신의 모니터나 노트북 화면의 크기는 또 다른 스트레스의 원인이 될 수 있다. ⁴이 문제를 해결하기 위해 베일런슨은 사용자가 통화 중에는 전체 화면 옵션을 사용하지 말고 외부 키보드를 사용하여 자신과 화면 사이에 더 많은 거리를 둘 것을 권장한다.

(해결책 1)

5 또 다른 요인은 참가자들이 통화 중에 자신을 계속 보고 있는데 이는 피곤할 수 있다는 것이다. 베일런슨에 따르면, 여기에서 사용자들은 줌의 "셀프 뷰 숨기기" 버튼을 활용해야 한다. 그리고 비디오 채팅은 인지 부하는 증가시키는 반면에 우리의 일상적인 이동성을 극적으로 감소시키므로, 그는 화면에서 더 멀리 떨어진 외부 카메라를 사용하거나 잠깐 말을 하지 않고 휴식하기 위해 주기적으로 비디오를 끌 것을 권장한다. 사람들이 자유롭게 돌아다닐 수 있는 대면 대화와는 달리, 줌 채팅이 우리의 일상적인 이동성을 극적으로 감소시키기 때문에 웹캠에 잡힌 공간에 ⁷국한되는 것도 기진맥진하게 될 수 있다.

(해결책 2)

6 이제 기업들은 줌 회의를 완전히 수용했으므로 당신은 소프트웨어가 언제든지 사라질 것으로 기대하지는 않지만, ⁵이러한 팁을 통해 긴 줌 회의를 보다 덜 피곤하면서도 더 즐겁게 만들 수 있다.

(연구의 시사점)

어휘 video conferencing 화상 회의 by no means 결코 ~아닌 go back over (시간을) 거슬러 올라가다 decade 10년 innovation 혁신 swiftly 빠르게 vision 환상, 상상 norm 규범, 표준 pandemic 전 세계적인 유행병 take hold of 장악하다 shift to ~로 전환하다 primary 주요한 countless 무수한, 수많은 an array of 죽(열 지어) 늘어선 stare at 가만히 응시하다, 빤히 쳐다보다 exhausted 지친 ultimately 궁극적으로, 결국 give birth to 낳다, 탄생시키다 fatigue 피로, 피로감 coin (새로운 어휘를) 만들다 determine 알아내다, 결정하다 leading 주요한 examine 조사하다 psychological 심리적인 consequence 결과 suggest 제시하다, 보여 주다 unusually 이례적으로, 특이하게 fatigue-inducing 피로를 포함하는, 피로를 일으키는 amount 양 A as well as B B뿐만 아니라 A도 look elsewhere 다른 곳을 보다 repercussion 영향, 파장 all the time 줄곧, 내내 significantly 상당히 source 근원, 원인 comfort 편안함, 안락함 recommend 권장하다 avoid 피하다 external 외부의 distance 거리 factor 요인 participant 참가자 constantly 끊임없이 take advantage of (제 때) 활용하다 dramatically 극적으로 reduce 감소하다, 감소시키다 usual mobility 평소의 이동성 cognitive load 인지적 부하 periodically 주기적으로 brief 짧은 nonverbal 말을 쓰지 않는, 비언어적인 be confined to ~에 한정되다, 국한되다 exhausting 진을 빼는, 기진맥진하게 하는 in-person 대면의 now that(=because) ~이니까, ~하기 때문에 embrace 수용하다, 받아들이다 disappear 사라지다

1. (c)

유형 주제(What)

해석 베일런슨이 행한 연구는 무엇에 관한 것인가?

(a) 기술이 작업 환경에 어떻게 영향을 미치는가

(b) 무엇이 줌 통화를 원거리 의사소통에서 더 효과적으로 만드는가

(c) 무엇이 줌 피로를 일으키고 우리가 어떻게 줄여야 하는가

(d) 화상 통화가 우리의 일상을 어떻게 변화시켰는가

해설 본문 2단락에서 "[1]The research suggests several key reasons why video conferencing can be so unusually fatigue-inducing and offers several solutions to help make your day of "zooming" less tiring."(이 연구는 화상 회의가 왜 그렇게 이례적으로 피로를 유발하는지 몇 가지 주요한 이유를 제시하며, 줌을 하는 여러분의 하루를 덜 피곤하게 만드는 데 도움이 되는 몇 가지 해결책을 제공한다.)라고 하였다. 보기 중 이 내용과 가장 부합하는 (c)가 정답이다.

어휘 conduct 수행하다, 행하다 affect 영향을 미치다 environment 환경 ZOOM chat 줌 통화 video call 화상 통화

2. (c)

유형 세부사항(What)

해석 스탠포드의 연구원이 무엇을 발견했는가?

(a) 화상 회의가 사람들에게 영향을 미치지 않음

(b) 화상 회의가 단지 이롭기만 함

(c) 영상 통화가 피로를 유발할 수 있음

(d) 영상 통화가 소통하는 최선의 방법임

해설 본문 2단락에서 "[2]Spending countless hours on ZOOM, Microsoft Teams, Cisco Webex, and other video conferencing platforms, while watching an array of faces staring back at them left many workers feeling exhausted, which ultimately gave birth to the term "ZOOM Fatigue," coined by Jeremy Bailenson, a researcher at Stanford University."(죽 늘어선 얼굴들이 자신을 응시하는 것을 지켜보면서, 줌, 마이크로소프트 팀즈, 시스코 웨벡스 및 그 외 다른 화상 회의 플랫폼에 수많은 시간을 보내는 것은 많은 근로자들을 지칠 대로 지치게 만들었는데, 이것은 결국 스탠포드 대학의 연구원인 제레미 베일런슨이 만든 '줌 피로'라는 용어를 탄생시켰다.)라고 하였다. 스탠포드 연구원인 베일런슨은 줌을 통한 화상 회의가 많은 피로를 유발함을 발견하고 이를 줌 피로로 명명했으므로 (c)가 정답이다.

🔑 **정답 Key** Paraphrasing

본문에 쓰인 'left many workers feeling exhausted'와 유사한 표현은 'can cause exhaustion'이다.

어휘 discover 발견하다 conferencing 회의 advantageous 이로운, 유리한 cause 초래하다, 유발하다 exhaustion 극도의 피로 communicate 소통하다

---

3. (d)

유형 세부사항(Why)

해석 줌(ZOOM) 통화가 일반적인 사무실 회의보다 피곤한 이유는 무엇인가?
(a) 관련된 사람이 너무 많기 때문에
(b) 사람들이 더 많이 참여해야 하기 때문에
(c) 집중을 방해하는 것이 없기 때문에
(d) 사람들이 더 집중해야 하기 때문에

해설 본문 3단락에서 "³In a ZOOM call though, everyone is looking at everyone all the time and this increases the amount of eye contact significantly."(줌 통화에서는 줄곧 모든 사람들이 모든 사람을 쳐다보고, 이것은 아이 컨택의 양을 상당히 증가시킨다.)라고 하였다. 일반 회의에서는 자유롭게 다른 곳도 보는데 줌 통화에서는 항상 모든 사람을 보아야 해서 아이 컨택 양이 훨씬 많아지고 더 집중하게 되므로 피곤함을 유발한다. 따라서 정답은 (d)이다.

어휘 regular 정기적인, 일반적인 involved 관련된 participate 참여하다 distraction 집중에 방해가 되는 것 focused 집중하는

---

4. (b)

유형 세부사항(How)

해석 줌(ZOOM) 통화 동안 얼굴에 집중하는 것을 어떻게 줄이라고 제안하는가?
(a) 소형 모니터를 사용함으로써
(b) 컴퓨터로부터 떨어져 앉음으로써
(c) 외부 스피커를 사용함으로써
(d) 모니터를 추가함으로써

해설 본문 4단락에서 "⁴Bailenson recommends that users avoid using the full-screen option when in a call and use an external keyboard so they can put more distance between themselves and their screens."(베일런슨은 사용자가 통화 중에는 전체 화면 옵션을 사용하지 말고 외부 키보드를 사용하여 자신과 화면 사이에 더 많은 거리를 둘 것을 권고한다.)라고 하였으므로 (b)가 정답이다.

🔑 **정답 Key** Paraphrasing

본문에 쓰인 'they can put more distance between themselves and their screens'와 유사한 표현은 'sitting away from the computer'이다.

어휘 researcher 연구원 suggest 제안하다 decrease 줄이다 external speaker 외부 스피커

5. (d)

유형 추론(What)

해석 베일런슨이 한 예측은 무엇일 것 같은가?
(a) 곧 사람들이 줌 회의 사용을 중단할 것이다.
(b) 줌 회의가 점점 인기를 끌 것이다.
(c) 줌 회의가 곧 관련없는 것이 될 것이다.
(d) 이러한 제안을 통해 줌 회의를 극대화할 수 있다.

해설 본문 6단락에서 "⁵but with these tips, you might be able to make your long ZOOM conferencing a bit less exhausting and more enjoyable."(그러나 이러한 팁을 통해 긴 줌 회의를 보다 덜 피곤하면서도 즐겁게 만들 수 있다.)라고 하였다. 이러한 정보를 통해 줌 회의의 단점은 보완하고 장점을 극대화할 수 있다고 추론할 수 있으므로 정답은 (d)이다.

어휘 prediction 예측 increasingly 점점 더 irrelevant 관련없는 maximize 극대화하다

---

6. (c)

유형 어휘(명사: repercussion)

해석 문단에서 repercussions는 _____를 의미한다.
(a) 의미, 중요성   (b) 골칫거리
(c) 결과, 부정적 파장   (d) 이유, 근거

해설 본문 3단락 "For instance, during a normal office meeting, employees look at the speaker, take notes and look elsewhere without any ⁶repercussions."(예를 들어, 일반적인 사무실 회의 때는 직원들이 아무런 영향을 받지 않고 말하는 사람을 보고, 메모를 하고, 다른 곳을 바라본다.)에서 명사 repercussions는 영향, 결과, 부정적 파장 등의 의미로 쓰였다. 보기 중 이 의미와 가장 가까운 (c) consequences가 정답이다.

오답 분석 (a) meaning: 의미(sinificance), 중요성(importance), (b) trouble: 골칫거리(problems), (d) reasons: 이유, 근거 (grounds)의 의미로 쓰였다. 여기에서는 (a), (b), (d) 모두 문맥상 적절하지 않아서 오답이다.

어휘 repercussion 결과, 영향, 파장 meaning 중요성 trouble 골칫거리 consequences 결과, 부정적 파장 reason 이유, 근거

---

7. (d)

유형 어휘(과거분사: confined)

해석 본문의 맥락에서 confined는 _____을 의미한다.
(a) 억류된   (b) 붙잡힌
(c) 붙잡힌   (d) 국한된

해설 본문 5단락 "Being ⁷confined to the space captured in your webcam can also be exhausting as ZOOM chats dramatically reduce our usual mobility, unlike in-person conversations where people can move about freely."(사람들이 자유롭게 돌아다닐 수 있는 직접 대화와는 달리, 줌 채팅은 우리의 일상적인 이동성을 극적으로 감소시키기 때문에 웹캠에 캡처된 공간에 국한되는 것 또한 피곤할 수 있다.)에서 과거분사 confined는 공간적 제약으로 인해 자유롭게 움직일 수 없는 상태를 나타내는 말로 쓰였다. 보기 중 이 의미와 가장 가까운 (d) restricted가 정답이다.

오답 분석 (a), (b), (c)는 모두 감옥 같은 규율이 강한 곳에 붙잡혀 있는 상황에서 쓰이는 어휘들이므로 문맥상 어울리지 않아서 오답이다. (d)는 법을 어기거나 잘못해서가 아니라 공간이나 이동성의 부족으로 인해 자유롭게 움직일 수 없다는 것을 의미한다.

어휘 confined 국한된 detained 억류된 captive 붙잡힌 taken 붙잡힌, 끌려간 restricted 국한된

유용한 구문 Useful Constructions

1. First, <u>Bailenson</u> <u>found</u> **that** the amount of eye contact (which is) **used** in video
   주어   동사   종속접속사   종속절의 주어   과거분사
   chats **as well as** the size of faces on our laptop or monitor screens is unnatural.
                                                        종속절 본동사

   첫째로, 베일런슨은 우리의 노트북이나 모니터 화면의 얼굴 크기뿐만 아니라 화상 채팅에 사용되는 아이 컨택의 양이 부자연스럽다는 것을 발견했다.

   → 종속접속사 **that**이 이끄는 절(that the amount of eye contact … is unnatural)은 주절의 동사인 found의 목적어 역할을 하는 명사절이다.

   → 과거분사 **used**는 that절의 주어인 'the amount of eye contact'를 뒤에서 수식한다. 이때, 과거분사 used 앞에 주격 관계대명사 which와 be동사 is가 생략되어 있다.

   → A as well as B(B뿐만 아니라 A도): 이 부분이 주어가 되면 동사는 A에 인칭과 수를 일치시킨다. 따라서 that절 (종속절)의 주어인 'the amount of eye contact'에 인칭과 수를 일치시켜서 is가 that절의 동사가 된다.

2. **To solve this problem**, Bailenson **recommends** that users **(should) avoid using** the full-screen option when in a call and use an external keyboard so they can put more distance between themselves and their screens.

   이 문제를 해결하기 위해 베일런슨은 사용자가 통화 중에는 전체 화면 옵션을 사용하지 말고 외부 키보드를 사용하여 자신과 화면 사이에 더 많은 거리를 둘 것을 권고한다.

   → **To solve this problems**는 부사적 용법으로 '~하기 위하여'로 사용되었다. to부정사는 문장 맨 앞에 쓰이면 주로 부사적 용법으로 사용되고, 명사 뒤에서는 형용사적 용법으로 사용된다.

   → 동사 **recommends**는 that절을 목적어로 취하며 that절에서 당위성을 나타내는 should가 생략된 형태로 동사원형 avoid가 온다.

   → 동사 **avoid**는 동명사를 목적어로 취한다. 동명사를 목적어로 취하는 대표적인 동사(enjoy, finish, consider, suggest, avoid, mind)를 반드시 암기해 두어야 한다.

3. And **since** video chats dramatically reduce our usual mobility, **while** increasing
   종속접속사: 이유   종속접속사: 동시동작
   our cognitive load, he **recommends** using an external camera farther away from the screen or turning off your video periodically for a brief nonverbal rest.

   그리고 비디오 채팅은 인지 부하는 증가시키는 반면에 우리의 일상적인 이동성을 극적으로 감소시키므로, 그는 화면에서 더 멀리 떨어진 외부 카메라를 사용하거나 잠깐 말을 하지 않는 휴식을 위해 주기적으로 비디오를 끌 것을 권장한다.

   → 종속접속사 **since**는 두 가지 용법으로 사용된다.
   Since + 주어 + 동사, 주절(다양한 시제): 이유 (~하기 때문에)
   Since + 주어 + 과거동사, 주절(현재완료 시제): 과거 시점부터 지금까지 (~한 이후로)

   → 종속접속사 **while**이 이끄는 종속 부사절은 중간에 콤마를 하고 삽입될 수 있고, while절의 주어가 주절의 주어와 같을 때는 '주어 + be동사'가 생략될 수 있다. 위의 문장에서는 while 뒤에 'video chats are'가 생략되어 있다.

→ 동사 **recommend**는 아래와 같이 두 가지 구문에 쓰인다.

주어 + recommend + that + 주어 + (should) + 동사원형 (지텔프 문법에서 자주 출제됨)

주어 + recommend + 동명사 (recommend는 동명사를 목적어로 취한다)

4. **Being confined to the space** captured in your webcam can also be exhausting
　　　주절의 주어(명사))　　　　　　　　　　　　　　　　　　　　　주절의 동사 부분

as ZOOM chats dramatically **reduce** our usual mobility, unlike in-person
접속사　종속절의 주어　　　　　　　　　종속절의 동사

conversations **where** people can move about freely.
　　　　　　관계부사(뒤에 완전한 문장)

사람들이 자유롭게 돌아다닐 수 있는 대면 대화와는 달리, 줌 채팅이 우리의 일상적인 이동성을 극적으로 감소시키기 때문에 웹캠에 잡힌 공간에 국한되는 것은 또한 지칠 수 있다.

→ 동명사 'Being confined to the space'는 주절의 주어로 사용되었고, 동사 부분은 can also be exhausting이다.

→ 종속접속사 **as**는 이 문장에서는 이유(~하기 때문에)의 뜻으로 사용된다.

→ 관계부사 **where**는 앞에 'in-person conversations'를 선행사로 받았고, 뒤 문장에서는 부사로 사용되었다. 그러므로 where가 이끄는 절은 완전한 문장이 오고 선행사는 장소를 나타내는 부사로 사용된 경우이다.

5. **Now that** businesses have fully embraced ZOOM conferencing, don't **expect**
　　종속접속사　　　　　　　　　　　　　　　　　　　　　　　　　　　　　　　　동사

the software **to disappear** anytime soon but **with these tips**, you might be able to
목적어　　　　목적격보어　　　　　　　　　　　　　　with + 명사구

make your long ZOOM conferencing a bit less exhausting and more enjoyable.
동사　　　목적어　　　　　　　목적격보어 1　　　　　　목적격보어 2

이제 기업들은 줌 회의를 완전히 수용했으므로 당신은 소프트웨어가 곧 사라질 것으로 기대하지는 않지만, 이러한 팁을 통해 긴 줌 회의를 보다 덜 피곤하면서도 더 즐겁게 만들 수 있다.

→ 종속접속사 'now that'은 이유(~하기 때문에)의 뜻으로 사용된다.

→ 동사 **expect**는 바로 다음에 to부정사를 목적어로 취하기도 하고, 이 문장처럼 '동사(expect) + 목적어 + 목적격보어(to부정사)' 형태로 to부정사를 목적적 보어로 취하기도 한다. (지텔프 문법에서 자주 출제됨)

→ 'with + **명사구/동명사**'는 '~을 가지고'의 뜻으로 쓰이며 이 구문에서 with는 having의 의미이다.

→ 동사 make는 '**동사(make) + 목적어 + 목적격 보어**' 형태로 사용되는데 목적어와 목적격 보어의 관계가 능동이면 목적격 보어 자리에 동사원형이 쓰이고 수동이면 과거분사가 쓰인다. 목적격 보어 자리에 명사나 형용사가 사용될 수도 있다.

RESEARCHERS HAVE CREATED A PLASTIC CLOTHING MATERIAL THAT COOLS THE SKIN

Scientists from Stanford University have developed a new fabric that works better than cotton in keeping the body cool. The fabric can be made into clothing that will help save energy on air conditioning.

Keeping the body cool without the help of air conditioning is a big challenge. Under normal conditions, at least 50% of a person's body heat is released as infrared radiation. If this radiation could leave the body without being blocked by clothing, a person would feel cooler. The new material described in the journal *Science* works by allowing the body to release heat in two ways. First, like ordinary fabrics, it lets bodily sweat evaporate through it. Second, it also allows infrared radiation to escape—a cooling system that is not possible with regular clothing materials.

The fabric, called *nanoporous polyethylene* or *nanoPE*, is a modified form of polyethylene, a clear, stretchable plastic commonly used as "cling wrap." Cling wrap allows infrared radiation to pass through. However, it also traps moisture and is completely transparent. To address these limitations, the scientists identified a kind of polyethylene commonly used in making batteries. This plastic material lets infrared light pass through but is also opaque enough to block visible light. They then treated the plastic with chemicals to allow it to "breathe" like a natural fiber.

To make the material more fabric-like, the researchers created a three-ply version: a cotton mesh <u>sandwiched</u> between two sheets of treated polyethylene. When the new fabric was compared to ordinary cotton, it was found that it kept a person's skin 4°F or 2.3°C cooler. This drop in temperature would make a nanoPE wearer less inclined to turn on an air conditioner or electric fan.

The researchers are still working on <u>refining</u> the fabric, including adding more cloth-like characteristics and colors, and making the manufacturing process cost-effective. If successful, the new fabric could make people more comfortable in hotter climates. It can also reduce the energy costs of a building by up to 45%.

1. According to the article, what would be a benefit of the new cooling fabric?

   (a) increasing the efficiency of air conditioning
   (b) saving money on electricity use
   (c) keeping the body at the ideal temperature
   (d) boosting the fashion industry

2. How does the Stanford material differ from regular fabrics?

   (a) It does not allow body heat to escape.
   (b) It enables sweat to evaporate easily.
   (c) It does not block infrared radiation.
   (d) It absorbs the evaporating sweat.

3. Why can plastic wrap not be used as a clothing material?

   (a) because it is not stretchable enough
   (b) because it is made with unsafe chemicals
   (c) because it lets radiation escape
   (d) because it can be seen through

4. What is true about the three-ply version?

   (a) It was able to keep the body's surface cooler.
   (b) It lowered a person's temperature quickly.
   (c) It felt more comfortable than ordinary cotton.
   (d) It could maintain a normal body temperature.

5. How most likely would the new fabric reduce energy costs?

   (a) by being easier to manufacture than other fabrics
   (b) by keeping a building cool for longer
   (c) by reducing the wearer's sweating
   (d) by decreasing the need for air-conditioning

6. In the context of the passage, sandwiched means _____.

   (a) frozen
   (b) separated
   (c) inserted
   (d) crowded

7. In the context of the passage, refining means _____.

   (a) civilizing
   (b) improving
   (c) repairing
   (d) cleansing

▶▶▶ 정답 · 해석 · 해설 p.12

NEANDERTHALS PAID A HIGH PRICE FOR A COLD MEAL

Recent archeological findings propose that one of the reasons Neanderthals became extinct may have been their failure to make full use of fire. Researchers suggest that Neanderthals, a subspecies of humans that died out around 40,000 years ago, may have known how to control fire. However, they may not have used it effectively enough to ensure their survival. Some experts believe that their methods of food preparation, particularly their reluctance or inability to use fire, may have been a key factor in their demise.

Early humans, who were closely related to Neanderthals, used fire for several reasons. One of these was to cook food. Cooking gave our human ancestors more calories from a limited amount of food. Aside from improving taste and making food safer to eat, the heat in cooking also breaks down proteins into simpler units, making it easier for the body to use as energy. This gave our ancestors an edge in the cold climate of Ice Age Western Europe, which supplied little food.

Neanderthals needed more calories than humans due to their stocky physique and higher body mass index. By not using fire to cook their food, they got fewer calories from the limited resources available to them. Mathematical models have shown how the use of fire affected the survival of early humans and Neanderthals. The models indicated that the more humans used fire for food, the more their population grew compared to that of Neanderthals. This increase in the human population led to a greater demand for food. As a result, they may have simply "outcompeted" the less populous Neanderthals, which could have led to the latter's extinction.

Not everybody agrees with the findings, however. The lack of information about Neanderthals makes it difficult to make definitive conclusions about their disappearance. It is still not clear how many calories Neanderthals actually needed to live, and scientists do not even agree on whether Neanderthals only ate plants or meat, or both. Knowing their diet could determine the extent to which cooking with fire could have affected their survival.

8. What may be one of the reasons for the disappearance of Neanderthals?

    (a) their inability to employ fire properly
    (b) their deaths at the hands of early humans
    (c) their tendency to let fires rage out of control
    (d) their ignorance to the existence of fire

9. How did cooking food benefit the ancestors of modern men?

    (a) by improving their appetite
    (b) by adding nutrients into the food
    (c) by helping them get more energy from food
    (d) by letting them keep food longer

10. Based on the article, why did Neanderthals need more calories to survive?

    (a) They moved around more often.
    (b) They needed energy to collect resources.
    (c) They lived in colder places than humans.
    (d) They had a greater weight to height ratio.

11. What could have driven the Neanderthals to extinction?

    (a) They ate food that was not safely prepared.
    (b) They were pushed into less populated areas.
    (c) Early humans took away their food supply.
    (d) Early humans killed them in competitions.

12. Which factor could help determine if cooking really affected the Neanderthal's survival?

    (a) the type of food they regularly ate
    (b) the methods they used to cook food
    (c) the type of food humans left for them
    (d) the amount of plants they grew for food

13. In the context of the passage, edge means _____.

    (a) ability
    (b) point
    (c) border
    (d) advantage

14. In the context of the passage, demand means _____.

    (a) search
    (b) requirement
    (c) surplus
    (d) order

TAKING PHOTOS MAKES PEOPLE ENJOY EXPERIENCES MORE

People might assume that taking pictures of experiences can ruin their ability to enjoy the moment. However, a new study suggests that capturing experiences on camera can actually make people happier. According to Kristin Diehl, the study's lead researcher and an associate professor at the University of Southern California, picture-taking can increase one's engagement in an otherwise ordinary experience and boost one's enjoyment.

The study, which was published in the *Journal of Personality and Social Psychology*, is the first wide-ranging research on how taking photos influences the enjoyment of events. It involved over 2,000 people who participated in nine experiments: three in real-life situations, and six in the lab. They went through everyday experiences such as taking a bus tour and eating in a food court, as well as more intense activities like going on a virtual safari. The participants were instructed to either take pictures of their experiences or not. Surveys given after the experiment showed that in almost all cases, those who took photos enjoyed the moments much more than the non-picture-takers.

While earlier reports argued that picture-taking can sidetrack one's attention from enjoying a moment, the new research showed that photography, in fact, gets people more involved in the experience. The extra attention to detail required by composing a photo makes them appreciate the experience even more. According to Diehl, it is the mental process involved when planning to take the picture rather than just the act of shooting that makes a person more engaged. As an example, the researchers cited an experiment in which the participants wore glasses that tracked their eye movements during a museum tour. Those who took photos of the exhibits appreciated them better than those who did not.

The research likewise noted some downsides to taking photos. A camera that is difficult to use can prevent a person from enjoying an event. Also, taking photos can make a bad experience even worse. In a lab experiment involving a virtual safari, participants who took pictures of a pride of lions attacking a water buffalo enjoyed the scene less than those who just watched the unpleasant scene.

15. What does the report say about taking photos of an experience?

    (a) that it adds pleasure to the experience

    (b) that it makes it hard to recall the experience

    (c) that it is more fun than the experience itself

    (d) that it makes the experience unique

16. How were the people in the experiments grouped?

    (a) into those who had good or poor memory

    (b) as participants in either lab or virtual situations

    (c) into those who love photos or do not

    (d) as either picture-takers or non-picture-takers

17. What makes an event more engaging when taking pictures?

    (a) the art of taking the picture

    (b) the ease of using the camera

    (c) the act of preparing the shot

    (d) the nature of the event

18. Why did the picture-takers get more involved in the museum exhibits?

    (a) Their eye trackers made them see the exhibits better.

    (b) The exhibits became more interesting to them.

    (c) They were naturally more observant.

    (d) The museum they toured had better exhibits.

19. Why most likely did the picture-takers enjoy the lion attack less?

    (a) because they saw a less lifelike safari scene

    (b) because they were forced to watch the scene

    (c) because they could not focus on watching

    (d) because they felt more involved with the scene

20. In the context of the passage, boost means _____.

    (a) improve

    (b) affect

    (c) carry

    (d) create

21. In the context of the passage, sidetrack means _____.

    (a) lessen

    (b) distract

    (c) confuse

    (d) direct

ASKING QUESTIONS IS A BETTER WAY TO KEEP RESOLUTIONS

A new study suggests that a better way to keep a promise is to ask a question and then answer it. Researchers from universities in the United States discovered that people are more likely to succeed in changing their behavior if they put their goals in the form of a question instead of a statement. For example, rather than telling oneself, "I will stop smoking," a person is more likely to keep the promise by asking, "Will I stop smoking?" and then answering, "Yes."

In a study jointly published in the *Journal of Consumer Psychology*, researchers examined the results of 104 earlier studies completed over the course of 40 years. The studies were about the effects of using the question-and-answer method to accomplish a goal such as following a healthier diet or exercising more. The majority of the studies showed that questions, specifically those that could be answered by "yes" or "no" are more likely to alter one's behavior than statements.

According to Eric Spangenberg, co-author of the study and a professor at the University of California, various types of questioning worked. In most of the studies, the participants were asked by other people about their goals, and they only had to answer them. In other cases, some participants worked together with a friend when setting a goal or resolution in order to make it a public statement. Committing to something publicly works because it compels people to show others that they are achievers.

Spangenberg believes that questioning gives a person a sense of responsibility or guilt about not doing the positive action. This encourages behavioral changes. The researchers learned that questions answerable by "yes" or "no" tended to be more effective because they are clear and precise. However, one doesn't have to use yes-or-no questions to prompt a shift in attitude. The study also showed that questions regarding socially accepted behavior, such as volunteering or working out regularly, have the strongest effect. Other research showed that making fewer promises, monitoring one's improvement through a diary, and being determined can also help in fulfilling goals.

22. What is the study all about?

    (a) strategies for setting practical
        resolutions
    (b) a method for achieving one's goal
    (c) how to ask more effective
        questions
    (d) how to succeed in changing one's
        mindset

23. How did the researchers gather data
    for the study?

    (a) by sharing the data they had
        gathered separately
    (b) by analyzing a collection of
        previous studies
    (c) by researching the most easily
        fulfilled resolutions
    (d) by holding interviews with 104
        participants

24. Which of the following makes
    people feel pressured to act on their
    resolutions?

    (a) keeping their resolutions to
        themselves
    (b) asking a friend about his or her
        resolutions
    (c) being questioned about their
        intentions
    (d) deciding to keep all of their
        resolutions

25. Why most likely are yes-or-no
    questions more helpful in meeting
    goals?

    (a) They give one a sense of certainty.
    (b) They can relieve guilty feelings.
    (c) They can challenge one's attitude.
    (d) They help one understand the
        goal.

26. What is NOT a way to achieve a
    resolution?

    (a) keeping track of one's progress
    (b) maintaining a strong power over
        one's will
    (c) avoiding setting too many
        resolutions
    (d) continuing to find fault with oneself

27. In the context of the passage, alter
    means _____.

    (a) regulate
    (b) develop
    (c) influence
    (d) convert

28. In the context of the passage,
    encourages means _____.

    (a) motivates
    (b) involves
    (c) pressures
    (d) praises

PART

3

지식 백과

PART 3에서는 사회, 역사, 과학, 생활, 문화, 예술 등 다양한 분야에서 하나의 소재를 정하여 일반적인 정보를 알려주는 백과사전식 설명이 나온다. 소재의 정의, 유래, 특징, 근황 등이 순서대로 나오면서 이를 묻는 문제가 출제된다.

만점 포인트

❶ 소재의 정의, 유래, 특징 등 지문의 순서대로 문제가 나오므로 흐름을 잘 파악한다.

❷ 지문의 제목과 첫 단락으로 소재와 전체 내용을 파악한다.

❸ 문제를 먼저 읽으면서 의문사와 핵심 단어를 중심으로 정답의 단서를 찾는다.

❹ 지문의 근거 문장에 나온 표현이 반복되지 않고 패러프레이징된 문장이 정답이 되는 경우가 많음에 유의한다.

❺ 어휘 문제는 해당 어휘의 기본적인 뜻만 파악할 것이 아니라 본문에 쓰인 의미를 파악하여 문맥상 가장 가까운 뜻을 가진 단어를 정답으로 선택한다.

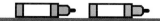

지텔프 유형 분석하기

PART 3에서는 사회, 역사, 과학, 생활, 문화, 예술 등의 분야에서 하나의 소재를 정하여 그것에 대해 정보를 알려주는 백과사전식 설명이 지문으로 나온다. 지문이 정보 전달을 목적으로 하므로 소재에 대한 깊이 있는 설명보다는 일반적인 설명이 나온다는 특징이 있다.

출제 경향

생활이나 여가, 동물이나 식물, 자연 현상, 건축물 등을 다루는 지문이 자주 출제되고 있다. 최신 기출문제 PART 3에서 출제된 지문의 토픽들을 정리하면 다음과 같다.

❶ 생활: 육포, 테트리스 게임

❷ 자연 현상: 성 엘모의 불, 카시오페이아 별자리

❸ 동식물: 꿀벌, 일각돌고래

❹ 문화 / 예술: 인어공주 동상

문항 구성 및 문제 유형

PART 3의 7문항 중 첫 문항에 소재의 정의나 유명한 이유, 유래 등을 묻는 질문이 주로 등장한다. 소재의 특징을 묻는 세부사항 문제들이 3~4문항 출제되며 추론 문제가 1~2문항 출제되기도 한다. 간혹 사실 관계(True/Not true)를 묻는 문제가 나올 수도 있지만 최근에는 드물게 출제되고 있다. PART 3의 마지막 2문항은 어휘 문제로 구성된다.

❶ 정의/유래: 소재가 무엇인지, 혹은 무엇으로부터 유래되었는지를 묻는 오프닝 문제

What is St. Elmo's fire?
성 엘모의 불은 무엇인가?

What is likely **the origin of** the word "jerky"?
'저키'라는 단어의 기원은 무엇인가?

❷ 세부사항: What, Why, When, How 등 의문사로 시작하여 소재에 관한 세부적인 사항을 묻는 문제

When did Hamburger Helpers start to be mass-produced?
햄버거 헬퍼는 언제 대량 생산되기 시작했는가?

❸ 추론: 지문에 명시되어 있지 않지만 지문의 내용을 통해 소재에 대해 상식적 혹은 논리적으로 추론하도록 요구하는 문제

What is **most likely** the role of honeybees in agriculture?

꿀벌이 농업에서 어떤 역할을 할 것 같은가?

❹ 사실 관계(True/Not true): 소재에 대한 사실 여부를 묻는 문제

What is Not true about Saint Elmo's Fire?

성 엘모의 불에 관해 사실이 아닌 것은?

❺ 어휘: 지문에 쓰인 어휘의 문맥상 뜻을 묻는 문제

In the context of the passage, divided means _____.

본문의 맥락에서 divided는 _____를 의미한다.

만점 전략	
글의 흐름	소재의 정의, 유래, 특징, 근황 등이 지문에 나오며, 지문에 언급된 순서대로 이들을 묻는 문제가 출제되므로 이러한 흐름을 파악한다.
풀이 순서	지문 앞에 주어진 제목을 통해 지문의 소재를 파악하고 지문의 전체적인 내용을 이해하는 단서로 활용한다.
근거 문장	문제부터 먼저 읽고 의문사나 키워드를 중심으로 찾고, 지문에서 해당 문제의 키워드가 나오는 부분의 문장을 훑어보면서 정답의 단서가 되는 근거 문장을 찾는다.
패러프레이징	지텔프 독해에서는 지문에 나온 표현을 선택지에서 그대로 반복해서 쓰지 않고 비슷한 의미의 다른 표현으로 바꿔서 선택지의 정답에 쓰는 경향이 있다. 이렇게 지문의 근거 문장 표현을 패러프레이징(paraphrasing)한 선택지가 정답일 확률이 높음에 유의한다.
추 론	추론 문제는 주로 most likely, likely, probably 등의 부사와 함께 쓰인다. 이런 부사가 쓰인 문항은 추론 문제로 판단하고, 정답의 단서가 지문에 직접 언급되어 있지 않으므로 본문에 근거하여 논리적으로 추론해서 문제를 푼다.
어 휘	어휘 문제는 기존에 알고 있던 해당 어휘의 뜻으로만 정답을 찾을 것이 아니라 그 어휘가 본문에서 쓰인 의미를 파악하여 문맥상 가장 유사한 단어를 선택지에서 골라야 한다.

핵심 표현

1. 유래

❶ **be derived from(derive from = stem from):** ~에서 유래되다

"Narwhal" **is derived from** the Old Norse word *nár*, meaning "corpse" and *hvalr*, meaning "whale."

"Narwhal"은 '시체'를 뜻하는 고대 노르드어 nár와 '고래'를 뜻하는 hvalr에서 유래되었다.

❷ **originate from:** ~에서 유래되다

The word "jerky" **originated from** the Quechua word *ch'arki*, which means "dried meat."

'jerky'라는 단어는 '말린 고기'를 의미하는 케츄아어 단어 차르키(ch'arki)에서 유래되었다.

❸ **be named after:** ~의 이름을 따서 지어지다

It **was named after** the beautiful wife of King Cepheus in Greek mythology.

그것은 그리스 신화에서 케페우스 왕의 아름다운 아내의 이름을 따서 지어졌다.

2. 과정

❹ **be launched:** 출시되다

A new weight loss magazine called *Veggies and Mindsets* **was** recently **launched**.

《베지앤마인드셋》이라는 새로운 체중 감량 잡지가 최근 출시되었다.

❺ **be released:** 출시되다

Tetris has **been released** on over 65 different platforms.

테트리스는 65개 이상의 다른 플랫폼에서 출시되어 왔다.

❻ **consist of (= be composed of = be made up of):** ~로 구성되다

The Hamburger Helper's original recipe **consists of** dried pasta, powdered seasonings and ground beef.

햄버거 헬퍼의 원래 요리법은 말린 파스타, 가루 조미료, 갈아 놓은 소고기로 구성된다.

3. 특징

❼ **be described as:** ~라고 묘사되다

Although it **is described as** "fire," the phenomenon is actually heatless.

비록 그것이 '불'이라고 묘사되지만, 그 현상은 실제로는 열이 없다.

❽ **be observed in:** ~에서 관찰되다

St. Elmo's fire which **is observed in** many parts of the world is most visible at night.

세계 여러 곳에서 관찰되는 성 엘모의 불은 밤에 가장 잘 보인다.

빈출 어휘

1. 소개 및 유래

❶ come from: ~에서 오다, 유래하다

The name "St. Elmo's fire" **comes from** St. Erasmus, the patron saint of Mediterranean sailors.

'St. Elmo's fire'라는 이름은 지중해 선원들의 수호신인 성 에라스무스에서 유래했다.

❷ concept: 개념

The game's simple **concept** and controls are huge factors in its success.

그 게임의 단순한 개념과 제어가 성공의 큰 요인이다.

❸ figure: 인물

Cassiopeia is at the center of a group of constellations that are named for **figures** associated with the legend of Perseus.

카시오페이아는 페르세우스의 전설과 관련된 인물들의 이름을 딴 별자리 무리의 중심에 있다.

❹ historical: 역사적인

St. Elmo's fire is mentioned in several **historical** accounts as "stars" that formed on the points of the spears of Roman soldiers.

성 엘모의 불은 로마 병사들의 창 끝에 형성된 '별들'이라고 여러 역사적 기록에 언급되어 있다.

❺ ideal: 이상적인

Traders and explorers began to see it as an **ideal** source of nutrition during their travels.

무역상들과 탐험가들은 그것을 여행 동안 이상적인 영양 공급원으로 보기 시작했다.

❻ involve: 포함하다, 관련시키다

The puzzle game **involves** rearranging pieces of five equally-sized squares to fill a rectangular board.

그 퍼즐 게임은 직사각형 판을 채우기 위해 같은 크기의 다섯 개의 정사각형 조각들을 재배열하는 것을 포함한다.

❼ last: 지속되다

It **lasts** for several minutes and sometimes looks like a dancing ball, a cluster of stars, or fireworks.

그것은 몇 분 동안 지속되고 때때로 춤추는 공, 별들의 무리, 또는 불꽃놀이처럼 보인다.

❽ phenomenon: 현상

The **phenomenon** is actually heatless and does not burn the objects it touches.

그 현상은 실제로 열이 없고 그것이 닿는 물체를 태우지 않는다.

❾ witness: 목격하다

St. Elmo's fire is a weather event most commonly **witnessed** as a glowing bright-blue or violet flame on the edge of pointed objects.

성 엘모의 불은 뾰족한 물체의 가장자리에서 밝은 청색 또는 보라색 불꽃으로 가장 흔하게 목격되는 기상 사건이다.

❶ appear: 나타나다, ~하게 보이다

St. Elmo's fire usually **appears** during thunderstorms when there is a high electric charge difference between the ground and the clouds.
성 엘모의 불은 보통 지상과 구름 사이에 높은 전하의 차이가 있는 뇌우 때 나타난다.

The early sailors sometimes saw the glow at night on the tops of their ships' masts, which **appeared** to be on fire but did not burn.
초창기 선원들은 때때로 밤에 그들의 배의 돛대 꼭대기에서 빛나는 것을 보았는데, 그것은 불타고 있는 것처럼 보였지만 타지 않았다.

❷ congregate: 모이다

Several small groups occasionally **congregate** to form larger groups of up to 1,000 individuals.
몇몇 작은 그룹들은 때때로 모여서 최대 1,000마리까지 더 큰 그룹을 형성하기도 한다.

❸ convey: 전달하다, 운반하다

The "waggle dance," or the rapid side-to-side movement of the tail, **conveys** the distance and direction of the food.
꼬리의 빠른 좌우 운동인 '와글댄스'는 먹이의 거리와 방향을 전달한다.

❹ ingredient: 재료

It is then usually marinated with varying **ingredients** that can include oil, salt, spices and wine.
그리고 나서 그것은 보통 기름, 소금, 향신료 그리고 와인을 포함할 수 있는 다양한 재료들로 재워진다.

❺ inhibit: 억제하다

The meat is sliced into thin strips and salted to **inhibit** bacterial growth.
그 고기는 박테리아 성장을 억제하기 위해 얇게 썰어 소금에 절여진다.

❻ restore: 복원하다, 복구하다

Each time the statue is vandalized, the people who supervise its care manage to **restore** the mermaid to its original state.
그 조각상이 파손될 때마다, 관리하는 사람들이 간신히 그 인어상을 원상태로 복구해낸다.

❼ result in: ~을 결과로 낳다

Its popularity has **resulted in** more than a dozen copies of the bronze statue being displayed in cities around the world.
그것의 인기는 전세계 도시에 12개 이상의 청동상이 전시되는 결과를 낳았다.

❽ unveil: 공개하다, 발표하다

It was **unveiled** at the harbor of Langelinie in August 1913.
그것은 1913년 8월 랑겔리니 항구에서 공개되었다.

❶ abundant: 풍부한

They build their homes close to an **abundant** supply of flowers that produce their food.

그것들은 집을 그것들의 음식을 생산하는 꽃들이 풍부하게 제공되는 곳 가까이에 짓는다.

❷ deviate: 벗어나다, 달라지다

The statue **deviated** from the fairy tale's single-tail mermaid in that it was sculpted with two fins.

이 동상은 지느러미 두 개로 조각되었다는 점에서 동화의 외꼬리 인어와는 달랐다.

❸ distinct: 구별되는

The whale is **distinct** from other whales because of a straight spiral tusk that extends from its face.

그 고래는 얼굴에서 뻗은 곧은 나선형 어금니 때문에 다른 고래들과 구별된다.

❹ exclusive: 독점적인

The Soviet government gave Atari, a video game company, **exclusive** rights to the arcade version.

소련 정부가 비디오 게임 회사 아타리 사에게 상점 버전에 대한 독점적인 권리를 주었다.

❺ feature: 특징

The whale's unique **feature**, its tusk, is commonly found on males.

그 고래의 독특한 특징인 어금니는 수컷에게서 흔히 발견된다.

❻ initial: 최초의

Since its **initial** public display, the statue has been vandalized many times due to its high profile.

처음 공개될 때부터 인어상은 높은 인지도 때문에 여러 차례 파손되어 왔다.

❼ reference: 참조하다, 언급하다

The familiar constellation has been **referenced** in such diverse forms of media as adventure novels, science fiction television shows, and romantic comedy films.

그 친숙한 별자리는 모험 소설, 공상 과학 텔레비전 쇼, 로맨틱 코미디 영화와 같은 다양한 형태의 미디어에서 참조되어 왔다.

❽ resemble: 닮다

Cassiopeia's stars **resemble** the shape of either a W or an M.

카시오페이아의 별은 W 또는 M의 모양을 닮았다.

❾ unique: 독특한

There are a total of 53 known stars in Cassiopeia, but its **unique** shape is formed by its five brightest stars.

카시오페이아에는 총 53개의 알려진 별들이 있지만, 그것의 독특한 모양은 5개의 가장 밝은 별들에 의해 형성된다.

HAMBURGER HELPER

1 An American resilient staple, "Hamburger Helper" – today known just as "Helper" – has introduced numerous varieties in the past 45 years. With it, the company General Mills created a new category – dry packaged dinners. With one pan, one pound of hamburger and one package, Hamburger Helper revolutionized dinner. It was economical, convenient, filled with variety and enjoyed by the entire family. [1]**American families going through financial difficulties were helped** and able to feed themselves.

소개
및
유래

2 In 1970, beef prices were soaring and [2]**the U.S. economy had weakened**. There was a simultaneously high unemployment rate and inflation rate was going through the roof. Therefore, the undisputed king of boxed dinners was launched on the West Coast in December of the same year. Betty Crocker's Hamburger Helper did, as promised. [3]It guided **families who were striving to stretch a pound of meat** into a dinner for five and it was much cheaper.

등장 배경

3 The basic and most popular version of Hamburger Helper is a box of dried pasta with seasoning that is designed to be cooked with ground beef and it comes in a variety of flavors, including Lasagna, Cheeseburger Macaroni, Bacon Cheeseburger and Philly Cheesesteaks. It also [6]**spawned** Tuna Helper, in 1972, Chicken Helper, Pork Helper and Asian Helper. [4]When you wanted a simple dessert made with fresh or canned fruits, you **turned to Betty Crocker's Fruit Helper**, which unfortunately was discontinued for food safety concerns.

특징 1:
다양한
구색

4 According to the customer service agent, [5b]Hamburger Helpers can **be stored** for one year from the date of manufacture. [5c]If cooked, it is also a great food **to freeze** for future meals. If it is simply stored in an airtight container in the freezer, it will be good for 3 to 4 months.

특징 2:
보관 기간
및 방법

5 The Hamburger Helper's original recipe consists of dried pasta, powdered seasonings and other starches, such as rice or potatoes as well as browned ground beef "hamburger", with milk, to create a complete one-dish meal. While Hamburger Helper is not to be eaten every day according to nutritionists, [5d]it can at times contribute to an **easy, cheap** and [5a]**pretty nutritious meal** especially if accompanied with a green salad or some steamed veggies.

특징 3:
장점

6 The Hamburger Helper mascot is "the Helping Hand" or "Lefty"—a four-fingered, left-hand white glove with a face on the palm and a red [7]**spherical** nose. It often appears in the product's television commercials and on packages. The most recent appearance was on September 1, 2020, during the *What's It Worth* TV show hosted by Jeff Foxworthy.

최근 현황

1 **What** likely does the name "Hamburger Helper" **originate from**?

(a) the process by which it was manufactured

(b) the place where it was first manufactured

(c) the kind of meat used to process it

(d) the reason for which it was invented

2 **When** did Hamburger Helpers start to be **mass-produced**?

(a) when America was going through economic hardships in 1970

(b) during the Industrial Revolution

(c) during the Great Depression

(d) when people learned to make it at home

3 **Why probably** did Hamburger Helpers become an **important food option** in the 1970s?

(a) because people were on strict diets

(b) because most Americans were vegetarians

(c) because most Americans were struggling to feed themselves

(d) because doctors recommended eating less meat

4 **How** could one afford a simple **fruit dessert** when money was tight?

(a) by purchasing fresh fruits in bulk

(b) by consuming canned fruits only

(c) by eating home-baked cookies or pies

(d) by turning to the packaged Fruit Helper

5 Based on the article, **what** is **not true** regarding Hamburger Helpers?

(a) It is extremely nutritious by itself.

(b) You can freeze it for future meals if it is cooked.

(c) You can store it for a year from the date of manufacture.

(d) It is cheap and easy to prepare.

6 In the context of the passage, spawned means _____.

(a) issued

(b) triggered

(c) led to

(d) customized

7 In the context of the passage, spherical means _____.

(a) circulating

(b) round

(c) circumferential

(d) surrounding

햄버거 헬퍼

1 오늘날 "헬퍼(Helper)"로 알려진 미국의 생존력이 뛰어난 주요 식품, "햄버거 헬퍼(Helper)"는 지난 45년 동안 많은 종류의 제품들을 선보여 왔다. 이를 통해 제너럴 밀스(General Mills) 사는 새로운 범주인 건조 포장 식사 상품을 개발했다. 냄비 하나, 햄버거 1파운드, 포장 하나를 가지고서, 햄버거 헬퍼는 저녁 식사에 혁명을 일으켰다. 그것은 경제적이고 편리했으며, 다양성으로 가득 차 있었고 온 가족이 즐겼다. [1]경제적 어려움을 겪고 있는 미국 가정들은 도움을 받았고 식사를 해결할 수 있었다.

(소개 및 유래)

2 1970년에 쇠고기 가격은 치솟았고 [2]미국 경제가 약화되었다. 높은 실업률이 나타난 동시에 물가 상승률이 천정부지로 치솟았다. 그래서, 같은 해 12월 서해안에서는 반박의 여지없는 포장용 식사 상품의 일인자가 출시되었다. 약속대로 베티 크로커의 햄버거 헬퍼가 그랬다. [3]그것은 고기 1파운드라도 아껴 먹으려고 애쓰는 가족들을 5인분의 저녁 식사로 안내했고 그것은 훨씬 더 저렴했다.

(등장 배경)

3 햄버거 헬퍼의 기본적이고 가장 인기 있는 버전은 간 쇠고기와 함께 요리하도록 만든 양념이 들어간 말린 파스타 상자이며, 그것은 라자냐, 치즈버거 마카로니, 베이컨 치즈버거, 필리 치즈스테이크를 포함한 다양한 맛으로 나온다. 1972년에는 참치 헬퍼, 치킨 헬퍼, 돼지고기 헬퍼, 아시아 헬퍼도 [6]출시했다. [4]신선한 과일이나 통조림 과일로 만든 간단한 디저트를 먹고 싶었을 때, 베티 크로커의 과일 헬퍼를 찾았지만, 그것은 안타깝게도 식품 안전 문제로 생산이 중단되었다.

(특징 1: 다양한 구색)

4 고객 서비스 담당자에 따르면 [5b]햄버거 헬퍼는 제조일로부터 1년 동안 보관할 수 있다. [5c]그것은 익혀서 먹는다면, 미래의 식사를 위해 냉동 보관하기에 훌륭한 음식이다. 밀폐 용기에 담아 냉동실에 간단하게 보관하면 그것은 3~4개월 동안 양호한 상태로 있을 것이다.

(특징 2: 보관 기간과 방법)

5 햄버거 헬퍼의 원래 요리법은 말린 파스타, 가루 조미료, 쌀이나 감자와 같은 전분 식품과 우유와 함께 노릇하게 구운 간 쇠고기 "햄버거"로 구성되어 있으며, 완전한 한 끼의 식사를 만든다. 영양학자들에 따르면 햄버거 헬퍼는 매일 먹을 수 없지만, 햄버거 헬퍼는 가끔은 [5d]간편하고 저렴하며, 특히 녹색 샐러드나 삶은 채소가 곁들여진다면 [5a]꽤 영양가 있는 식사가 되는 데 큰 도움이 될 수 있다.

(특징 3: 장점)

6 햄버거 헬퍼의 마스코트는 "도우미 손" 또는 "레프티"로, 손바닥에 얼굴이 있고 빨간 [7]구형의 코를 가진 네 손가락의 왼쪽 흰 장갑이다. 그것은 종종 제품의 텔레비전 광고와 패키지에 등장한다. 가장 최근의 출연은 2020년 9월 1일 제프 폭스워시가 주최한 'What's It Worth' TV 쇼에서였다.

(최근 현황)

1. (d)

유형 정의/유래(What)

해석 "햄버거 헬퍼"라는 이름은 무엇에서 유래했을까?

(a) 그것이 제조된 공정
(b) 그것이 처음 제조된 장소
(c) 가공할 때 사용되는 고기 종류
(d) 그것이 발명된 이유

해설 본문 1단락에서 "[1]American families going through financial difficulties were helped and able to feed themselves."(경제적 어려움을 겪고 있는 미국 가정들은 도움을 받았고 식사를 해결할 수 있었다.)라고 하였다. 햄버거 헬퍼는 경제적으로 어려운 미국인들을 도우려고 만들어져서 "햄버거 헬퍼(햄버거 도우미)"라는 이름을 가지게 된 것이므로 (d)가 정답이다.

어휘 originate from ~에서 유래하다   manufacture 제조하다   process 과정, 공정, 가공하다   invent 발명하다

2. (a)

유형 세부사항(When)

해석 언제 햄버거 헬퍼가 대량 생산되기 시작했는가?

(a) 미국이 경제적 어려움을 겪고 있을 때
(b) 산업 혁명 동안
(c) 대공황 시기 동안
(d) 사람들이 집에서 만드는 법을 배웠을 때

해설 본문 2단락에서 "[2]the U.S. economy had weakened. There was a simultaneously high unemployment rate and inflation rate had gone through the roof."(미국 경제가 약화되었다. 높은 실업률이 나타난 동시에 물가 상승률이 천정부지로 치솟았다.)라고 하였다. 미국에서 햄버거 헬퍼가 생산되었을 때, 높은 실업률과 물가 상승률로 경제가 약화되어 위기를 겪던 시기였으므로 (a)가 정답이다.

정답 Key Paraphrasing

본문에 쓰인 'the U.S. economy had weakened'와 유사한 표현은 'America was going through economic hardships'이다.

어휘 mass-produced 대량 생산되는   go through (어려움을) 겪다   economic hardship 경제적 어려움   Industrial Revolution 산업 혁명   the Great Depression 대공황

3. (c)

유형 추론(Why)

해석 왜 1970년대에 햄버거 헬퍼가 중요한 음식 선택이 되었을까?

(a) 사람들이 엄격한 다이어트를 했기 때문에   (b) 대부분의 미국인이 채식주의자였기 때문에

(c) 대부분의 미국인이 먹고 살기 위해 애쓰고 있어서   (d) 의사들이 고기를 덜 먹을 것을 권고해서

해설 본문 2단락에서 "[3]It guided families who were striving to stretch a pound of meat into a dinner for five and it was much cheaper."(그것은 고기 1파운드라도 아껴 먹으려고 애쓰는 가족들을 5인분의 저녁 식사로 안내했고 그것은 훨씬 더 저렴했다.)라고 하였다. 햄버거 헬퍼가 다른 식품보다 상대적으로 더 저렴했고 살림살이가 빠듯했던 가족들이 양적으로 푸짐하게 먹을 수 있도록 했으므로 경제적 어려움을 겪던 70년대 미국인들에게 중요한 음식이 되었을 것으로 추론된다. 따라서 정답은 (c)이다.

정답 Key Paraphrasing

본문에 쓰인 'families who were striving to stretch a pound of meat'과 유사한 표현은 'most Americans were struggling to feed themselves'이다.

어휘 option 선택 사항 strict 엄격한 vegetarian 채식주의자 struggle to+동사원형 ~하려고 애쓰다 feed oneself 먹고 살다. 식사를 해결하다 recommend 권고하다

---

4. (d)

유형 세부사항(How)

해석 돈이 빠듯할 때에 어떻게 간단한 과일 디저트를 살 수 있었는가?

(a) 신선한 과일을 대량으로 구입함으로써   (b) 통조림 과일만 소비함으로써

(c) 집에서 만든 쿠키나 파이를 먹음으로써   (d) 포장 과일 헬퍼에 눈을 돌림으로써

해설 본문 3단락에서 "[4]When you wanted a simple dessert made with fresh or canned fruits, you turned to Betty Crocker's Fruit Helper"(신선한 과일이나 통조림 과일로 만든 간단한 디저트를 먹고 싶었을 때, 베티 크로커의 과일 헬퍼를 찾았다.)라고 했으므로 (d)가 정답이다.

정답 Key Paraphrasing

본문에 쓰인 'Betty Crocker's Fruit Helper'와 유사한 표현은 'the packaged Fruit Helper'이다.

어휘 purchase 구입하다 in bulk 대량으로 consume 소비하다 canned fruit 통조림 과일 turn to ~에 의지하다. ~을 찾다. ~에 눈을 돌리다

---

5. (a)

유형 사실 관계(True/Not true)

해석 본문에 따르면, 햄버거 헬퍼에 관하여 옳지 않은 것은?

(a) 그것은 그것 자체만으로 매우 영양가가 높다.   (b) 익히면 나중 식사를 위해 그것을 냉동할 수 있다.

(c) 제조일로부터 1년간 그것을 보관할 수 있다.   (d) 그것은 싸고 준비하기 쉽다.

해설 본문 4단락에서 "[5b]Hamburger Helpers can be stored for one year from the date of manufacture. [5c]If cooked, it is also a great food to freeze for future meals."(햄버거 헬퍼는 제조일로부터 1년 동안 보관할 수 있다. 만약 익힌다면, 그것은 또한 미래의 식사를 위해 얼려 두기에 좋은 음식이다.)라고 하였다. 또 본문 5단락에서 "[5d]it can at times contribute to an easy, cheap and ^{5a}pretty nutritious meal especially if accompanied with a green salad or some steamed veggies."(햄버거 헬퍼가 간편하고 저렴하며, 특히 녹색 샐러드나 삶은 야채와 곁들여지면 꽤 영양가 있는 식사가 되는 데 큰 도움이 될 수 있다.)라고 하였다. 햄버거 헬퍼는 샐러드나 야채와 곁들여지면 꽤 영양가가 있지만 그것 자체만으로는 매우 영양가가 높다고 할 수 없으므로 정답은 (a)이다.

어휘 extremely 극도로, 매우 nutritious 영양가 있는 by itself 그것 혼자만으로 freeze 얼리다 store 저장하다 manufacture 제조 prepare 준비하다

---

6. (c)

유형 어휘(동사: spawn)

해석 문단에서 spawned는 _____를 의미한다.
(a) 발행했다   (b) 유발했다
(c) 만들어 냈다   (d) 제작했다

해설 본문 3단락 "It also ⁶spawned Tuna Helper, in 1972, Chicken Helper, Pork Helper and Asian Helper."(1972년에는 참치 헬퍼, 치킨 헬퍼, 돼지고기 헬퍼, 아시아 헬퍼를 출시했다.)에서 동사 spawned는 '(짧은 시간에 대량으로) ~을 낳다, ~을 만들어 내다'의 의미이다. 보기 중 이 의미와 가장 가까운 (c)가 정답이다.

**어휘
뉘앙스** (a) issue: 출판하다(=publish), 배포하다(=distribute) (주로 복권이나, 신문, 책 등을 '발행하다'라는 뜻으로 쓰임)
(b) trigger: 뭔가가 일어나도록 야기시키다 (원인과 결과 관계에서 주로 부정적인 함축을 가지고 있음)
(c) lead to: 일으키다(=give rise to), 촉구하다(=prompt) e.g. COVID-19 led to(prompted) the creation of vaccines. (코로나 19는 백신들의 개발을 이끌어 냈다.)
(d) customize: (소비자가 원하는 대로) 주문 제작하다

어휘 spawn 낳다, 만들어 내다 issue 발행하다 trigger 유발하다 lead to ~을 만들어 내다 make for (~를 위해) 제작하다

---

7. (b)

유형 어휘(형용사: spherical)

해석 본문의 맥락에서 spherical은 _____를 의미한다.
(a) 순환하는   (b) 둥근
(c) 원주의, 주위의   (d) 둘레의

해설 본문 6단락 "The Hamburger Helper mascot is "the Helping Hand" or "Lefty"—a four-fingered, left-hand white glove with a face on the palm and a red ⁷spherical nose."(햄버거 헬퍼의 마스코트는 "도우미 손" 또는 "레프티"로, 손바닥에 얼굴이 있고 빨간 구형의 코를 가진 네 손가락의 왼쪽 흰 장갑이다.)에서 형용사 'spherical'의 의미는 '둥그란, 구 형태의'이다. 보기 중 이 의미와 가장 가까운 (b)가 정답이다.

**어휘
뉘앙스** (a) circulating : 순환하는 (주변을 도는 역동적 어감을 가짐)
(b) round: 둥근 모양의, 동그란
(c) circumferential: 원주의, 주위의 (원의 둘레 등 수학적 함축 의미를 가지고 있는 단어임)
(d) surrounding: 둘레의 (주변을 에워싸는 듯한 느낌)

어휘 spherical 둥근, 구형의 round 둥근 circumferential 원주의, 주위의 surrounding 둘레의

유용한 구문 Useful Constructions

1. An American resilient staple, "Hamburger Helper" – today **known just as**
　　　　　　　　　　　　주어　　　　　　　　　　　　　　　　　　　　(which is) known just as ~로 알려진
"Helper" – **has introduced numerous varieties in the past 45 years.**
　　　　　　　동사　　　　　　　목적어　　　　　　시간 부사구(기간)

오늘날 "헬퍼"로 알려진 미국의 생존력 있는 주요 식품, "햄버거 헬퍼"는 지난 45년 동안 많은 제품을 선보였다.

→ known just as ~: 'which is known just as ~'에서 '주격 관계대명사 + be동사(which is)'가 생략된 형태이다.

→ be known as + 자격: ~로 알려지다
　　cf. be known for + 이유: ~로 알려지다
　　　　be known to + 대상: ~에게 알려지다

→ in the past 45 years: 기간을 나타내는 부사구이며, 주로 완료 시제(has introduced)와 함께 사용된다.

2. **American families going through financial difficulties were helped** and
　　　　　　주어　　　　　　분사구(형용사적 기능: 명사 수식)　　　　　본동사1
able to feed themselves.
　　본동사2

경제적 어려움을 겪고 있는 미국 가정들은 도움을 받았고 식사를 해결할 수 있었다.

→ 분사구 'going through financial difficulties'는 앞에 있는 명사구 'American families'를 수식한다. 현재분사 going 앞에 '주격 관계대명사 + be동사(who are)'가 생략되어 있는 형태로도 볼 수 있다. 명사구와 이를 수식하는 분사가 능동의 관계일 때는 현재분사, 수동의 관계일 때는 과거분사가 쓰인다.

→ 주어인 American families의 동사로 'were helped'와 '(were) able to feed ~'가 등위접속사 and로 연결된 구조이다. were는 중복을 피해 able 앞에 생략되어 있다.

3. It **guided** families **who were striving to stretch a pound of meat into** a dinner
for five and it was much cheaper.

그것은 고기 1파운드라도 아껴 먹으려는 가족들을 5인분의 저녁 식사로 안내했고 그것은 훨씬 더 저렴했다.

→ 'guide A into B'는 'A를 B로 안내하다'라는 뜻으로 사용된다.

→ who가 이끄는 관계사절(who were striving to stretch a pound of meat)은 명사 families를 수식한다.

→ 관계사절의 선행사는 families이고 관계사절 안에서 주어 역할을 한다. 선행사가 사람이고 주격이므로 관계대명사 who가 쓰였다.

4. The basic and most popular version of Hamburger Helper is a box of dried
주어 / 동사 / 주격보어

pasta with seasoning that is designed to be cooked with ground beef and it
전치사구 / 주격 관계대명사 / 등위접속사

comes **in a variety of** flavors, **including Lasagna, Cheeseburger Macaroni,**
전치사구 / 전치사 / 목적어1 / 목적어2

Bacon Cheeseburger and Philly Cheesesteaks.
목적어 3 / 목적어4

햄버거 도우미의 기본적이고 가장 인기 있는 버전은 간 쇠고기와 함께 요리되도록 만든 양념이 들어간 말린 파스타 상자이며, 그것은 라 자냐, 치즈버거 마카로니, 베이컨 치즈버거, 필리 치즈스테이크를 포함한 다양한 맛으로 나온다.

→ 관계대명사절 'that is designed to be cooked with ground beef'에서 주격 관계대명사 that의 선행사는 앞에 있는 명사구 'a box of dried pasta with seasoning'이다. 선행사가 사물이고 관계사절에서 주어 역할을 하여 관계대명사 that이 사용되었다.

→ 전치사 including 뒤에 네 개의 목적어가 병렬 구조를 이루며 나열되어 있다. 등위접속사 and, but, or 등이 절이나 구를 연결하는 구조를 병렬 구조라고 한다. 문장이 길어질 때 병렬 구조를 알면 쉽게 구문을 파악하고 정답을 예측할 수 있다.

5. While Hamburger Helper is not to be eaten every day according to
종속접속사 / 주어 / 동사 / 시간 부사구(현재) / 부사구

nutritionists, it can at times contribute to an **easy, cheap and**
주어 / 부사구 / 본동사 / 형용사1 / 형용사2

pretty nutritious meal especially if accompanied with a green salad or
형용사3 / 명사 / 조건절(if)

some steamed veggies.

영양학자들에 따르면 햄버거 헬퍼는 매일 먹을 수 없지만, 가끔씩은 간편하고 저렴하며 햄버거 헬퍼가 특히 녹색 샐러드나 삶은 채소와 곁들여진다면 꽤 영양가 있는 식사가 될 수 있다.

→ 종속접속사 While이 이끄는 절이 문두에 올 때는 뒤에 콤마(,)를 쓰고 그 뒤에 주절이 온다. 의미는 동시 동작이나 부대 상황을 나타내고 지텔프 문법에서 진행형 시제나 접속사 문제로 자주 출제된다.

→ 조건절 'if (it is) accompanied with a green salad or some steamed veggies.'에서 주어 it은 앞에 명사구 'Hamburger Helper'를 가리키며, if절의 주어가 주절의 주어와 동일하면 '주어 + be동사'는 생략될 수 있고 주어와의 관계가 수동이므로 과거분사 accompanied가 쓰였다.

→ 형용사 'easy, cheap, and pretty nutritious'가 명사 meal을 수식하였다. 형용사를 병렬 구조 A, B and C로 나열하였다.

TETRIS

Tetris is a video game created by Russian game designer and computer engineer Alexey Pajitnov. It is one of the most successful video games of all time.

The idea for Tetris came to Pajitnov in 1984 while playing Pentominoes, his favorite puzzle game, which involves rearranging pieces of five equally-sized squares to fill a rectangular board. He imagined the pieces falling into a well and then piling up. He then developed an electronic game out of this idea during his spare time while working for the Soviet Academy of Sciences. The result was Tetris.

The name "Tetris" derives from *tetra*, the Greek word for "four," and tennis, Pajitnov's favorite sport. It requires players to rotate and move pieces consisting of four cubes in different combinations as they fall toward the bottom of the screen at increasing speeds. The goal is to arrange the pieces to form a continuous horizontal line from one edge of the screen to the other. This clears the line, earns points, and moves the new falling pieces down the cleared-out space. When the pieces are not arranged properly and fill up the screen, the game ends.

Pajitnov shared Tetris with his friends, and it spread quickly. The game was not patented yet two years later, despite being already distributed in the US and Europe. Different foreign companies claimed the rights to Tetris, until the Soviet government gave Atari, a video game company, exclusive rights to the arcade version, and to another video game company, Nintendo, the rights to the console and handheld versions. Tetris was eventually bundled with Nintendo's handheld system, the GameBoy, and sold millions of copies as a result.

The game's simple concept and controls are huge factors in its success. It is easy enough to learn, yet so engaging as one has to quickly decide how to arrange the pieces. Despite the game's success, it was only in 1996 after the Soviet Union was dissolved that Pajitnov received the rights to his creation and founded The Tetris Company.

Tetris has sold over 200 million copies around the world, and has been released on over 65 different platforms. It is one of the best-selling video games of all time.

1. How did Pajitnov come up with the concept for Tetris?

   (a) He created a similar board game first.
   (b) He played a computer game of tennis.
   (c) He got a commission from the government.
   (d) He took inspiration from a puzzle game.

2. What is the goal of Tetris?

   (a) to get the lowest number of penalty points
   (b) to keep the pieces from stacking up too high
   (c) to prevent the pieces from falling over
   (d) to build a continuous line from top to bottom

3. Which probably contributed to the success of the game's GameBoy version?

   (a) the game's ownership by Nintendo
   (b) the failure of Atari's arcade version
   (c) the US manufacturing of the game
   (d) the delay in the game's patenting

4. What largely accounts for the popularity of Tetris?

   (a) its variety of controls
   (b) its unusual gameplay concept
   (c) its being challenging to learn
   (d) its lack of complexity

5. When did Pajitnov finally own the rights to Tetris?

   (a) when Nintendo sold it to him
   (b) when he sued the government for it
   (c) when the Soviet Union broke up
   (d) when it became a best-selling game

6. In the context of the passage, exclusive means _____.

   (a) sole
   (b) original
   (c) superior
   (d) shared

7. In the context of the passage, founded means _____.

   (a) discovered
   (b) provided
   (c) formed
   (d) bought

▶ ▶ ▶ 정답 · 해석 · 해설 p.23

HONEYBEE

The honeybee, *Apis mellifera*, is one of the most well-respected insects in the world. It plays an important role in ensuring the production of plant seeds through a process called pollination. However, the honeybee is best known for producing one of people's favorite food items: honey.

Honeybees have hairy bodies that are divided into three parts: the head, the thorax, and the abdomen. The head has two large eyes and a pair of antennae. The thorax, which is the midsection of the insect's body, carries two pairs of wings and three pairs of legs. The abdomen is where wax and honey are made. Honeybees are light-brown to golden-yellow in color and grow to about 12 millimeters long.

Honeybees live in colonies of as many as 80,000 bees. They build their homes, called hives, close to an abundant supply of flowers that produce their food, namely nectar and pollen. Hives are usually built inside hollow trees or rock openings. There are three types of honeybee: the queen, the workers, and the drones. The queen lays eggs and directs the other bees. The workers are female bees that do not lay eggs but instead search for food, make honey, and protect the hive. The drones are the male bees that mate with the queen.

Their form of communication is quite unique. When a worker bee discovers a food supply, she passes on the food's location to the other bees through special dances. A bee that is performing the "round dance," or flying in a fast, circular motion, is saying she has found a food source. The "waggle dance," or the rapid side-to-side movement of the tail, conveys the distance and direction of the food. The honeybee's body also gives off chemical signals to find mates for the queen, help worker bees return to the hive, and warn other bees when the colony is being attacked.

Honeybees are important in agriculture as they transfer pollen from the male to the female parts of a flower to produce seeds. Moreover, they help create a large beekeeping industry by providing important consumer products including honey, royal jelly, wax, and sealant.

8. What is the honeybee most popularly known for?

(a) taking honey from flowers
(b) transferring plant seeds
(c) stopping the spread of pollen
(d) making a sweet food item

9. Which is NOT true about the honeybee's physical appearance?

(a) It is generally light-colored.
(b) Its body is covered with hair.
(c) It has two pairs of legs.
(d) It is a winged insect.

10. Why do honeybees only live where plenty of flowers are found nearby?

(a) because the queen bee lays her eggs on flowers
(b) because flowers provide them with food
(c) because it is easier to build a hive among flowers
(d) because flowers are their main food

11. How do honeybees tell the other bees where food is?

(a) by shaking their tails quickly
(b) by marking it with a circle
(c) by moving their antennae side-to-side
(d) by leaving a trail of scents back to the food

12. What is most likely the role of honeybees in agriculture?

(a) They move flowers from one garden to another.
(b) They help new plants grow.
(c) They provide flowers with food.
(d) They guard flowers from pests.

13. In the context of the passage, divided means _____.

(a) separated
(b) torn
(c) reduced
(d) dissolved

14. In the context of the passage, conveys means _____.

(a) leads
(b) carries
(c) sends
(d) expresses

ST. ELMO'S FIRE

St. Elmo's fire is a weather event most commonly witnessed as a glowing bright-blue or violet flame on the edge of sharp or pointed objects. Observed in many parts of the world, St. Elmo's fire is most visible at night. It lasts for several minutes and sometimes looks like a dancing ball, a cluster of stars, or fireworks. Although described as "fire," the phenomenon is actually heatless and does not burn the objects it touches.

St. Elmo's fire usually appears during thunderstorms when there is a high electric charge difference between the ground and the clouds. It creates electrical energy that acts on the gases in the air and breaks their molecules apart, resulting in an ionized gas called "plasma." Different gases produce different colors as plasmas. St. Elmo's fire is usually blue because the air is <u>rich</u> in nitrogen and oxygen that glow blue when combined. The flame usually comes with a distinct hissing, crackling, or buzzing sound.

St. Elmo's fire commonly occurs on pointed objects such as lightning rods, church towers, or the masts of ships. It is sometimes confused with lightning that flashes in the sky during storms and ball lightning. However, St. Elmo's fire is more similar to the neon lighting used in advertising. Neon also uses plasma to produce a soft glow.

The name "St. Elmo's fire" comes from St. Erasmus, also called St. Elmo, the patron saint of Mediterranean sailors. The early sailors sometimes saw the glow at night on the tops of their ships' masts, which appeared to be on fire but did not burn. St. Elmo's fire usually appeared toward the end of a violent thunderstorm, so the sailors took it as a good sign that their saint was helping them get through the storm.

St. Elmo's fire is <u>mentioned</u> in several historical accounts as "stars" that formed on the points of the spears of Roman soldiers. It also appeared in the writing of notable figures including Julius Caesar, Christopher Columbus, and Charles Darwin.

15. What is St. Elmo's fire?

    (a) a naturally occurring flame
    (b) an early variety of firework
    (c) an extreme weather condition
    (d) a weather-related occurrence

16. Why does St. Elmo's fire produce a blue glow?

    (a) because of its intense heat
    (b) because it reflects the blue storm clouds
    (c) because of its mixture of gases
    (d) because it combines electric currents

17. How are neon lighting and St. Elmo's fire similar?

    (a) They use the same source of light.
    (b) They both appear on pointed objects.
    (c) They both occur during storms.
    (d) They produce the same color of light.

18. Based on the passage, what did the early sailors probably believe about St. Elmo's fire?

    (a) that it signaled the start of violent storms
    (b) that it was an assurance of their safety
    (c) that it made their ships' masts stronger
    (d) that it guided them to a land of prosperity

19. What do historical accounts suggest about St. Elmo's fire?

    (a) It has been sighted throughout written history.
    (b) The Romans discovered it first.
    (c) It helped soldiers during wars.
    (d) Notable figures portrayed it as dangerous.

20. In the context of the passage, rich means _____.

    (a) luxurious
    (b) plentiful
    (c) gorgeous
    (d) expensive

21. In the context of the passage, mentioned means _____.

    (a) reached
    (b) created
    (c) noted
    (d) praised

NARWHAL

The narwhal is a medium-sized whale that lives in the Arctic waters of Norway, Greenland, Russia, and Canada. The whale is distinct from other whales because of a straight spiral tusk that extends from its face. This horn-like tusk gives the narwhal the nickname "unicorn of the sea."

Both male and female narwhals grow 4 to 5.5 meters in length. A full-grown animal can weigh between 800 and 1,600 kilograms. Feeding on squid, fish, and shrimp, narwhals can live up to 50 years. Their color varies according to age; newborn narwhals are blue-gray, juveniles are blue-black, and adults, a mottled gray. Old narwhals are mostly white. Females start bearing calves at six to eight years old. Like other marine mammals, they give birth to one live young at a time and nurse it on milk. Narwhals usually live in groups of about five to ten members. Several small groups occasionally congregate to form larger groups of up to 1,000 individuals.

The whale's unique feature, its tusk, is commonly found on males and can grow to more than three meters. Despite its straight appearance and prominent position on the head, the tusk is not a horn but is actually an enlarged tooth that grows from the left side of its upper jaw. This tusk has millions of nerve endings that allow the narwhal to feel its way through the water and communicate with others. Males rubbing tusks together is now believed to be a way of exchanging information rather than a display of rivalry.

"Narwhal" is derived from the Old Norse word *nár*, meaning "corpse" and *hvalr*, meaning "whale," because the animal's grayish spotted color looks like that of a dead body. People in medieval Europe believed the whale's twisting tusk to be the horn of a mythical horse-like creature called the unicorn. These highly-prized horns were believed to possess powers.

There are about 75,000 narwhals in existence today. While humans hunt them heavily, other predators, such as polar bears, killer whales, and sharks also contribute to the decrease in the animals' population.

22. What makes the narwhal different from other whales?

    (a) its unusually big size
    (b) its ability to live in Arctic waters
    (c) a curved horn on its head
    (d) a bony attachment to its face

23. How can one determine how old a narwhal is?

    (a) by finding out its weight
    (b) by looking at its eye color
    (c) by analyzing its skin tone
    (d) by studying the food it selects

24. Why most likely is the growth on the narwhal's head called a tusk and not a horn?

    (a) because horns do not grow in a straight line
    (b) because the tusk is growing from the mouth
    (c) because horns do not have nerve endings
    (d) because tusks only grow on sea mammals

25. How did the narwhal get its name?

    (a) through the twisted shape of its tusk
    (b) through the color its corpse turns
    (c) through the deathly appearance of its skin
    (d) through its similarity to the unicorn

26. Based on the article, what is true regarding the threats to the narwhal population?

    (a) They are safe from land mammals.
    (b) Their numbers are at near-extinction levels.
    (c) They are still being hunted out of superstition.
    (d) Humans are their main threat.

27. In the context of the passage, congregate means _____.

    (a) rally
    (b) gather
    (c) mingle
    (d) collect

28. In the context of the passage, derived means _____.

    (a) taken
    (b) started
    (c) received
    (d) assumed

PART

4

비즈니스 레터

PART 4에서는 상품이나 행사를 홍보하거나 업무에 관한 문의나 협조 요청 등 비즈니스 서신이 지문으로 나온다. 편지의 목적, 상황 설명, 마무리와 인사 등이 순서대로 나오면서 이를 묻는 문제가 출제된다.

만점 포인트

❶ 편지의 목적, 상황 설명 등의 세부사항, 끝인사의 순서대로 문제가 나오므로 흐름을 잘 파악한다.

❷ 편지의 특성상 받는 이와 보내는 이의 관계를 파악한다.

❸ 문제를 먼저 읽으면서 의문사와 핵심 단어를 중심으로 정답의 단서를 찾는다.

❹ 지문의 근거 문장에 나온 표현이 반복되지 않고 패러프레이징된 문장이 정답이 되는 경우가 많다는 점에 유의한다.

❺ 어휘 문제는 해당 어휘의 기본적인 뜻만 파악할 것이 아니라 본문에 쓰인 의미를 파악하여 문맥상 가장 가까운 뜻을 가진 단어를 정답으로 선택한다.

지텔프 유형 분석하기

지문의 특징

PART 4에서는 상품이나 행사를 홍보하거나 업무에 관한 문의나 협조 요청 등 비즈니스 서신이 지문으로 자주 나온다. 지문이 뚜렷한 목적을 가지고 쓰인 편지이므로 편지를 쓴 목적을 묻는 문제가 자주 출제된다는 특징이 있다.

출제 경향

업무와 관련하여 문의나 요청, 홍보와 채용 등을 다루는 지문이 자주 출제되고 있다. 최신 기출문제 PART 4에 서 출제된 지문의 토픽들을 정리하면 다음과 같다.

❶ 홍보 / 판촉: 상품 안내와 홍보, 판촉 행사에 초대

❷ 제안 / 통보: 계약 승인 통보, 회계 감사 시작 통보

❸ 문의 / 요청: 건물 관리에 대한 개선 요청

❹ 인사 / 채용: 입사 지원을 위한 자기 소개, 채용 결과 문의

문항 구성 및 문제 유형

PART 4의 7문항 중 첫 문항에 글의 목적을 묻는 질문이 주로 등장한다. 세부사항을 묻는 문제들이 3~4문항 출제되며 추론 문제가 1~2문항 출제되기도 한다. 간혹 사실 관계(True/Not true)를 묻는 문제가 나올 수도 있 지만 최근에는 드물게 출제되고 있다. PART 4의 마지막 2문항은 어휘 문제로 구성된다.

❶ 목적: PART 4에 특화된 문제 유형으로 편지를 쓴 목적을 묻는 문제

Why did Greta Fulton **write** a letter to Dean Williams?
그레타 풀턴은 왜 딘 윌리엄스에게 편지를 썼는가?

What is the **main purpose** of Rosa Cooper's letter?
로자 쿠퍼의 편지의 주된 목적은 무엇인가?

❷ 세부사항: What, Why, When, How 등 의문사로 시작하여 소재에 관한 세부적인 사항을 묻는 문제

What did Parker assure Davis about his order?
파커는 데이비스에게 주문에 대해 무엇을 보장했는가?

❸ **추론: 지문에 명시되어 있지 않지만 지문의 내용을 통해 추론하는 문제**

How did Rand **probably** learn more details about the qualifications for the job?

랜드는 직무 자격에 대해 어떻게 더 자세히 알게 되었을까?

❹ **사실 관계(True/Not true): 소재에 대한 사실 여부를 묻는 문제**

What will guests **Not** be able to do at the party?

손님들은 파티에서 무엇을 할 수 없을까?

❺ **어휘: 지문에 쓰인 어휘의 문맥상 뜻을 묻는 문제**

In the context of the passage, suited means _____.

본문의 맥락에서 suited는 _____을 의미한다.

만점 전략

글의 흐름	편지의 용건이나 목적, 상황 설명, 마무리와 인사 등이 순서대로 지문에 나오고 이를 묻는 문제가 출제되므로 이러한 흐름을 파악한다.
관계 파악	받는 이와 보내는 이의 정보를 통해 관계나 상황을 파악한다.
근거 문장	문제부터 먼저 읽고 의문사나 키워드를 중심으로 찾고, 지문에서 해당 문제의 키워드가 나오는 부분의 문장을 훑어보면서 정답의 단서가 되는 근거 문장을 찾는다.
패러프레이징	지텔프 독해에서는 지문에 나온 표현을 선택지에서 그대로 반복해서 쓰지 않고 비슷한 의미의 다른 표현으로 바꿔서 선택지의 정답에 쓰는 패러프레이징(paraphrasing)을 하는 경우가 많으므로 이에 유의한다.
추 론	most likely, likely, probably 등의 부사가 쓰인 문항은 추론 문제로 판단한다. 정답의 단서가 지문에 직접 언급되어 있지 않으므로 본문에 근거하여 논리적으로 추론해서 문제를 푼다.
어 휘	어휘 문제는 기존에 알고 있던 해당 어휘의 뜻으로만 정답을 찾을 것이 아니라 그 어휘가 본문에서 쓰인 의미를 파악하여 문맥상 가장 유사한 단어를 선택지에서 골라야 한다.

핵심 표현

1. 목적/용건

❶ I am pleased to: ~하게 되어 기쁩니다

I am pleased to inform you that we do have 4- by 8-foot sheets of drywall in stock.
4 X 8피트 사이즈의 건식벽 재고가 있음을 알려드리게 되어 기쁩니다.

❷ I am writing this letter in reference to: ~에 관하여 이 편지를 씁니다

I am writing this letter in reference to my application for the position of associate editor with the *MoneyBiz Times*. 저는 〈머니비즈 타임즈〉의 부편집장 자리에 대한 저의 지원과 관련하여 이 편지를 씁니다.

❸ I would like to: ~하고 싶습니다

I would like to offer my services as an independent technical expert (TE) for the audit of Lexicon Publications in Harrisville, Utah.
저는 유타주 해리스빌에 있는 렉시콘 출판사 감사를 위한 독립 기술 전문가로서 서비스를 제공하고 싶습니다.

❹ This letter is in response to: 이 편지는 ~에 대한 답변입니다

This letter is in response to your inquiry on January 8 about the availability of our drywall products. 이 편지는 1월 8일 당신이 건식벽 제품의 구입 가능 여부에 대해 문의하신 것에 대한 답변입니다.

❺ This letter is to: 이 편지는 ~하기 위한 것입니다

This letter is to advise you that Blue Upholstery Co. has decided to perform an audit of the accounting practices of Woodland Furniture, Inc.
이 편지는 블루 업홀스터리 사가 우드랜드 가구사의 회계 관행에 대한 감사를 실시하기로 결정했음을 알려드리기 위한 것입니다.

2. 요청

❻ I hope you can: ~할 수 있기를 바랍니다

I hope you can resolve these problems quickly. 저는 당신이 이 문제들을 빨리 해결할 수 있기를 바랍니다.

❼ We are requesting: ~하길 요청합니다

We are requesting your complete cooperation with the auditors.
우리는 당신이 회계감사자들에게 전적으로 협력해 주시길 요청합니다.

3. 당부/마무리

❽ We are looking forward to: ~하길 고대합니다

We are looking forward to doing business with you. 우리는 당신과 거래하기를 고대하고 있습니다.

❾ Please contact/call: ~에게 연락/전화 주세요

If you have any questions about the audit process, **please contact** Susan Davis, Project Auditor. 감사 과정에 대해 궁금한 점이 있으시면 프로젝트 감사 담당자 Susan Davis에게 연락하십시오.

Please call me at 417-555-8203 to set up the meeting.
회의 일정을 잡기 위해 저에게 417-555-8203으로 전화 부탁 드립니다.

빈출 어휘

❶ be held: 개최되다

We are inviting you to an invitation-only after-hours party to **be held** next Friday, August 14.

8월 14일, 다음주 금요일에 열리는 초대 전용 영업시간 이후 파티에 당신을 초대합니다.

❷ brochure: 안내 책자

I have included a full-color **brochure** of our other products.

저희의 다른 제품에 대한 전체 컬러 안내 책자를 동봉해 드렸습니다.

❸ deliver: 배송하다

We can **deliver** an order that size within two to three days.

저희는 그 정도 크기의 주문은 2~3일 이내에 배달할 수 있습니다.

❹ discount: 할인

We will give you a **discount** if you order 20 sheets or more.

20장 이상 주문하시면 저희가 할인해 드리겠습니다.

❺ freight charge: 화물 운임

Golden Seas Freight, Inc. is providing a 50% discount on **freight charges** this month.

골든 씨즈 화물 사가 이번 달 화물 운임에서 50% 할인을 제공합니다.

❻ in stock: 재고

All items **in stock** will be marked down 40-70 percent.

모든 재고 품목이 40~70% 할인된 가격으로 표시되어 있을 것입니다.

❼ invite: 초대하다

We are **inviting** only our preferred customers to shop at Skin Holiday after the normal store hours on Friday.

금요일 정상 매장 시간 이후 스킨 홀리데이에서 저희의 우수 고객들만 쇼핑할 수 있도록 초대합니다.

❽ purchase: 구매하다

Please accept the enclosed $25 gift certificate that you can use when you **purchase** $100 or more from our store.

저희 매장에서 100달러 이상 구매 시 사용할 수 있는 25달러 상품권을 동봉하여 드리니 받아 주세요.

❾ query: 문의

Thank you very much for your **query**.

문의해 주셔서 대단히 감사합니다.

❶ address: 처리하다, 다루다

Some important issues with the building have come up that management should **address** promptly.

경영진이 즉시 처리해야 할 그 건물과 관련된 몇 가지 중요한 문제들이 생겼습니다.

❷ audit: 감사

The **audit** will be conducted according to the auditing firm's administration and control policy.

감사는 감사 회사의 행정 및 통제 정책에 따라 진행됩니다.

❸ complaint: 불만

Unless you resolve this problem, I shall take my **complaint** to the homeowners' board.

만약 이 문제를 해결하지 않는다면, 저는 저의 불만 사항을 주택 소유주 위원회에 가져갈 것입니다.

❹ consideration: 고려

After careful **consideration**, we have decided to participate in the project.

심사숙고 끝에, 우리는 그 프로젝트에 참여하기로 결정했습니다.

❺ coordinate: 조정하다, 조직화하다

This will allow us to **coordinate** with only one contact: Imperial Construction Services.

이렇게 하면 우리는 임페리얼 건설 서비스 사와 단일 연락 방식을 통해 조정할 수 있습니다.

❻ inform: 통지하다, 알리다

I am pleased to **inform** you that we have decided to award the contract to your company.

계약을 귀사와 하기로 결정하였음을 알려드리게 되어 기쁩니다.

❼ invoice: 송장, 명세서

The audit was prompted by discrepancies in some of your work orders and **invoices**.

그 감사는 일부 작업 주문서와 송장의 불일치로 인해 촉발되었습니다.

❽ offer: 제안하다, 제공하다

You are **offering** to head the design team for the building and prepare the documents for construction.

당신이 건물의 설계 팀장을 맡고 건축을 위한 서류를 준비하겠다고 제안하고 있군요.

❾ proposal: 제안, 제안서

I am very interested in discussing the details of your **proposal** with you.

귀사의 제안에 대한 자세한 사항을 귀하와 상의하고 싶습니다.

❶ candidate: 후보, 지원자

I am convinced that I am an ideal **candidate** for the position.

제가 그 자리에 이상적인 지원자라고 확신합니다.

❷ certification: 인증, 증명서

The auditing firm helps companies secure **certifications** from the International Organization for Standardization (ISO).

그 감사 회사는 기업들이 국제 표준화 기구(ISO)의 인증을 안전하게 확보하여 업계 내 명성을 높일 수 있도록 지원합니다.

❸ confident: 자신감 있는, 확신하는

I am **confident** that we share the same interest in global affairs and business news.

저는 우리가 세계 정세와 비즈니스 뉴스에 대해 같은 관심을 가지고 있다고 확신합니다.

❹ ensure: 확실히 하다

We use the same system to **ensure** an efficient workflow in our editorial processes.

우리는 우리의 편집 과정에서 효율적인 작업흐름을 보장하기 위해 동일한 시스템을 사용합니다.

❺ opportunity: 기회

I would like to take this **opportunity** to restate my eagerness to work with your company.

저는 이번 기회를 통해 귀사와 함께 일하고 싶은 열망을 전하고 싶습니다.

❻ qualify: 자격을 부여하다

The expertise I have gained at Jonathan Mellen Press **qualifies** me as a technical expert for the said audit.

조나단 멜런 출판사에서 얻은 전문 지식은 저에게 해당 감사에 대한 기술 전문가로서 자격을 부여합니다.

❼ recruitment: 채용

The **recruitment** process would take about two weeks.

채용 절차가 2주 정도 걸릴 것입니다.

❽ reference: 참고, 추천인, 추천서

I have enclosed my resume for your review, along with a list of **references**.

귀하의 검토를 위해 제 이력서와 참고인 목록을 동봉했습니다.

❾ vouch: 보증하다

My past employers and colleagues can **vouch** for my dedication to producing work of the highest quality.

저의 과거 고용주들과 동료들은 최고 품질의 작업을 만들기 위한 저의 헌신을 보증할 수 있습니다.

Monica Jonas
1264, Colonial Building
350 E., Lake Shore Drive
Chicago, IL

받는 사람 정보

1 Dear Ms. Monica Jonas:

I am writing this letter in reference to my insurance claim on the policy that I signed up for, two years ago, with your company. [2]I am filing **the claim for coverage** or some kind of [6]**compensation** for my covered loss. [1]This letter is actually **for documentation purposes** as I already spoke with you [4a]when I **went down to your office** last Tuesday, the day following the theft.

목적, 용건

2 Like I told you, my motorcycle, the "LiveWire One", the first and only electric Harley Davidson on the market was stolen while it was parked outside my office on 4521 Lake Shore Drive. I only noticed that my motorcycle was gone as I left the office to head home at around 7:00 in the evening. [4b]I **reported the incident immediately** by [3]going to **the police station** across from my office.

상황 설명

3 I purchased the bike just a few months ago for $20,000. For your convenience, [4d]you will find enclosed **the police report and the motorbike receipt**. I am also sending copies of these documents to Mrs. Carla Brooke, my lawyer.

추가 내용

4 [5]I hope that you **can review and process my claim** at the quickest time possible, and I would greatly appreciate hearing back from you within the next couple of days. Thank you very much for your time and assistance. Should you [7]**require** any additional information, feel free to call my cellphone or my office number which is available on my insurance claim form.

Sincerely,

Jeremy Durand

Jeremy Durand
Insurance policyholder

마무리, 인사

보내는 사람 정보

1 **Why** did Jeremy Durand **write** to the insurance company?

   (a) to provide information about his recent problems

   (b) to keep track of his insurance request

   (c) to prove his incident to the police

   (d) to sign up for an insurance policy

2 **How most likely** will Mr. Durand **be compensated for** his loss?

   (a) by suing the insurance company if payment is not made

   (b) by going to court for a trial

   (c) by receiving the exact amount spent on the motorbike

   (d) by receiving a partial or full refund from the insurance company

3 **Who** did Mr. Durand **first contact** regarding his stolen motorcycle?

   (a) He made a call to his insurance company.

   (b) He spoke to his current company's boss.

   (c) He visited the police station near his workplace.

   (d) He visited the insurance company in person.

4 Based on the letter, **what** is **not true** about the actions taken by Mr. Durand?

   (a) He visited the insurance company.

   (b) He reported the theft as soon as he noticed it.

   (c) He asked for help from his colleagues.

   (d) He submitted the police report and a receipt of his bike.

5 **When** can Mr. Durand **probably expect an answer** from the insurance company?

   (a) after a police officer looks into the situation

   (b) after the insurance company reviews the claim

   (c) as soon as his lawyer files for a court hearing

   (d) as soon as a police officer completes the theft investigation

6 In the context of the passage, **compensation** means _____.

   (a) reimburse

   (b) reward

   (c) payment

   (d) cost

7 In the context of the passage, **require** means _____.

   (a) order

   (b) command

   (c) involve

   (d) need

모니카 조나스
1264, 콜로니얼 건물
레이크 쇼어 드라이브 350E
일리노이주 시카고

(받는 사람 정보)

1 모니카 조나스 씨에게:

저는 2년 전에 귀사에 가입했던 보험에 대한 보험금 청구와 관련하여 이 편지를 씁니다. ²보험금 청구나 손실에 대한 일종의 ⁶보상을 신청합니다. ¹이 편지는 사실 ⁴ᵃ제가 도난 다음날인 지난 화요일에 당신의 사무실에 갔을 때 이미 이야기한 바와 같이 서류상의 목적으로 작성되었습니다.

(목적, 용건)

2 말씀드렸듯이, 시판되는 최초이자 유일한 전기 할리 데이비슨인 제 오토바이 '라이브와이어 원'이 제 사무실이 있는 레이크 쇼어 드라이브 4521번지 밖에 주차되어 있던 중에 도난당했습니다. 저는 저녁 7시쯤 퇴근해 집으로 향하던 길에 그때쯤 오토바이가 없어진 것을 알았습니다. ³저는 사무실 맞은편 경찰서에 가서 ⁴ᵇ이 사건을 바로 신고했어요.

(상황 설명)

3 저는 불과 몇 달 전에 그 오토바이를 2만 달러에 샀습니다. ⁴ᵈ당신의 편의를 위해 경찰 보고서와 오토바이 영수증이 동봉된 것을 알게 될 것입니다. 제 변호사 칼라 브룩 부인에게도 이 서류 사본을 보낼 것입니다.

(추가 내용)

4 ⁵최대한 빠른 시일 내에 제 청구를 검토하고 처리해 주시길 바라며, 며칠 내로 답변을 주시면 대단히 감사하겠습니다. 시간 내어 주시고 도와 주셔서 정말 감사합니다. 추가 정보를 ⁷필요로 하시면 제 휴대폰이나 보험금 청구서에 나와 있는 회사 번호로 편하게 전화하세요.

(마무리, 인사)

진심을 담아,

제러미 듀랜드
보험 계약자

(보내는 사람 정보)

in reference to ~와 관련하여   insurance 보험   claim 청구   policy 보험 계약, 보험 증권   sign up for ~에 가입하다   file (청구서, 배상금)을 신청하다   coverage (보험의) 보장 범위   compensation 보상금, 배상금   covered loss 보장되는 손실   documentation purpose 서류상 목적   following ~뒤에   theft 도난, 절도   notice 알아차리다   head home 집으로 향하다   report 신고하다   incident 사건   immediately 즉시   purchase 구입하다   for one's convenience ~의 편의를 위하여   enclosed 동봉된   police report 경찰 보고서   motorbike receipt 오토바이 구매 영수증   review 검토하다   at the quickest time possible 가능한 빨리   process 처리하다   appreciate 감사하다   hear back from ~로부터 연락을 받다   within the next couple of days 며칠 내로   assistance 도움   require 필요로 하다, 요구하다   additional 추가적인   information 정보   feel free to+동사원형 마음대로 ~하다, 편하게 ~하다   available 이용 가능한, 입수 가능한   insurance claim form 보험금 청구서

1. (b)

유형 목적(Why)

해석 제러미 듀랜드는 왜 보험 회사에 편지를 썼는가?

(a) 그의 최근 문제에 대한 정보를 제공하려고

(b) 그의 보험금 청구에 대해 후속 조치하려고

(c) 그의 사건을 경찰에게 입증하려고

(d) 보험에 가입하려고

해설 본문 1단락에서 "[1]This letter is actually for documentation purposes as I already spoke with you when I went down to your office last Tuesday, the day following the theft."(이 편지는 사실 제가 도난 다음 날인 지난 화요일에 당신의 사무실에 갔을 때 이미 이야기한 바와 같이 서류상의 목적으로 작성되었습니다.)라고 하였다. 보험 회사에 찾아가서 손해 사실을 구두로 알렸고 보험금 청구를 위해 지금은 서류상 필요해서 이 편지를 작성하고 있다고 했으므로 이 편지를 쓴 목적은 그의 보험 청구의 후속 조치를 하기 위함이다. 따라서 (b)가 정답이다.

어휘 insurance 보험   provide 제공하다   recent 최근의   keep track of 추적하다, 후속 조치하다   request 요청   sign up for 가입하다

2. (d)

유형 추론(How)

해석 듀랜드 씨가 그의 손실에 대해 어떻게 보상받을 것 같은가?

(a) 지급되지 않은 경우 보험 회사를 고소하여

(b) 재판을 위해 법정에 감으로써

(c) 오토바이에 지출된 정확한 금액을 수령함으로써

(d) 보험 회사로부터 일부 금액 혹은 전액을 받음으로써

해설 본문 1단락에서 "[2]I am filing the claim for coverage or some kind of compensation for my covered loss."(보험금 청구나 손실에 대한 일종의 보상을 신청합니다.)라고 하였다. 오토바이를 도난당한 그의 손실에 대해 보험 회사에 보상금을 청구한다고 했으므로 보험 회사로부터 보상금을 받음으로써 그의 손실을 보상받을 것으로 추론된다. 따라서 정답은 (d)이다.

어휘 compensate 보상하다   sue 고소하다   go to a court 법정에 가다   trial 재판   exact 정확한   amount 액수, 양   financial compensation 금전적 보상, 보상금

3. (c)

유형 세부사항(Who)

해석 듀랜드 씨는 도난당한 오토바이에 대해 누구와 처음 연락했는가?
(a) 보험 회사에 전화를 걸었다.
(b) 그의 현재 회사의 상사와 통화했다.
(c) 직장 근처 경찰서를 방문했다.
(d) 보험 회사를 직접 방문했다.

해설 본문 2단락에서 "³going to the police station across from my office."(사무실 맞은편 경찰서에 가서)라고 하였다. 도난 사건 직후에 바로 직장 근처에 있는 경찰서에 가서 신고했으므로 (c)가 정답이다.

정답 Key Paraphrasing

본문에 쓰인 'going to the police station across from my office'와 유사한 표현은 'He visited the police station near his workplace.'이다.

어휘 contact 접촉하다, 연락하다   stolen 도난당한   make a call 전화 걸다   insurance company 보험 회사   current 최근의   workplace 직장   in person 직접

---

4. (c)

유형 세부사항(True/Not true)

해석 편지에 따르면 듀랜드 씨가 취한 조치에 대해 사실이 아닌 것은?
(a) 보험 회사에 방문했다.
(b) 절도 사건을 알아채자마자 경찰에 신고했다.
(c) 동료들에게 도움을 요청했다.
(d) 오토바이 영수증과 경찰 신고서를 제출했다.

해설 본문 1단락에서 "⁴ªWhen I went down to your office last Tuesday"(제가 지난 화요일에 당신의 사무실에 갔을 때)라고 하였고 본문 2단락에서 "⁴ᵇI reported the incident immediately"(저는 그 사건을 바로 신고했습니다.)라고 하였다. 또 본문 3단락에서 "⁴ᵈyou will find enclosed the Police Report and Motorbike receipt."(당신은 경찰 신고서와 오토바이 영수증이 동봉된 것을 알게 될 것입니다.)라고 하였다. 그러나 동료들에게 도움을 요청한 사실은 나와 있지 않으므로 정답은 (c)이다.

정답 Key Paraphrasing

본문에 1단락에 쓰인 'I went down to your office'와 유사한 표현은 'He visited the insurance company.'이고 본문 2단락에 쓰인 'I reported the incident immediately'와 유사한 표현은 'He reported the theft as soon as he noticed it.'이다. 또 본문 3단락에 쓰인 'you will find enclosed the Police Report and Motorbike receipt'와 유사한 표현은 'He submitted the police report and a receipt of his bike.'이다.

어휘 take actions 조치를 취하다   report 보고하다, 신고하다   theft 절도   notice 알아차리다, 인지하다   ask for 요청하다   colleague 동료   submit 제출하다   receipt 영수증

---

5. (b)

유형 추론(When)

해석 듀랜드 씨는 보험 회사에서 언제쯤 답변을 받을 수 있을까?

(a) 경찰관이 상황을 조사한 후

(b) 보험 회사가 청구를 검토한 후

(c) 변호인이 법정 심리를 신청하는 즉시

(d) 경찰관이 도난 조사를 완료하는 즉시

해설 본문 4단락에서 "⁵I hope that you can review and process my claim at the quickest time possible, and I would greatly appreciate hearing back from you within the next couple of days."(최대한 빠른 시일 내에 제 청구를 검토하고 처리해 주시길 바라며, 며칠 내로 답변을 주시면 대단히 감사하겠습니다.)라고 하였다. 보험 회사에서 보험금 청구에 대해 검토한 후 처리한다고 했으므로 보험 회사가 청구에 대해 검토한 후 보험금 청구인인 듀랜드 씨에게 답변할 것으로 추론된다. 따라서 정답은 (b)이다.

어휘 probably 아마도   look into 조사하다   file for ~을 신청하다   court hearing 법정 심리   review 검토하다
complete 완료하다   theft 절도, 도난   investigation 조사

---

6. (a)

유형 어휘(명사: compensation)

해석 본문의 맥락에서 compensation은 _____ 를 의미한다.

(a) 배상, 변제   (b) 포상, 사례금

(c) 지불   (d) 비용

해설 본문 1단락 "I am filing the claim for coverage or some kind of ⁶compensation for my covered loss."(보험금 청구나 손실에 대한 일종의 보상을 신청합니다.)에서 명사 compensation은 손실에 대한 '보상'의 의미로 사용되었다. 보기 중 이 의미와 가장 가까운 (a)가 정답이다.

어휘 뉘앙스 (a) reimburse: 지출한 비용에 대해 배상 받는 금액.

(b) reward: 서비스 또는 어떤 일을 제공한 후 지급받는 보상

(c) payment: 재화나 용역에 대한 금전 지불 행위

(d) cost: 재화나 용역에 지출되는 비용

어휘 compensation 보상, 배상   reimburse 배상, 변제   reward 포상, 사례금   payment 지불   cost 비용

---

7. (d)

유형 어휘(동사: require)

해석 본문의 맥락에서 require는 _____ 를 의미한다.

(a) 주문하다   (b) 명령하다

(c) 관련되다, 수반하다   (d) 필요로 하다

해설 본문 4단락 "Should you ⁷require any additional information, feel free to call my cellphone" (추가적인 정보를 필요로 하시면, 제 휴대폰으로 편하게 전화하세요.)에서 동사 require는 '요구하다, 필요로 하다'라는 뜻으로 쓰였다. 보기 중 이 의미와 가장 가까운 (d)가 정답이다.

어휘 require 요구하다, 필요로 하다   order 주문하다   command 명령하다   involve 관련되다   need 필요로 하다

유용한 구문 Useful Constructions

1. I am writing this letter in reference to **my insurance claim** on the policy that I
　　　　　　　　　　전치사구(~에 관하여)　　　전치사의 목적어　　　　선행사　관계대명사
signed up for, two years ago, with your company.

저는 2년 전에 귀사에 가입했던 보험에 대한 보험금 청구와 관련하여 이 편지를 씁니다.

→ In reference to는 '~에 대하여(관하여)'라는 뜻이다. 편지의 용건에 대한 답장을 보낼 때 이 표현이 자주 사용된다.

→ 관계대명사 that의 선행사는 the policy이다. 'my insurance claim'은 that의 선행사가 아님에 유의한다. the policy(보험 계약)는 관계사절이 이끄는 절에서 동사구 'signed up for'의 목적어이므로 that은 목적격 관계대명사로 쓰였다.

2. This letter is actually for documentation purposes as I already spoke with
　　주어　　동사　　　　　　　　　　　　전치사구　　　　종속접속사
you when I went down to your office last Tuesday, the day following the theft.
　　　　　시간부사절　　　　　　　　　시간부사구　　　　　동격(last Tuesday)

이 편지는 사실 제가 도난 다음 날인 지난 화요일에 당신의 사무실에 갔을 때 이미 이야기한 바와 같이 서류상의 목적으로 작성되었습니다.

→ 종속접속사 as는 ~하기 때문에(원인), ~함에 따라(비례), ~대로(양태), ~만큼(비교), ~할 때(시간) 등 다양한 의미로 쓰인다. 여기서는 '~한 대로'의 의미로 쓰였다.

→ 종속접속사 when은 앞에 오는 절의 내용이 일어난 때를 가리킨다.

3. Like I told you, my motorcycle, the "LiveWire One," the first and only electric Harley
　종속접속사(Like=As)　　주절의 주어　　　　　동격1　　　　　　　　　동격2
Davidson on the market, was stolen while it was parked outside my office on 4521
　　　　전치사구　　　　주절의 본동사　종속접속사　　　　　부사구(장소)　　　부사구(장소)
Lake Shore Drive.

말씀드렸듯이, 시판되는 최초이자 유일한 전기 할리 데이비슨인 제 오토바이 '라이브와이어 원'이 제 사무실이 있는 레이크 쇼어 드라이브 4521번지 밖에 주차되어 있던 중에 도난당했습니다.

→ 종속접속사 like는 as와 거의 같은 의미(~한 것처럼)로 사용되었다. like는 동사, 전치사, 접속사로도 사용된다.

→ 종속접속사 while은 주로 '~하는 반면, ~하는 동안'이라는 의미로 쓰인다. 접속사는 지텔프 문법 문제에서 출제되는데 접속사 앞뒤 문장을 자연스럽게 논리적으로 연결하는 것을 고르면 된다. 평소에 독해 지문에서 접속사가 있는 부분은 해석할 때 밑줄을 긋고 의미의 호응 관계를 확인한다.

4. For your convenience, you will find enclosed the police report and the motorbike
　　전치사구(당신의 편의를 위해서)　　　　　　　동사　　목적격보어　　　　　　　　　　목적어
receipt.

당신의 편의를 위해 경찰 보고서와 오토바이 영수증이 동봉된 것을 찾을 수 있을 것입니다.

→ 전치사구 'For your convenience'는 편지에서 자주 사용되는 관용구로, '당신의 편의를 위해서'라는 의미로 쓰인다.

→ 동사 find는 5형식으로 사용될 때 다음과 같은 구조를 취한다.
　'주어 + 동사(find) + 목적어(the Police Report and the Motorbike receipt) + 목적격보어(enclosed)'
　이때 목적어와 목적격보어의 의미 관계가 수동이므로 목적격보어에 과거분사가 쓰였다. 이 문장처럼 목적어가 너무
　길 때 목적어를 목적격보어 뒤로 이동시킨다.

5. Should you require any additional information, feel free to call my cellphone or
　　조건절(If you should require any additional information)　　　　주절(명령문)　　　등위접속사
my office number which is available on my insurance claim form.
　　선행사　　　주격 관계대명사　　　　　　　　전치사구

추가 정보를 필요로 하시면 제 휴대폰이나 보험금 청구서에 나와 있는 제 사무실 번호로 편하게 전화하세요.

→ if조건절에서 접속사 if가 생략되면 조동사와 주어를 도치시킨다. (Inversion)
　'If you should require any additional information'이 'Should you require any additional
　information'으로 도치되었다. 이때 조동사 should는 '~해야 한다'의 의무가 아닌, 미래의 불확실한 추측의 의미로
　사용되었다. 그래서 이 도치된 조건절은 '**혹시 만약에** 더 추가적인 정보가 필요하다면'이라는 의미를 가지고 있다.

→ 명령문 'feel free to call'의 의미는 '주저하지 마시고 편하게 전화하세요'라는 뜻이다.

→ 관계대명사 which는 선행사가 'my office number'이고 관계사절에서 주어로 사용되었다. 선행사가 사물이고 주
　격으로 쓰였으므로 관계대명사 which가 쓰였다.

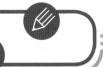

Mr. Henry Morgan

Building Administrator

One Kennedy Place

Dear Mr. Morgan:

I have owned a residential unit at One Kennedy Place for almost 15 years. I have been satisfied with how the condominium is maintained until very recently. Some important issues with the building have come up that management should address promptly.

For the past several weeks, the lobby has not been kept at its usual standard of cleanliness. The floor from the building's entrance up to the elevator hallway is always dirty. It's also a problem that the cleaners have recently begun mopping the lobby floor at eight o'clock on weekday mornings, when most residents are passing through the lobby on their way to work.

Also, I notice that the employees of the travel agency on the building's ground floor have started taking their breaks on the front steps of the building. This should stop. Aside from creating disruptive noise, most of them smoke cigarettes, forcing anyone who enters the building to inhale their fumes.

Lastly, there are no longer enough parking spaces in front of the building because three of the seven parking spaces were suddenly allotted to the travel agency. This has left the building's residents with only four parking spaces for their visitors.

I hope you can resolve these problems quickly. The other unit owners and I always pay our monthly dues on time, so it is only reasonable that we receive the same quality of services that we did in the past. If not, I shall take my complaint to the homeowners board. Thank you.

Respectfully,

Elaine Barnes

Elaine Barnes

Unit 1602

1. Why did Elaine Barnes write the building administrator a letter?

   (a) to raise a question about safety
   (b) to complain about the building
   (c) to ask about a condominium unit
   (d) to explain issues with her unit

2. What did Barnes say is now a problem with the building's lobby?

   (a) It is not as clean as it used to be.
   (b) The elevators are always dirty.
   (c) It is too crowded on workday mornings.
   (d) The cleaners are not working anymore.

3. What is Barnes probably requesting that management do about the building's front steps?

   (a) prohibit people from lingering there
   (b) ask non-smokers to avoid them
   (c) provide a designated smoking area
   (d) clean up the cigarette butts

4. When did the need for more parking spaces in front of One Kennedy Place arise?

   (a) when the residents began having more visitors
   (b) after the parking lot was turned into office spaces
   (c) after a business was given more parking spaces
   (d) when the travel agency started to have a lot of clients

5. Why does Barnes feel that the unit owners can demand a high quality of service?

   (a) because they have strong ties to the board
   (b) because they are long-time residents
   (c) because they have been paying their dues promptly
   (d) because they are paying higher rent than the agency

6. In the context of the passage, address means _____.

   (a) label
   (b) handle
   (c) greet
   (d) convey

7. In the context of the passage, disruptive means _____.

   (a) chaotic
   (b) disorganized
   (c) messy
   (d) disturbing

▶ ▶ ▶ 정답 · 해석 · 해설 p.33

Mr. John Davis

Davis Construction Company

789 E. Apache

Tucson, AZ

Dear Mr. Davis:

This letter is in response to your inquiry on January 8 about the availability of our drywall products. I am pleased to inform you that we do have 4- by 8-foot sheets of drywall in stock.

The wallboards, for your use as interior walls, can be shipped either from our warehouse in Oak Forest or from our store in Crestwood. Each sheet costs $38, and there is an extra fee of $19 for packing. However, we will give you a discount if you order 20 sheets or more.

You wrote that you were interested in buying 15 sheets of our BasicBadge drywall. We can deliver an order that size within two to three days. Let me also mention that Golden Seas Freight, Inc., our reliable partner in shipping our clients' orders, is providing a 50% discount on freight charges this month. The regular cost for shipping 15 sheets of drywall is $200, but with the price markdown, you'll only pay $100. This will give you sizeable savings.

Once you have thought about our offers, and perhaps made a final decision on the number of drywall sheets to order, kindly contact me in my office at 555-9999. I have included a full-color brochure of our other products, including our latest range of soundproof and fire-resistant StandFast drywall, in case you have further needs.

We are looking forward to doing business with you. Thank you very much for your query.

Sincerely yours,

Susan Parker

Customer Service Officer

Builders Depot

8. Why did Susan Parker write a letter to John Davis?

   (a) to inquire about construction materials
   (b) to inform him that a product is available
   (c) to tell him more about their company
   (d) to advise where a product will be delivered from

9. What will Davis get if he orders more drywall sheets from Parker?

   (a) a lower price for each sheet
   (b) free wooden boards
   (c) zero charges on packing
   (d) free overnight shipping

10. What did Parker assure Davis about his order?

    (a) They will look for a company to ship the order.
    (b) They do not allow shipping of smaller orders.
    (c) They will deliver it only if he pays in full.
    (d) They can deliver it in three days or less.

11. How could Davis be able to pay just half the shipping rate?

    (a) by buying more than 15 sheets
    (b) by paying for the shipment in advance
    (c) by making the purchase within the month
    (d) by selecting another shipping service

12. Why most likely did Parker include a brochure with her letter?

    (a) to encourage him to order more merchandise
    (b) to ensure that his building is protected from fire
    (c) to allow him to choose a different color drywall
    (d) to persuade him to invest in the company

13. In the context of the passage, sizeable means _____.

    (a) important
    (b) heavy
    (c) significant
    (d) grand

14. In the context of the passage, further means _____.

    (a) increased
    (b) additional
    (c) excess
    (d) enhanced

Michael Reed

Human Resources Department

LEAD Certification Services

Dear Mr. Reed:

I would like to offer my services as an independent technical expert (TE) for the audit of Lexicon Publications in Harrisville, Utah. I am currently working as editor-in-chief at Jonathan Mellen Press, a publishing firm based in North Ogden. I have been with the company for almost 11 years. I started as an editorial assistant, became an assistant editor, and was elevated to editor-in-chief within a few years.

I understand that LEAD Certification Services is an auditing firm that helps companies secure certifications from the International Organization for Standardization (ISO) to raise their reputation within their industries. You hold inspections to check if a client observes the strict standards set by the ISO. The audit of Lexicon Publications, in particular, will include determining if its editorial and printing departments operate within ISO guidelines.

The expertise I have gained at Jonathan Mellen Press qualifies me as a technical expert for the said audit. As editor-in-chief, I am familiar with ISO's standards for quality management. In fact, we use the same system to ensure an efficient workflow in our editorial processes. I also work closely with our printing department to make sure that our manuscripts become quality print products.

The expert input I could contribute during the audit should complement that of the other TEs and auditors. This will result in a reliable overall audit. I would greatly appreciate having an interview with you. I have enclosed my resume for your review, along with a list of references.

Sincerely,

Victoria Witham

Victoria Witham

Jonathan Mellen Press

15. What role is Victoria Witham looking to fill at Michael Reed's firm?

   (a) as an editor-in-chief
   (b) as a publishing expert
   (c) as an auditing assistant
   (d) as a printing supervisor

16. How can Witham's career at Jonathan Mellen Press be described?

   (a) Her promotion was sudden.
   (b) She specializes in literary fiction.
   (c) She rose through the ranks.
   (d) She started in the auditing department.

17. Why most likely do companies hire LEAD Certification Services?

   (a) to be certified as a company with high standards
   (b) to receive advice on producing quality products
   (c) to find out how to print ISO certificates
   (d) to learn about the auditing business

18. How does Witham ensure that manuscripts are printed properly?

   (a) by coordinating with the printing department
   (b) by utilizing her own personalized system
   (c) by overseeing the printing of the manuscripts
   (d) by hiring a company specializing in printing

19. How can Reed find out more about Witham's qualifications?

   (a) He can discuss with other technical experts.
   (b) He should ask her references for her resume.
   (c) He can watch her contributions to the team.
   (d) He should look at the attached documents.

20. In the context of the passage, observes means _____.

   (a) watches
   (b) notices
   (c) follows
   (d) celebrates

21. In the context of the passage, complement means _____.

   (a) surpass
   (b) flatter
   (c) befriend
   (d) enhance

Mr. William Thomson

President

Imperial Construction Services

Albany, NY

Dear Mr. Thomson:

Thank you for your interest in our upcoming construction project. I am pleased to inform you that we are impressed with your proposal and, after careful consideration, have decided to <u>award</u> the contract to your company.

We admire the "design-build delivery system" that you offer your clients. We agree that the system could result in a smooth and efficient delivery of your services. Bringing together both of our companies' design and construction experts at the beginning of the project could allow the team to agree on a projected cost early in the process.

Under the design-build delivery system, you are offering to head the design team for the building and prepare the documents for construction. Moreover, you will also do the actual construction. This will allow us to coordinate with only one contact: Imperial Construction Services. If put into practice, this single-contact arrangement can give us better results due to faster services, reduced risks, and great savings.

I am very interested in discussing the details of your proposal with you. As we are <u>intent</u> on finishing the building's construction on or before the deadline, I would like to invite you or your representative to meet with us as soon as possible. Please call me at 417-555-8203 to set up the meeting.

I am looking forward to hearing from you again. Thank you very much.

Sincerely,

Rosa Cooper

New Projects Department

Hall and Moore Bookstore

22. What is the main purpose of Rosa Cooper's letter?

    (a) to inquire about company rates
    (b) to request a project proposal
    (c) to inform about the approval of a proposal
    (d) to announce a new construction project

23. What could be the result of gathering both companies' experts?

    (a) a better building design
    (b) an estimated project cost
    (c) cheaper building materials
    (d) better working relationships

24. What is one of the provisions under William Thomson's design-build delivery system?

    (a) that his company will take charge of the design
    (b) that Cooper must do the actual construction
    (c) that a third party will oversee the construction
    (d) that the necessary papers must be prepared early

25. How most likely would having multiple contacts affect Cooper's project?

    (a) Her company would take on fewer risks.
    (b) The process would be slowed down.
    (c) Her company could save more money.
    (d) The process could feel uncoordinated.

26. Why is Cooper asking Thomson for an immediate meeting?

    (a) because she wants to get the project done in time
    (b) because she has already fallen behind schedule
    (c) because she needs some changes to the proposal
    (d) because she wants to meet the people she will work with

27. In the context of the passage, award means _____.

    (a) honor
    (b) share
    (c) donate
    (d) give

28. In the context of the passage, intent means _____.

    (a) clear
    (b) engaged
    (c) focused
    (d) stuck

MEMO

ACTUAL TEST

기출 실전테스트

[01-07]

FRIEDRICH NIETZSCHE

Friedrich Nietzsche was a leading German philosopher known for his writings on religion and morality, and for developing the concept of the "super-man." Nietzsche's writings influenced many important thinkers of the 20th century. He published numerous works during his career, many of which were criticized for their anti-Christian ideas and remain controversial to this day.

Friedrich Wilhelm Nietzsche was born on October 15, 1844 in Röcken bei Lützen, a small town in the former state of Prussia, now a part of Germany. His father was a Protestant preacher who died when Nietzsche was four years old. The family moved to Naumburg in 1850. He received a classical education at Schulpforta, Germany's top boarding school. He then went to the University of Leipzig to study philology, literature, and history. There, he was strongly influenced by the writings of philosopher Arthur Schopenhauer.

At the age of 24, Nietzsche started working as a professor at the University of Basel in Switzerland. At 28, he published his first book, *The Birth of Tragedy*, a work that strayed from classical scholarship and demonstrated the sort of bold, poetic expression that would feature prominently in his later work. The book was not well received by his colleagues, who felt that it lacked discipline and relied too much on speculation, and it diminished Nietzsche's status within his department.

Nietzsche resigned from his job in 1879 due to various illnesses. This led to a long period of isolation that resulted in his most <u>fruitful</u> period of writing. It was during this time that some of his most important works, *Thus Spoke Zarathustra, Good and Evil,* and *Twilight of the Idols* were published. In them, Nietzsche came up with the central themes of his philosophy, including the super-man, an individual who creates his own values.

Just as his work was gaining respect in Europe, Nietzsche was hospitalized for a mental breakdown in 1889. He spent the rest of his life under the care of his mother and sister. The nature of his mental illness is still unknown, although some claim that his own philosophy led to his madness. He later caught pneumonia and died in 1900.

Nietzsche's ideas inspired many intellectuals of the 20th century, including Carl Jung, Sigmund Freud, and Jean-Paul Sartre. The Nazi Party used his work as an excuse for its criminal activities. This connection to Hitler's party has caused Nietzsche's work to leave <u>unsavory</u> impressions on some readers.

1. What made Friedrich Nietzsche's work so controversial?

   (a) his perspective on a major religion
   (b) his provocative anti-German sentiments
   (c) his lessons in Christian morality
   (d) his criticism of other philosophers

2. When did Nietzsche start showing an interest in philosophy?

   (a) while reading classical literature
   (b) when listening to his father's sermons
   (c) while working in Switzerland
   (d) when studying a writer's works in college

3. What most likely was the reason that Nietzsche's colleagues did not approve of his first book?

   (a) because it promoted poetry among his students
   (b) because it criticized their lack of discipline
   (c) because it went against academic tradition
   (d) because it focused too much on the classics

4. Why did Nietzsche quit his teaching post at Basel?

   (a) He wanted to devote his time to writing.
   (b) He experienced a decline in health.
   (c) He was busy developing his philosophy.
   (d) He was put into a mental hospital.

5. What can be said about Nietzsche's philosophical beliefs?

   (a) They provided a clear description of madness.
   (b) They never caught on with 20th century thinkers.
   (c) They were used as a reason to commit crime.
   (d) They inspired people to become superior beings.

6. In the context of the passage, fruitful means _____.

   (a) blooming
   (b) important
   (c) effective
   (d) productive

7. In the context of the passage, unsavory means _____.

   (a) unpleasant
   (b) bland
   (c) uninteresting
   (d) inedible

[08-14]

CHINESE MILLIONAIRES ARE LEAVING CHINA

There are now about one million millionaires in mainland China. More and more of these millionaires are using their wealth to move themselves and their families abroad.

They relocate to other countries using "investment visas," visas which allow foreigners to live in another country based on the investment they will be making there.

Many countries provide the said means of entry for wealthy people. In the United States, foreigners can get residency or "green cards" for themselves, their spouses, and children under 21 years old if they invest one million US dollars (USD) to create a business that employs at least 10 workers. In Spain, Australia, and the UK, one can apply for a permanent residency visa by investing in finances or property in an amount that ranges from 662,000 to 4.65 million USD.

Since China first saw a hike in its population of *nouveau rich*, or those who only recently acquired wealth, investor visa programs around the world have been dominated by rich Chinese citizens who want to move abroad. More than 80 percent of the total investor visas issued in the US in 2013 and 2014 were issued to Chinese immigrants. The UK government also plans to make entry easier for Chinese investors.

Still, not all countries receive Chinese millionaires. Canada canceled its investment visa in early 2015 after receiving too many Chinese applicants. The visa previously gave residency to foreigners who would lend at least 726,720 USD interest-free to any Canadian province for five years. However, the Canadian government said the visa had become greatly undervalued as a cheap route out of China, and had also made locals angry as wealthy immigrants inflated property values.

Many of the wealthy Chinese move not only for economic opportunities but for providing a better life for their families. To Chinese parents, this means raising their kids in an environment that has safe food and clean air and water. Many also want their children to get a high-quality Western education. Furthermore, parents use the investor visa to get foreign citizenship for their yet-to-be-born children, making it easier for them to travel and attend university abroad later.

8. What are Chinese millionaires mainly using investment visas for?

   (a) generating more wealth for their country
   (b) investing in foreign governments
   (c) moving their families out of China
   (d) traveling to other countries

9. Why most likely are governments allowing Chinese millionaires to live in their country?

   (a) to bring money into the local economy
   (b) to increase their own country's population
   (c) to increase the workforce in their own country
   (d) to help solve China's population problem

10. What did the Canadian government do with its investment visa policy in 2015?

   (a) It increased the cost of obtaining the visa.
   (b) It stopped implementing the policy.
   (c) It closed the policy to Chinese applicants.
   (d) It opened the policy to more nationalities.

11. According to the article, why do many of the rich Chinese move?

   (a) so they can follow their relatives abroad
   (b) so they can improve the life of their families
   (c) so they can expand their businesses
   (d) so they can own properties abroad

12. Based on the article, what is probably true about the way Chinese parents view China?

   (a) It is not a good place to give birth.
   (b) There are very few educational institutions.
   (c) It does not have any investment opportunities.
   (d) There are unfavorable conditions for children.

13. In the context of the passage, hike means _____.

   (a) trip
   (b) change
   (c) rise
   (d) gathering

14. In the context of the passage, route means _____.

   (a) address
   (b) trail
   (c) map
   (d) way

[15-21]

JERKY

Jerky is meat that has been cut into long thin strips and then dried. It is a favorite food of travelers, campers, and outdoor enthusiasts because it is lightweight and does not need to be refrigerated. Jerky can be made from almost any meat, but it is usually made from beef, pork, or turkey. The word "jerky" originated from the Quechua word *ch'arki*, which means "dried meat."

The Quechua-speaking Incas made jerky as early as the 1500s. However, the food only became popular during the Europeans' westward expansion in North America, when traders and explorers began to see it as an ideal source of nutrition during their travels. During the Industrial Age in the late 18th century, American companies began mass-producing jerky. Today, jerky is a ubiquitous food product. It is available in different brands and flavors, and can be bought globally from supermarkets, convenience stores, specialty shops, and even gas stations. It can also be made at home.

To make jerky, the meat is slightly frozen to make cutting easier. The fat is then removed since it does not dry and spoils easily. The meat is sliced into thin strips and salted to inhibit bacterial growth. It is then usually marinated with varying ingredients that can include oil, salt, spices, lemon juice, soy sauce, and wine. The meat strips are refrigerated for several hours. They are then drained on clean towels, and dried either in a dehydrator or an oven at low temperatures to avoid overcooking. The jerky is ready when it is dry and darker in color, and breaks gently when bent.

Jerky should be stored in airtight containers or resealable plastic bags. Well-dried jerky will last for two to three months without refrigeration, while store-bought processed jerky can last for up to two years. Because it is made of lean meat, jerky is high in protein. And because it is lightweight, highly nutritious, ready-to-eat, and has a long shelf life, it is commonly served at military camps. Jerky has also been used by astronauts during space flights.

15. What was likely the origin of the word "jerky"?

    (a) the process used to make it
    (b) the place where it was first made
    (c) the kind of meat used to make it
    (d) the characteristic texture

16. When did jerky start to be produced in large amounts?

    (a) when America was explored
    (b) during the Industrial Revolution
    (c) during westward expansion in Europe
    (d) when people learned to make it at home

17. Why is the fat removed from the jerky?

    (a) to make it more flavorful
    (b) to make it more nutritious
    (c) to prevent it from spoiling
    (d) to prepare it for easier slicing

18. How can one confirm that jerky is ready for eating?

    (a) by checking that it is no longer moist
    (b) by breaking it into small pieces
    (c) by feeling if it is hot to the touch
    (d) by seeing that the color remains bright

19. Why most likely would store-bought jerky be ideal for soldiers?

    (a) It is the most nutritious dried food.
    (b) It is easy to prepare anywhere.
    (c) It can be traded for other food items.
    (d) It can be kept for long periods.

20. In the context of the passage, ubiquitous means _____.

    (a) favorite
    (b) widespread
    (c) strange
    (d) invasive

21. In the context of the passage, inhibit means _____.

    (a) frighten
    (b) forbid
    (c) prevent
    (d) simulate

[22-28]

Rachelle Hudson
234 Palm Street
Beach Park District, FL

Dear Ms. Hudson:

A pleasant day to you!

Our records show that you have been a customer of Skin Holiday products since we opened our shop last year. To thank you for your business, we are inviting you to an invitation-only after-hours party to be held next Friday, August 14.

We are inviting only our preferred customers to shop at Skin Holiday after the normal store hours on Friday. As our way of saying thanks, we have prepared exciting things for you. Free cocktails and dinner will be served. In addition, our famous local band, the Beachcombers, will be setting up in a corner of the store to entertain us during the event.

You'll surely enjoy the after-hours shopping experience, as all items in stock will be marked down 40-70 percent. You will also be among the first customers to see our newest perfume collection, which we will launch to the public next month.

We will be giving away bottles of shower gel and body lotion, along with other small gifts. And to make the event even more unforgettable, a photo booth, which our guests can use for free, will be set up at the store.

Please accept the enclosed $25 gift certificate that you can use when you purchase $100 or more from our store.

We are looking forward to seeing you at Skin Holiday for our exclusive party on Friday night. Please bring this invitation with you and present it at the door.

Sincerely,

L. Woods
Lewis Woods
Store Manager

22. Why did Lewis Woods write to Rachelle Hudson?

(a) to announce a special loyalty program
(b) to ask her to come to an event
(c) to thank her for shopping at Skin Holiday
(d) to invite her to his store's anniversary party

23. According to Woods, who can visit the shop after normal store hours on Friday?

(a) those who bought tickets for the special event
(b) those who have brought in new customers to the store
(c) those who are too busy to visit during normal hours
(d) those who are frequent shoppers at the store

24. What will guests NOT be able to do at the party?

(a) consume complimentary mixed drinks
(b) be entertained by a comedy troupe
(c) listen to the work of a musical group
(d) enjoy food at no additional cost

25. What can the guests do at the party to make it more memorable?

(a) They can have their pictures taken.
(b) They can try on the latest Skin Holiday perfume.
(c) They can claim their gifts at the booth.
(d) They can make their own soap and lotion.

26. Based on the letter, why most likely did Woods include a gift certificate in the letter?

(a) so that Hudson will spend more money at the store
(b) so that Hudson can buy items at any store
(c) so that Hudson can use it as a gift for someone else
(d) so that Hudson will stay at the party longer

27. In the context of the passage, business means _____.

(a) assistance
(b) matter
(c) support
(d) competition

28. In the context of the passage, exclusive means _____.

(a) licensed
(b) stylish
(c) secretive
(d) private

▶ ▶ ▶ 정답 · 해석 · 해설 p.43

[01-07]

SEQUOYAH

Sequoyah was a Native American metalworker, scholar, and linguist best known for inventing the written form of the Cherokee language. His writing system helped the Cherokee people learn how to read and write—one of the rare instances in history when a member of a pre-literate people was able to create an effective writing system.

Sequoyah was born around 1770 in eastern Tennessee at about the time when Europeans were first settling in that part of North America. He never knew his father, who was probably a white trader named Nathaniel Gist, and grew up with his Cherokee mother, Wuh-teh. Although he did not attend school, he was naturally intelligent and became a successful metalworker.

As a metalworker, Sequoyah often did business with white people and noticed that they communicated across great distances by "drawing symbols on leaves." He believed that the "talking" paper made whites successful, because they could send and receive knowledge more efficiently. Convinced that such a practice would help the Cherokee people maintain their independence, Sequoyah decided to develop a way of writing down the Cherokee language.

He started by creating a symbol for each Cherokee word but soon realized there were too many words for this system to be useful. He resorted to drawing a symbol for each syllable in the language instead. Sequoyah had been working on the symbols for 12 years when he finally completed the "syllabary" that consisted of 86 symbols.

At first, the Cherokees doubted that his invention would work. He showed the Cherokee leaders its usefulness with the help of his daughter who had learned the system. The leaders sent her out of earshot and <u>dictated</u> words for Sequoyah to write. Then they gave the written message to the girl, who read it back word for word.

Soon, Sequoyah's writing system was being taught in Cherokee schools. The Cherokees quickly learned it because it was simple. Sequoyah later took his writing system to the Cherokees in Arkansas, and then moved to Oklahoma. He died in 1843 in San Fernando, Mexico while looking for a group of Cherokees who had moved there.

His invention allowed the Cherokees to print books and newspapers in their own language and to <u>preserve</u> their history and culture. Today, a statue of Sequoyah stands in the US Capitol. His former house in Oklahoma was also made a historic landmark.

1. What did Sequoyah do for the Cherokee people?

   (a) He united them into one nation.
   (b) He streamlined their alphabet.
   (c) He invented their system of writing.
   (d) He defended them from the Europeans.

2. How did Sequoyah become acquainted with Europeans?

   (a) through his father's business
   (b) through working with them
   (c) through his metalworking classes
   (d) through growing up with them

3. What prompted Sequoyah to create his symbols?

   (a) seeing white people use a written language
   (b) the need to improve the existing writing system
   (c) having difficulty with the Cherokee syllabary
   (d) the desire to communicate with white people

4. Based on the article, what most likely happened after Sequoyah's meeting with the Cherokee leaders?

   (a) The leaders asked him to simplify his invention.
   (b) The leaders approved the use of his writing system.
   (c) The leaders started learning to write immediately.
   (d) The leaders rejected his invention.

5. Why did Sequoyah move to Arkansas?

   (a) to lead the tribe to a safer place
   (b) to teach white people the Cherokee language
   (c) to find the Cherokees who moved there
   (d) to teach his people how to read and write

6. In the context of the passage, dictated means _____.

   (a) spoke
   (b) overpowered
   (c) drew
   (d) commanded

7. In the context of the passage, preserve means _____.

   (a) store
   (b) cure
   (c) protect
   (d) process

[08-14]

THE WORKPLACE PREFERENCES OF MILLENNIALS

According to a global survey, millennials—the generation of people born between the 1980s and early 2000s—have special preferences with regard to their work environments. Unlike older workers who place less emphasis on workplace decor and amenities, millennials consider the workplace itself a key factor when deciding to take a job.

The study, which was performed by Johnson Controls, was designed to help employers successfully recruit and retain millennial workers, now the largest portion of the workforce. Specifically, the researchers wanted to know what physical factors of the workplace millennials value most. To do this, they surveyed 5,000 millennial workers in Asia, Europe, and America.

The researchers found that millennials prefer workplaces that have a modern and aesthetically pleasing design. They also want their offices to be environmentally friendly and technologically up-to-date. To millennials, technological amenities in the workplace are a necessity, and not just a luxury. They are well versed in the use of various devices and online platforms and believe that such knowledge is important for them to be effective in their jobs.

Millennials also want offices that allow them more flexibility. They enjoy being able to personalize the decor of their workspaces and also having areas where they can collaborate and socialize with their colleagues. Moreover, they prefer working in pedestrian-friendly urban locations that are close to shopping areas and entertainment facilities, with easy access to public transportation.

As a response to the expectations of millennials for their workplaces, companies that want to be competitive have invested in millennial-friendly offices. More and more firms are now creating more open spaces, break rooms, and employee lounges to encourage workers to collaborate.

Many companies are now also providing open seating areas that offer freedom of movement and encourage workers to find the space that will help them perform at their best. While companies that cater to the preferences of millennials are becoming competitive, those that disregard them are considered out-of-date and may even be turning potential talent away.

8. What did researchers find about the preferences of millennial workers?

    (a) that they place less emphasis on their work environment

    (b) that they require special treatment from their employers

    (c) that they consider amenities the top priority

    (d) that they care about the space they work in

9. Why should companies probably listen to millennials when designing their office?

    (a) because employers see millennials as the most valuable workers

    (b) because millennials make up a significant number of workers

    (c) because employers have been unable to retain millennial workers

    (d) because millennials have the most up-to-date design ideas

10. According to the article, why would millennials rather work in a city environment?

    (a) They can socialize with workers from other companies.

    (b) They have more flexible working options.

    (c) They enjoy proximity to different conveniences.

    (d) They have more access to public parks.

11. What is the expected effect of making office layouts more open?

    (a) workers becoming more competitive

    (b) millennials investing in more companies

    (c) workers improving their social skills

    (d) millennials having more motivation to work together

12. How could the study probably assist employers in recruiting millennial workers?

    (a) by encouraging them to design their office accordingly

    (b) by helping them come up with an attractive salary package

    (c) by allowing them to hire only those who perform best

    (d) by helping them identify who has potential

13. In the context of the passage, luxury means _____.

    (a) leisure

    (b) delight

    (c) privilege

    (d) fortune

14. In the context of the passage, disregard means _____.

    (a) refuse

    (b) ignore

    (c) disobey

    (d) forget

CASSIOPEIA

Cassiopeia is a constellation, or a group of stars, found in the northern hemisphere between the constellations Cepheus and Perseus. It is the 25th largest of the 88 constellations known today. Cassiopeia's stars resemble the shape of either a W or an M, depending on the time of the year and the observer's location. Due to its simple shape and the brightness of its stars, it is one of the most recognizable constellations in the night sky.

The constellation was first recorded in the second century by the Greek astronomer Ptolemy. It was named after the beautiful wife of King Cepheus in Greek mythology. Queen Cassiopeia, full of pride because of her beauty, boasted that she was more beautiful than the sea nymphs. This enraged the sea goddesses. As punishment, the arrogant queen was tied to a chair and placed in the heavens. She is said to be spinning around the northern sky endlessly, half of the time hanging upside down.

There are a total of 53 known stars in Cassiopeia, but its unique shape is formed by its five brightest stars. The brightest, Alpha Cassiopeiae, is 60 times brighter than the sun. It is also 40 times larger and weighs over five times as much. Cassiopeia is at the center of a group of constellations that are named for figures associated with the legend of Perseus, including the queen's husband Cepheus, her daughter Andromeda, and the winged horse Pegasus.

Unlike constellations which can only be seen during one particular season, Cassiopeia is visible for the entire year in the northern hemisphere and during the spring in the southern hemisphere. It can be seen at night looking like a W in spring and summer, and like an M during winter and autumn.

Because Cassiopeia is one of the easiest constellations to find, it is often mentioned in popular culture. The familiar constellation has been referenced in such diverse forms of media as adventure novels, science fiction television shows, and romantic comedy films.

15. Why can most people easily identify the constellation Cassiopeia?

    (a) because its shape is easy to remember
    (b) because it has the brightest stars
    (c) because its formation is the largest in the sky
    (d) because it has a fixed appearance

16. Where did the name "Cassiopeia" come from?

    (a) from the name of a real-life queen
    (b) from a Greek astronomer's name
    (c) from a group of jealous goddesses
    (d) from a mythological woman

17. How is Cassiopeia's distinct appearance shaped?

    (a) by the size of its largest stars
    (b) by a continuous rotation
    (c) by the formation of its brightest stars
    (d) by a union with nearby constellations

18. What makes Cassiopeia different from other constellations?

    (a) It can be seen by the naked eye.
    (b) It disappears from view during spring.
    (c) It can be seen all year round.
    (d) It is only visible in the north.

19. What is most likely the reason Cassiopeia is often mentioned in the movies?

    (a) because it is the most beautiful constellation
    (b) because it is well known to many people
    (c) because it has a name that is easy to pronounce
    (d) because it has a romantic story behind it

20. In the context of the passage, enraged means _____.

    (a) energized
    (b) depressed
    (c) confused
    (d) angered

21. In the context of the passage, particular means _____.

    (a) specific
    (b) precise
    (c) regular
    (d) selective

[22-28]

George Turner
15th floor, Columbus Circle
28 West 44th Street
Manhattan, NY

Dear Mr. Turner:

I am writing this letter in reference to my application for the position of associate editor with the *MoneyBiz Times*. I was informed during my interview on December 2 that the recruitment process would take about two weeks. Since I haven't heard from you, I would like to take this opportunity to restate my eagerness to work with your company.

After learning more about what you expect from an associate editor during our meeting, I am convinced that I am an ideal candidate for the position. I have proven editing skills, a talent for effectively coordinating with stakeholders, and the ability to manage multiple projects at the same time. I believe you also need someone with genuine enthusiasm for the subjects that you publish.

I am confident that we share the same interest in global affairs and business news. Moreover, my four years of experience as an editor with the *Financial Daily* has prepared me to excel in this type of news writing. I am hopeful that my perfect score on the editing exam you gave, along with my master's degree in journalism and bachelor's degree in economics, might be viewed as evidence that I am suited for the job.

As I mentioned during the interview, my past employers and colleagues can vouch for my dedication to producing work of the highest quality. I look forward to hearing from you soon. Again, thank you so much for considering me for the position.

Sincerely,

Judith Rand
Judith Rand

22. Why did Judith Rand write to George Turner?

(a) to provide information about her recent achievements
(b) to follow up on the result of her interview
(c) to find out if she will be invited to interview
(d) to submit her application for an editing position

23. How did Rand most likely learn more details about the qualifications for the job?

(a) She saw MoneyBiz Times' advertisement for the job.
(b) She called the HR department to ask about the job.
(c) She talked to one of the ideal candidates for the position.
(d) She was told about them during the interview.

24. According to the letter, what do Rand and Turner probably have in common?

(a) being passionate about similar topics
(b) the ability to manage multiple editors
(c) being knowledgeable about global problems
(d) the enthusiasm for talking to stakeholders

25. Which best shows Rand's interest in what the MoneyBiz Times does?

(a) her bachelor's degree in journalism
(b) her outstanding news writing
(c) her master's degree in economics
(d) her prior work in the industry

26. What can Turner request from Rand's former workmates at Financial Daily?

(a) legal proof that what she said is true
(b) information about her personal matters
(c) a recommendation based on her past performance
(d) a list of all the articles that she edited

27. In the context of the passage, <u>suited</u> means _____.

(a) applicable
(b) right
(c) comparable
(d) decent

28. In the context of the passage, <u>dedication</u> means _____.

(a) devotion
(b) celebration
(c) honor
(d) obedience

▶ ▶ ▶ 정답 · 해석 · 해설 p.53

[01-07]

JOHNNY BRAVO

Johnny Bravo is the main character of the American animated television series of the same name. Created by Van Partible for Cartoon Network, Johnny Bravo is a good-looking but dumb and overconfident man whose efforts at impressing women are always unsuccessful. He is recognized for his voluminous blond hair, muscular body, and voice that sounds like Elvis Presley. Bravo is also remembered for his catchphrases that include "Hey there, pretty momma!" and "Hoohah!" *Johnny Bravo* was part of a wave of cartoons released in the 1990s that ushered in a "golden age" of animated television series.

Johnny Bravo was created in 1993 by Van Partible for his thesis project at Loyola Marymount University. The animated film was originally about an Elvis impersonator and had the title *Mess O' Blues*. Partible's professor showed the animation to his friend at Hanna-Barbera Studios. After talks with the company, Partible revised the film into a seven-minute short. He changed the character's style, hired Jeff Bennett to do the voice-over, and renamed the film *Johnny Bravo*. The new Johnny Bravo short aired on Cartoon Network's *World Premiere Toons* in March 1995. It received positive reviews from the audience and quickly became popular. As a result, it was made into a 30-minute series, which premiered in July 1997.

In the series, Johnny Bravo wears a tight black T-shirt, blue jeans, and black sunglasses. He is always flirting with women and trying to get them to go on dates, but his attempts to impress the women often backfire because of his vanity and—at times—sexist behavior. He is obsessed with his appearance and shows off by combing his hair or flexing his muscles. His self-centered personality and pride in his looks always offend the women, and most episodes end with them taking revenge on Bravo in a funny way.

The *Johnny Bravo* series lasted for four seasons with a total of 67 episodes and was last aired in August 2004. It received many nominations, but never won an award. However, it helped start the career of several animators who continued creating award-winning cartoon series including *Family Guy* and *The Fairly Odd Parents*. Due in part to *Johnny Bravo* and other cartoons of its era, animated series are now held in high regard by critics and are enjoyed by children and adults alike.

1. What can Johnny Bravo be partially credited for?

   (a) bringing Elvis's music to a new generation
   (b) raising the status of animated television
   (c) coining the catchphrase "golden age"
   (d) inspiring more series about handsome men

2. Why did Van Partible create Johnny Bravo?

   (a) to meet academic requirements
   (b) to get a job as an animator
   (c) to help his professor with a film
   (d) to give tribute to a famous singer

3. What did Partible first do to prepare *Johnny Bravo* for public exposure?

   (a) expand the short into a thirty-minute special
   (b) get feedback from a test audience
   (c) put together a compilation of world cartoons
   (d) make a short film based on an earlier project

4. How does Bravo try to entice the women he is interested in?

   (a) by flattering their appearance
   (b) by focusing solely on his own looks
   (c) by treating them with respect
   (d) by telling them funny jokes

5. What most likely is the series' contribution to the animation industry?

   (a) It proved that animation was award-worthy.
   (b) It was the first cartoon to be enjoyed by adults.
   (c) It became a training ground for successful animators.
   (d) It gave the network its biggest critical success.

6. In the context of the passage, offend means _____.

   (a) excite
   (b) distract
   (c) harass
   (d) anger

7. In the context of the passage, aired means _____.

   (a) shown
   (b) voiced
   (c) published
   (d) opened

[08-14]

A NEW SOURCE OF BANK SECURITY THREATS

Now that banking is highly digitized, concern over bank security has shifted from masked robbers to cybercriminals. However, the more likely—and often overlooked—threat is the bank workers themselves. Bank tellers and other bank employees have instant access to customers' personal information and accounts. Recently, a growing number of them are being found guilty of tapping into customer accounts to steal personal information and money. Such crimes are now rampant in the United States, with at least one new case filed against a teller each month.

Tellers and other retail-branch employees can withdraw money, wire funds, and sell personal information to thieves. Tellers who deal in personal information do so in exchange for money or perks such as networking with high-profile figures and trips on private planes. The thieves then use the information to get money from accounts and make debit cards, credit cards, and checks in customers' names.

One reason these crimes are so prevalent is that they require little tech-savvy or computer expertise. An Internet search can call up tutorials with step-by-step instructions on how to carry out the scams. Tellers usually hide their thefts by withdrawing less than $10,000, the limit that automatically sets off another layer of review under current banking laws. When accounts have large balances, these unauthorized withdrawals can go undetected for years.

According to security experts, tellers are particularly open to bribes because they are paid small salaries for an often stressful and potentially dangerous job. On average, a teller receives around $30,000 in annual salary, an amount that does not reflect the high-risk nature of the job.

Banks have been dealing with the issue by paying their customers for losses. Security controls are usually weak. Typically, bank tellers do not go through extensive background checks during the hiring process and are then given full access to accounts and customer information. Moreover, banks usually stop investigating a suspected fraud when a teller resigns. This allows most tellers to quickly move on to other banks. Authorities have weighed stronger penalties for lawbreakers and more scrutiny in the hiring process as potential solutions to the problem.

8. According to the article, how are some bank tellers creating security issues for banks?

    (a) by leaking private information to the masses
    (b) by stealing the customers of other banks
    (c) by stealing money from customer accounts
    (d) by demanding cash from their depositors

9. What kind of information can thieves buy from tellers?

    (a) a customer's account balance
    (b) data on a customer's banking practices
    (c) knowledge of a customer's spending habits
    (d) a customer's account information

10. Which customers could be at a higher risk of being robbed by tellers?

    (a) those who have less than $10,000 in the bank
    (b) those who do not check their accounts daily
    (c) those who maintain a large account balance
    (d) those who have over $10,000 in their account

11. What is most likely the reason why bank tellers accept bribes from criminals?

    (a) They believe they are being underpaid.
    (b) They do not think their actions are wrong.
    (c) They are being threatened by the criminals.
    (d) They do not think it is a serious crime.

12. How do some dishonest tellers escape from criminal charges?

    (a) by avoiding background checks
    (b) by quitting their jobs promptly
    (c) by bribing the bank where they work
    (d) by giving back what they have stolen

13. In the context of the passage, rampant means _____.

    (a) violent
    (b) fashionable
    (c) passionate
    (d) widespread

14. In the context of the passage, perks means _____.

    (a) interests
    (b) benefits
    (c) prizes
    (d) tasks

THE LITTLE MERMAID STATUE

The Little Mermaid statue is a bronze sculpture of a mermaid that sits by the waterfront of Langelinie in Copenhagen, Denmark. Named after a popular Danish fairy tale, the statue was a gift to the city by Danish brewer Carl Jacobsen. It is a well-known landmark and tourist attraction in Copenhagen. The statue attracts over a million tourists from around the world every year.

Measuring 4 feet tall and weighing 385 pounds, the small statue was commissioned in January 1909 by Carl Jacobsen, the son of the founder of Carlsberg Brewery. Jacobsen first became fascinated with Danish author Hans Christian Andersen's fairy tale after watching a ballet performance of *The Little Mermaid* at the Royal Theater. He also admired the performance of Ellen Price, the lead ballerina who played the role of the mermaid. Jacobsen wanted the character to be remembered forever, so he hired a young and talented sculptor named Edvard Eriksen to create its likeness.

Eriksen's first drawings of how the statue would look were immediately approved by Jacobsen. At Jacobsen's request, Eriksen asked Ellen Price to model for the statue. Price refused, however, because she did not want to pose nude. So, Eriksen instead recruited his own wife as the statue's model. The Little Mermaid statue was placed on top of a stone beside the sea to make it look more natural. The statue deviated from the fairy tale's single-tail mermaid in that it was sculpted with two fins. It was unveiled at the harbor of Langelinie in August 1913.

Since its initial public display, the statue has been vandalized many times due to its high profile, but each time, the people who supervise its care manage to restore the mermaid to its original state. Today, the Little Mermaid statue is still a major tourist attraction in Copenhagen, drawing millions of tourists each year to the site. In fact, its popularity has resulted in more than a dozen copies of the bronze statue being displayed in cities around the world, including in the United States, Spain, and Brazil.

15. What was the inspiration for building the bronze statue?

    (a) the mascot of a Danish brewery
    (b) tales of a local mermaid sighting
    (c) the need for a city landmark
    (d) a story about a mythical creature

16. When did Jacobsen's fascination with the Little Mermaid start?

    (a) when he saw the work of a young sculptor
    (b) when he saw an adaptation in dance
    (c) when he read the well-known fairy tale
    (d) when he met a talented young ballerina

17. Why most likely was Eriksen's wife chosen as the model for the statue?

    (a) She was not deterred by the terms of the modeling job.
    (b) She did not want another woman to pose nude for her husband.
    (c) She was recruited at the request of the statue's sponsor.
    (d) She had a natural resemblance to the character.

18. What was a consequence of the fame of the Little Mermaid statue?

    (a) The city had to regulate its tourism industry.
    (b) The statue now appears in every country.
    (c) The statue has been repeatedly damaged.
    (d) The city was forced to move the statue.

19. Why did other countries probably copy Copenhagen's statue?

    (a) because they wanted to strengthen ties with Denmark
    (b) because they hoped to appeal to more visitors
    (c) because they also have folktales about mermaids
    (d) because they wanted a better version of the statue

20. In the context of the passage, deviated means _____.

    (a) turned
    (b) divided
    (c) wandered
    (d) differed

21. In the context of the passage, restore means _____.

    (a) adjust
    (b) rescue
    (c) repair
    (d) arrange

기출 실전테스트 3

[22-28]

Mr. Dean Williams
Chief Operating Officer
Woodland Furniture, Inc.
50 Grandville St.
Los Angeles, CA

Dear Mr. Williams:

This letter is to formally advise you that Blue Upholstery Co. has decided to perform an audit of the accounting practices of Woodland Furniture, Inc. The audit will start tomorrow and will be performed for our company by Watkins & Smith Auditing Services.

As we have informed you, the audit was prompted by discrepancies in some of your work orders and invoices as noted by our accounting department. The differences concern several business transactions that Woodland Furniture, Inc., and Blue Upholstery Co. made during the past six months. Our accounting department believes that this audit is needed and reasonable.

The audit will be conducted according to the auditing firm's administration and control policy, which states that "all invoices raised by either company and concerning the other company will be held by Watkins & Smith Auditing Services until the result of the audit is known."

We are requesting your complete cooperation with the auditors for the process to be finished as quickly as possible. We are hoping to reach an acceptable conclusion with the audit so that our trust can be restored in future business dealings with Woodland Furniture, Inc.

If you have any questions about the audit process, please contact Susan Davis, Project Auditor of Watkins & Smith Auditing Services at 603-555-5771.

Sincerely,

Greta Fulton

Greta Fulton
President
Blue Upholstery Co.

22. Why did Greta Fulton write Dean Williams a letter?

   (a) to inform him about an auditing firm's services
   (b) to let him know that auditors will be checking his records
   (c) to ask him the most convenient day to have an audit
   (d) to request an explanation for some reported discrepancies

23. What is the main subject of consideration for the audit?

   (a) a conflict within the accounting department
   (b) a gap in reporting from the two businesses
   (c) concerns over orders that were not delivered
   (d) personal differences between the two businesses

24. How long will Watkins & Smith keep the questionable receipts?

   (a) as long as the investigation is in progress
   (b) until the invoices are paid in full
   (c) as long as the companies work together
   (d) until the procedures have begun

25. Why is Fulton asking for Williams's cooperation?

   (a) to make the audit valid
   (b) to prove that Williams is guilty
   (c) to complete the audit quickly
   (d) to secure a future contract

26. Based on the letter, how would Fulton probably react if the audit proves irregularities?

   (a) She could lose trust in the auditing firm.
   (b) She will cease to have faith in the partnership.
   (c) She could ask auditing services for another review.
   (d) She will put together a lawsuit.

27. In the context of the passage, prompted means _____.

   (a) motivated
   (b) convinced
   (c) advised
   (d) helped

28. In the context of the passage, dealings means _____.

   (a) discounts
   (b) managements
   (c) arrangements
   (d) distributions

▶ ▶ ▶ 정답 · 해석 · 해설 p.63

MEMO

Para-phrasing Note

패러프레이징 노트

패러프레이징 노트는 지문의 표현과 의미가 유사한 다른 표현으로 바꿔서 쓴 예들을 모아 둔 노트입니다. 패러프레이징된 표현은 기출 지문의 내용을 각 문제의 질문에 맞춘 표현이기 때문에 정확하게 어법면에서 지문과 일치하지 않지만, 지문의 내용이 어떻게 다르게 표현되었는지 확인할 수 있어서 정답을 빠르게 골라내는 연습이 됩니다. 패러프레이징 노트를 수시로 확인하고 익히면 독해 파트에서 단기간에 고득점을 올릴 수 있습니다.

No	PART	Page	Q_No	왼쪽 지문에 쓰인 표현 ➡ 패러프레이징된 표현
1	PART 1	33	1	rescuing Jewish children in Czechoslovakia 체코에 있는 유태인 어린이들을 구출한 것 ➡ saving Jewish children in Czechoslovakia 체코에 있는 유태인 어린이들을 구한 것
2	PART 1	33	3	to arrange for the children's rescue　아이들의 구출을 준비하기 위해 ➡ prepared for the transport of Jewish children 유태인 아이들의 수송을 준비했다
3	PART 1	33	4	found adoptive parents for each child 각각의 아이에게 양부모를 찾아주었다 ➡ finding British parents who were willing to take them in 기꺼이 데려갈 영국 부모를 찾아냄
4	PART 1	33	5	appeared on a nationwide BBC television program 전국적인 BBC 텔레비전 프로그램에 등장하였다 ➡ was seen on national television　텔레비전 전국 방송에 출연했다
5	PART 1	35	8	entrepreneur known for founding high-technology companies 첨단 기술 기업을 설립한 것으로 유명한 기업가 ➡ enterprises that use advanced technologies 첨단 기술을 사용하는 기업
6	PART 1	35	9	designed a space game called *Blastar*　블라스타라는 우주 게임을 디자인했다 ➡ creating a piece of entertainment　오락물을 만들어냄
7	PART 1	35	10	launched the first in a chain of successful business ventures 일련의 성공적 벤처들의 첫 번째 회사를 설립했다 ➡ so he could start his own business 자신의 사업을 시작할 수 있도록
8	PART 1	35	11	to promote space travel for private individuals 개인을 위한 우주 여행을 촉진하기 위해 ➡ allowing non-astronauts to visit space 우주 비행사가 아닌 사람들에게 우주 방문 허용하기
9	PART 1	35	12	provides emergency solar energy to disaster-hit areas 재난 피해 지역에 비상 태양 에너지를 제공하다 ➡ provides them with a free source of power 그들에게 무료 전기를 제공한다
10	PART 1	37	16	Chrysler's fondness for cars showed　크라이슬러의 자동차를 향한 애정은 나타났다 ➡ Chrysler's love of cars became apparent 크라이슬러의 차에 대한 사랑은 명백해졌다 when he bought his first car　그가 그의 첫 차를 샀을 때 ➡ after buying his first car　그의 첫 차를 산 후에
11	PART 1	37	17	Being a car enthusiast　자동차 애호가여서 ➡ because automobiles were his passion 자동차가 그의 열정이었기 때문에

No	PART	Page	Q_No	왼쪽 지문에 쓰인 표현 ➡ 패러프레이징된 표현
12	PART 1	37	18	its executives refused to make a new car he designed 경영진이 그가 디자인한 새 차를 만드는 것을 거절했다 ➡ It rejected his idea for a new car. 새 차에 대한 그의 아이디어를 거절했다
13	PART 1	39	22	a method that assesses a newborn baby's physical condition and checks if the baby needs additional medical attention 신생아의 신체 상태를 평가하고 추가적 치료를 필요로 하는지 확인하는 방법 ➡ a way to check a newborn's well-being 신생아의 건강을 확인하는 방법
14	PART 1	39	25	the negative effects on babies of cyclopropane 사이클로프로판의 아기들에 대한 부정적 영향 ➡ It caused harm to babies during delivery. 분만 중에 아기들에게 해를 끼쳤다
15	PART 1	39	26	gave lectures about birth defects 선천성 결함에 대한 강의를 했다 ➡ sharing information on birth abnormalities 선천적인 기형에 대한 정보를 공유함
16	PART 2	57	1	save energy on air conditioning 냉방에 드는 에너지를 절약 ➡ saving money on electricity use 전기 사용 비용을 절감
17	PART 2	57	2	it also allows infrared radiation to escape 적외선이 방출되도록 허용한다 ➡ It does not block infrared radiation. 적외선 방사를 차단하지 않는다
18	PART 2	57	3	is completely transparent. 완전히 투명하다 ➡ can be seen through 속이 들여다 보일 수 있다
19	PART 2	57	4	it kept a person's skin 4°F or 2.3°C cooler 사람의 피부를 화씨 4도 혹은 섭씨 2.3도 더 시원하게 유지했다 ➡ It was able to keep the body's surface cooler. 신체의 표면을 더 시원하게 유지할 수 있었다
20	PART 2	57	5	make a nanoPE wearer less inclined to turn on an air conditioner or electric fan 나노PE 착용자가 에어컨이나 선풍기를 덜 켜게 한다 ➡ decreasing the need for air-conditioning 냉방에 대한 필요를 감소시킴
21	PART 2	59	8	their failure to make full use of fire 불을 충분히 이용하지 못함 ➡ their inability to employ fire properly 불을 적절히 사용하지 못함
22	PART 2	59	9	gave our human ancestors more calories from a limited amount of food 우리 조상에게 제한된 양의 음식에서 더 많은 칼로리를 제공했다 ➡ helping them get more energy from food 식품으로부터 더 많은 에너지를 얻도록 도움
23	PART 2	59	10	their stocky physique and higher Body Mass Index (BMI) 육중한 체격과 높은 체질량 지수 ➡ They had a greater weight to height ratio. 키에 비해 몸무게가 많이 나갔다

No	PART	Page	Q_No	왼쪽 지문에 쓰인 표현 ➡ 패러프레이징된 표현
24	PART 2	59	12	their diet 그들의 식단 ➡ the type of food they regularly ate 정기적으로 먹는 식품의 유형
25	PART 2	61	15	capturing experiences on camera can make people happier 카메라로 경험을 포착하는 것이 사람을 더 행복하게 할 수 있다 ➡ it adds pleasure to the experience 그것은 경험에 즐거움을 더한다
26	PART 2	61	16	to either take pictures of their experiences or not 참가자들은 경험을 찍거나 찍지 말라고 ➡ as either picture-takers or non-picture-takers 사진을 찍는 사람과 사진을 안 찍는 사람으로
27	PART 2	61	17	the mental process involved when planning to take the picture 사진을 찍으려고 계획할 때 수반되는 정신적 과정 ➡ the act of preparing the shot 사진 찍을 준비를 하는 행위
28	PART 2	61	18	Those who took photos of the exhibits appreciated them better 전시품 사진을 찍은 사람들이 전시품을 더 잘 감상했다 ➡ The exhibits became more interesting to them. 전시품이 그들에게 더 흥미로워졌다
29	PART 2	63	23	examined the results of 104 earlier studies 104개의 이전 연구들의 결과를 조사하였다 ➡ analyzing a collection of previous studies 선행 연구들의 모음을 분석하여
30	PART 2	63	25	they are clear and precise 그것들은 명확하고 정확하다 ➡ They give one a sense of certainty 그것들은 사람에게 확신감을 준다
31	PART 2	63	26	making fewer promises 약속을 더 적게 하기 ➡ avoiding setting too many resolutions 너무 많은 결심을 설정하지 않기 monitoring one's improvement through a diary 일기로 자신의 발전을 관찰 ➡ keeping track of one's progress 발전 경과 파악 being determined 결단력 갖기 ➡ maintaining a strong power over one's will 자신의 의지에 대한 강한 힘을 유지하기
32	PART 3	81	1	The idea for Tetris came to Pajitnov while playing Pentominoes, his favorite puzzle game 테트리스에 대한 아이디어는 그가 좋아하는 퍼즐 게임인 펜토미노스를 하는 동안 파지트노프에게 떠올랐다 ➡ He took inspiration from a puzzle game. 한 퍼즐 게임에서 영감을 얻었다
33	PART 3	81	4	the game's simple concept and controls 게임의 단순한 개념과 제어 ➡ its lack of complexity 복잡성의 결여
34	PART 3	81	5	after the Soviet Union was dissolved 소련이 해체된 후 ➡ when the Soviet Union broke up 소련이 붕괴되었을 때
35	PART 3	83	8	producing one of people's favorite food items: honey 사람들이 가장 좋아하는 식품 중 하나인 꿀을 생산 ➡ making a sweet food item 단 음식 품목 만들기

No	PART	Page	Q_No	왼쪽 지문에 쓰인 표현 ➡ 패러프레이징된 표현
36	PART 3	83	10	flowers that produce their food 그것들의 먹이를 생산하는 꽃 ➡ flowers provide them with food 꽃들이 그것들에게 먹이를 제공
37	PART 3	83	11	The "waggle dance," or the rapid side-to-side movement of the tail 꼬리의 빠른 좌우 운동인 '와글댄스' ➡ shaking their tails quickly 꼬리를 재빨리 흔들기
38	PART 3	85	15	a weather event 기상 현상 ➡ a weather-related occurrence 날씨와 관련된 현상
39	PART 3	85	18	a good sign that their saint was helping them get through the storm 폭풍을 헤쳐나가도록 그들의 성자가 돕고 있다는 좋은 신호 ➡ that it was an assurance of their safety 그들의 안전을 보장한다는 것
40	PART 3	87	22	a straight spiral tusk that extends from its face 얼굴에서 뻗은 곧은 나선형 어금니 ➡ a bony attachment to its face 얼굴에 난 뼈 부착물
41	PART 3	87	24	grows from the left side of its upper jaw 위턱 왼쪽에서 자라다 ➡ growing from the mouth 입으로부터 자라는
42	PART 3	87	25	the animals' grayish spotted color looks like that of a dead body 이 동물의 회색 얼룩 무늬 색이 시체의 색과 비슷해 보인다 ➡ the deathly appearance of its skin 시체 같은 피부 외관
43	PART 3	87	26	humans hunt them heavily 인간이 그것들을 심하게 사냥하다 ➡ Humans are their main threat. 인간이 그것들의 주된 위협이다
44	PART 4	105	2	the lobby has not been kept at its usual standard of cleanliness 로비가 평상시의 청결 기준으로 유지되어 오지 않았다 ➡ It is not as clean as it used to be. 그것은 예전처럼 깨끗하지 않다
45	PART 4	105	4	three of the seven parking spaces were allotted to the travel agency 7개의 주차 공간 중 3개가 여행사에 배정되었다 ➡ a business was given more parking spaces 한 업체에 더 많은 주차 공간이 주어졌다
46	PART 4	105	5	The other unit owners and I always pay our monthly dues on time 다른 호실 주인과 나는 항상 월 회비를 제때 납부한다 ➡ they have been paying their dues promptly 회비를 신속히 납부해 오고 있다
47	PART 4	107	8	to inform you that we do have 4- by 8-foot sheets of drywall in stock 4X8 피트 사이즈의 건식벽 재고가 있음을 알리려고 ➡ to inform him that a product is available 한 제품이 구입 가능하다는 것을 알리려고
48	PART 4	107	9	a discount 할인 ➡ a lower price for each sheet 장당 더 낮은 가격

No	PART	Page	Q_No	왼쪽 지문에 쓰인 표현 ➡ 패러프레이징된 표현
49	PART 4	107	10	We can deliver an order that size within two to three days. 2일에서 3일 이내에 그 정도 크기의 주문을 배달할 수 있다 ➡ They can deliver it in three days or less. 3일 이내에 배달할 수 있다
50	PART 4	109	15	as an independent technical expert (TE) 독립적인 기술 전문가로서 ➡ as a publishing expert 출판 전문가로서
51	PART 4	109	16	I started as an editorial assistant, became an assistant editor, and was elevated to editor-in-chief within a few years 편집 보조로 시작해서 편집자가 되고 몇 년 안에 편집장으로 승진했다 ➡ She rose through the ranks. 직급들을 거쳐 승진했다
52	PART 4	109	18	work closely with our printing department 인쇄 부서와 함께 긴밀하게 일한다 ➡ coordinating with the printing department 인쇄 부서와 협의함
53	PART 4	109	19	my resume for your review, along with a list of references 추천인 목록과 귀하의 검토를 위한 제 이력서 ➡ the attached documents 첨부된 서류
54	PART 4	111	22	that we are impressed with your proposal and have decided to award the contract to your company 당신의 제안에 깊은 인상을 받아 귀사에 계약을 주기로 결정함 ➡ the approval of a proposal 제안의 승인
55	PART 4	111	23	a projected cost early in the process 공정 초기에 예상 비용 ➡ an estimated project cost 추산된 사업 비용
56	PART 4	111	24	you are offering to head the design team for the building 당신은 건물의 설계 팀장을 맡을 것이라 제안하고 있다 ➡ his company will take charge of the design 그의 회사가 설계를 맡게 될 것이다
57	PART 4	111	26	we are intent on finishing the building's construction on or before the deadline 마감일 혹은 그 전에 건물 공사를 마치는 데 집중한다 ➡ she wants to get the project done in time 프로젝트를 제때에 끝내기를 원한다
58	기출 실전 1	115	1	anti-Christian ideas 반기독교적 사상 ➡ his perspective on a major religion 주요 종교에 대한 그의 견해
59	기출 실전 1	115	4	due to various illnesses 여러 가지 질병으로 인해 ➡ He experienced a decline in health. 그는 건강 쇠약을 경험했다
60	기출 실전 1	115	5	The Nazi Party used his work as an excuse for its criminal activities. 나치당은 그의 연구를 범죄 행위의 구실로 이용했다 ➡ They were used as a reason to commit crime. 그것들은 범죄를 저지르는 핑계로 사용되었다

No	PART	Page	Q_No	왼쪽 지문에 쓰인 표현 ➡ 패러프레이징된 표현
61	기출 실전 1	117	8	move themselves and their families abroad 자신과 가족들을 해외로 이주시키다 ➡ moving their families out of China 그들의 가족을 중국 밖으로 이주시킴
62	기출 실전 1	117	10	Canada canceled its investment visa. 캐나다는 투자 비자를 취소했다 ➡ It stopped implementing the policy. 그곳은(캐나다는) 정책 시행을 중단했다
63	기출 실전 1	117	11	for providing a better life for their families 그들의 가족에게 더 나은 삶을 제공하기 위해 ➡ so they can improve the life of their families 그들의 가족의 삶을 향상시킬 수 있도록
64	기출 실전 1	119	16	during the Industrial Age in the late 18th century 18세기 후반 산업 시대 동안 ➡ during the Industrial Revolution 산업 혁명 동안
65	기출 실전 1	119	18	it is dry 그것은 마른 상태다 ➡ it is no longer moist 그것은 더 이상 촉촉하지 않다
66	기출 실전 1	119	19	store-bought processed jerky can last for up to two years 가게에서 산 가공 육포는 2년까지 지속할 수 있다 ➡ It can be kept for long periods. 그것은 장기간 보관될 수 있다
67	기출 실전 1	121	22	we are inviting you to an invitation-only after-hours party 초대 고객 전용 영업시간 이후 파티에 초대합니다 ➡ ask her to come to an event 행사에 와달라고 부탁하다
68	기출 실전 1	121	23	our preferred customers 우리의 우수 고객들 ➡ those who are frequent shoppers at the store 그 매장에서 자주 쇼핑하는 사람들
69	기출 실전 1	121	24	Free cocktails and dinner 무료 칵테일과 식사 ➡ complimentary mixed drinks 무료 혼합 음료 food at no additional cost 추가 비용 없는 음식 famous local band will be setting up 지역 밴드가 자리할 것이다 ➡ listen to the work of a musical group 음악 공연 듣기
70	기출 실전 2	123	1	inventing the written form of the Cherokee language 체로키어의 문자 형태를 발명 ➡ invented their system of writing 그들의 쓰기 체계를 발명했다
71	기출 실전 2	123	3	they communicated by drawing symbols on leaves 그들은 나뭇잎에 상징을 그림으로써 의사소통했다 ➡ white people use a written language 백인들이 문자를 사용한다

No	PART	Page	Q_No	왼쪽 지문에 쓰인 표현 ➡ 패러프레이징된 표현
72	기출 실전 2	123	5	took his writing system to the Cherokees in Arkansas 그의 문자 체계를 아칸소에 있는 체로키 부족에게 가져갔다 ➡ teach his people how to read and write 그의 부족에게 읽고 쓰는 법을 가르치다
73	기출 실전 2	125	8	prefer workplaces that have a modern and aesthetically pleasing design 현대적이고 미적 즐거움을 주는 디자인의 일터를 선호한다 ➡ care about the space they work in 자신이 일하는 공간에 관심이 있다
74	기출 실전 2	125	9	millennial workers, now the largest portion of the workforce 현재 노동력의 가장 큰 부분을 차지하는 밀레니얼 세대 근로자들 ➡ millennials make up a significant number of workers 밀레니얼 세대가 근로자의 상당수를 구성한다
75	기출 실전 2	125	10	prefer working in pedestrian-friendly urban locations that are close to shopping areas and entertainment facilities 쇼핑센터나 유흥 시설과 가까운 보행자 친화적인 도시 지역에서 일하는 것을 선호한다 ➡ enjoy proximity to different conveniences 다양한 편의 시설들을 가까이서 누린다
76	기출 실전 2	125	11	encourage workers to collaborate 근로자들이 협업하도록 장려하다 ➡ millennials having more motivation to work together 밀레니얼 세대가 함께 일할 더 많은 동기를 가짐
77	기출 실전 2	127	15	due to its simple shape 그것의 단순한 모양 때문에 ➡ because its shape is easy to remember 모양이 기억하기 쉽기 때문에
78	기출 실전 2	127	16	named after the beautiful wife of King Cepheus in Greek mythology 그리스 신화 케페우스 왕의 아름다운 아내의 이름을 따서 ➡ from a mythological woman 신화적 여인으로부터
79	기출 실전 2	127	17	Its unique shape is formed by its five brightest stars 독특한 모양은 5개의 가장 밝은 별에 의해 형성된다 ➡ by the formation of its brightest stars 그것의 가장 밝은 별들의 형성에 의해
80	기출 실전 2	127	18	Cassiopeia is visible for the entire year 카시오페이아는 1년 내내 볼 수 있다 ➡ It can be seen all year round. 그것은 연중 내내 보여질 수 있다
81	기출 실전 2	129	23	After learning more about what you expect from an associate editor during our meeting 우리의 면접에서 당신이 부편집장에게 기대하는 바를 더 많이 알고 나서 ➡ She was told about them during the interview 면접 동안에 그것들에 관해 들었다
82	기출 실전 2	129	24	we share the same interest in global affairs and business news 우리는 세계 정세와 비즈니스 뉴스에 대해 같은 관심을 공유한다 ➡ being passionate about similar topics 비슷한 주제에 대해 열정적임

No	PART	Page	Q_No	왼쪽 지문에 쓰인 표현 ➡ 패러프레이징된 표현
83	기출 실전 2	129	25	my four years of experience as an editor with the *Financial Daily* 파이낸셜 데일리지의 편집장으로서 4년간 일한 제 경험 ➡ her prior work in the industry 　그 업계에서 그녀의 이전 작업
84	기출 실전 2	129	26	my past employers and colleagues can vouch for my dedication to producing work　과거 고용주와 동료들이 일을 위한 헌신을 보증한다 ➡ a recommendation based on her past performance 　그녀의 과거 성과에 근거한 추천
85	기출 실전 3	131	3	revised the film into a seven-minute short 그 영화를 7분짜리 단편으로 수정했다 ➡ make a short film based on an earlier project 　이전 프로젝트에 기반한 단편 영화를 제작
86	기출 실전 3	131	4	He is obsessed with his appearance　그는 그의 외모에 집착한다 ➡ focusing solely on his own looks　그 자신의 외모에만 집중함
87	기출 실전 3	131	5	it helped start the career of several animators who continued creating award-winning cartoon series 상을 받은 만화 시리즈를 계속해서 만든 몇몇 애니메이션 제작자들의 경력을 시작하게 도왔다 ➡ It became a training ground for successful animators. 　성공적 애니메이션 제작자를 위한 훈련장이 되었다
88	기출 실전 3	133	8	tapping into customer accounts to steal personal information and money 개인 정보와 돈을 훔치기 위해 고객 계정을 도용 ➡ stealing money from customer accounts 　고객 계정으로부터 돈을 훔침
89	기출 실전 3	133	9	personal information　개인 정보 ➡ a customer's account information　고객의 계좌 정보
90	기출 실전 3	133	10	accounts have large balances　계좌들이 잔고가 많다 ➡ maintain a large account balance　거액의 계좌 잔액을 유지하다
91	기출 실전 3	133	11	they are paid small salaries for an often stressful and potentially dangerous job　스트레스를 많이 받고 위험할 수도 있는 직업에 적은 급여를 받는다 ➡ they are being underpaid　그들은 저임금을 받고 있다
92	기출 실전 3	133	12	a teller resigns　창구 직원이 사직한다 ➡ quitting their jobs　직장을 그만둠
93	기출 실전 3	135	16	after watching a ballet performance of *The Little Mermaid* '인어공주' 발레 공연을 보고 난 후 ➡ when he saw an adaptation in dance　무용으로 각색된 작품을 보았을 때
94	기출 실전 3	135	18	the statue has been vandalized many times 그 조각상은 여러 차례 파손되어 왔다 ➡ The statue has been repeatedly damaged. 　그 조각상은 반복적으로 훼손되어 왔다

No	PART	Page	Q_No	왼쪽 지문에 쓰인 표현 ➡ 패러프레이징된 표현
95	기출 실전 3	137	23	discrepancies in some of your work orders and invoices 일부 작업 주문서와 송장의 불일치 ➡ a gap in reporting from the two businesses 두 업체로부터의 보고에서의 차이
96	기출 실전 3	137	24	until the result of the audit is known 감사 결과가 알려질 때까지 ➡ as long as the investigation is in progress 조사가 진행 중인 한
97	기출 실전 3	137	25	for the process to be finished as quickly as possible 가능한 한 빨리 절차가 마무리되도록 하기 위해 ➡ to complete the audit quickly 감사를 신속하게 완료하기 위해

Reading
Forest

리딩 포레스트

문제를 풀다 보면 단어나 개별 문제에 집중한 나머지 숲을 보지 못하는 경향이 있습니다. 앞에서 문제를 풀고 난 후 시간이 날 때마다 지문 전체의 흐름을 각 단락의 토픽(초록색 표시)과 중요 구문이나 접속사(주황색 표시)를 중심으로 살펴보면 독해력을 향상시키는 데 큰 도움이 될 것입니다.

[Check]

POCAHONTAS

Perhaps one of the most famous Native Americans in history was Pocahontas because she helped maintain peace between Native Americans and the English colonists of Jamestown, Virginia in 1607. Legend has it that she saved John Smith's life when her father, Powhatan, was about to kill the gentleman.

Amonute aka Pocahontas was born in Virginia, sometime in 1595, Her father, Chief Powhatan, was a powerful Native Indian leader. When Pocahontas was about 12 years old, she was introduced to the English colonists, some of whom always wanted to communicate with the natives. The leader, John Smith later claimed that young Pocahontas saved his life when he was a prisoner of Powhatan's men. The story which has become part of American folklore, might not be true after all due to Smith's propensity to exaggerations and tales. Nevertheless, Pocahontas was helpful in providing food and water to the settlers when their supply ran low. She also warned them of possible Indian attacks.

Pocahontas was captured and held for ransom by the Colonists during hostilities in 1613. During her captivity, she was pressured to convert to Christianity and was baptized under the name Rebecca. She married the 28-year-old widower, tobacco planter, John Rolfe, in April 1614 aged about 18, and she bore their son Thomas Rolfe in January 1615. The wedding began eight years of peace between the Native Americans and the colonists.

In 1616, the Rolfes travelled to London where Pocahontas was presented to British Monarchy and society as an example of the "civilized savage" in hopes of stimulating investment in the Jamestown settlement. She became something of a celebrity and was elegantly fêted at the Whitehall Palace.

In 1617, as the family set sail for Virginia, Pocahontas became ill and died. She was about 21 years old. Her body was laid to rest in St George's Church, Gravesend, in England. However, her grave's exact location is unknown because the church was rebuilt after a fire destroyed it.

Numerous places, landmarks, and products in the United States have been named after Pocahontas. Her story has been romanticized over the years, with some aspects which are probably fictional. Many of the stories told about her by John Smith have been contested, however, by her documented descendants. She is a subject of art, literature, and film, and many famous people have claimed to be among her descendants through her son.

[Test 1]

SIR NICHOLAS WINTON

Sir Nicholas Winton was a British humanitarian best known for rescuing Jewish children in Czechoslovakia from the Nazis just before the Second World War. The rescued later became known as "Winton's Children."

Nicholas George Wertheimer was born on May 19, 1909 in London. His parents, Rudolf and Barbara Wertheimer, were German Jews who had moved to England and changed their surname to Winton. Young Nicholas grew up in a mansion, his father being a successful bank manager. Winton attended Stowe School, and eventually became a stockbroker.

In December 1938, 29-year-old Winton was about to visit Switzerland for a holiday when a friend who was helping refugees in Czechoslovakia invited Winton to join him. There, he was asked to help in the refugee camps. Moved by the terrible conditions faced by Jewish families and other political prisoners, he immediately organized an operation to evacuate the camps' Jewish children from Czechoslovakia to England. 03He returned to England to arrange for the children's rescue. Together with his mother, his secretary, and several concerned individuals, Winton found adoptive parents for each child, secured entry permits, and raised funds for the children's passage.

On March 14, 1939, the first train carrying Winton's rescued children left Prague. They were brought to the Liverpool Street station in London, where British foster parents received them. Throughout the next five months, Winton organized seven other children's trains, rescuing a total of 669 children. His efforts only 07ceased when all German-controlled borders were closed at the outbreak of World War II.

Winton's efforts went unnoticed until nearly 50 years later, when his wife found an old scrapbook containing the children's photos, letters, and other documents. She turned the records over to a Holocaust historian, and soon after, stories of Winton's heroic deeds fell into the hands of a prominent figure in the newspaper industry. 05Winton then appeared on a nationwide BBC television program, leading to his reunion with those whom he had rescued. These included British politician Alfred Dubs and Canadian TV journalist Joe Schlesinger.

Winton died in July 2015 at the age of 106. Throughout his life, he received many honors, including a knighthood by the Queen and an honorary citizenship in Prague. His story is also the subject of several films, including the award-winning documentary, *The Power of Good*.

[Test 2]

ELON MUSK

Elon Musk is a South African-born American engineer and entrepreneur known for founding high-technology companies including SpaceX and Tesla Motors. Also recognized for his environmental and charity work, Musk is one of the wealthiest people in the world.

Elon Reeve Musk was born on June 28, 1971 in Transvaal, South Africa. His father, Errol Musk, is a South African-born electromechanical engineer. His mother, Maye Haldeman, was a Canadian model. Young Elon showed his inventive nature early in life. He acquired his first computer at age 10, and with an unusual talent for technology, designed a space game called *Blastar* at 12. Musk went to private schools in Pretoria, South Africa. He attended Queen's University in Canada, and transferred to the University of Pennylvania where he received his bachelor's degrees in economics and physics.

Musk attended Stanford University for a Ph.D. in applied physics. However, he decided to join the Internet boom that was starting at the time. He left school and soon launched the first in a chain of successful business ventures. Zip2 was a company that provided city guide software for high-profile newspapers. In 1999, Compaq Computer Corporation acquired Zip2. That same year, Musk co-founded X.com, an online payments company that eventually became part of PayPal.

Musk started SpaceX in 2002 to promote space travel for private individuals. Known as the first private company to launch a rocket into space, SpaceX also manufactures space launch vehicles and is now the world's largest maker of rocket motors. It was also in 2002 that Musk became a US citizen. He invested in Tesla Motors afterward, and joined the company as its board chairman. Tesla Motors produces electric cars including the Roadster, a high-performance sports car, and the more affordable Model 3, a sedan that has become the company's best-selling model and one of the world's most popular electric vehicles.

Further business ventures include a research company for artificial intelligence and investment in a high-speed transportation system. He is the chairman of the Musk Foundation, a charity group that provides emergency solar energy to disaster-hit areas. For his contributions in the fields of technology, energy, and business, Musk has received many recognitions, including the Stephen Hawking Medal for Science Communication and a Gold Medal from the Royal Aeronautical Society.

WALTER P. CHRYSLER

Walter P. Chrysler was an American industrialist, engineer, and car manufacturer. He was the founder of Chrysler Corporation, now a part of Fiat Chrysler Automobiles.

Walter Percy Chrysler was born on April 2, 1875 in Wamego, Kansas. His father was a railroad engineer, and the young Chrysler initially followed the same path. At 17, he skipped college and entered a four-year machinist apprentice program instead. His excellent skills in machinery and plant management led to a successful career in the railway industry, starting at the American Locomotive Company where he eventually became works manager at age 35.

Chrysler's fondness for cars showed when he bought his first car, a Locomobile, even before he could drive. He took the car apart, learned how it worked, and reassembled it. Chrysler was still with American Locomotive in 1912, when General Motors president Charles Nash asked him to manage a GM plant that made their upscale brand, Buick. Being a car enthusiast, Chrysler readily accepted the job. He greatly increased the plant's production by introducing the assembly line process. This success got him promoted to president of GM's Buick division.

Buick soon became the most popular car brand in the US, but despite this achievement, Chrysler left GM due to differences with its founder. He was then hired to head the failing automaker, Willys-Overland Company, and later, the Maxwell Motor Company. Chrysler left Willys when its executives refused to make a new car he designed. He had more success at Maxwell, where he owned the majority of the stock that gave him corporate control. He helped the company regain financial stability with the Chrysler 6, his well-received new car that had a great design, superior engine, and affordable price.

The Chrysler name was so successful that the Maxwell Motor Company was restructured into the Chrysler Corporation in 1925. Chrysler then bought the Dodge Brothers car company as a division of Chrysler to compete with Ford and Chevrolet's low-priced cars. Chrysler Corporation became a major player in the American car industry, joining General Motors and Ford Motor Company as one of America's "Big Three" automakers. Chrysler retired as president of his company in 1935, but stayed on as chairman of the board until his death in August 1940. The Chrysler Building, a skyscraper he financed, is now an iconic part of the New York City skyline.

[Test 4]

VIRGINIA APGAR

Apgar was an American physician, anesthesiologist, and medical researcher. She is best known for developing the "Apgar score," a method that assesses a newborn baby's physical condition and checks if the baby needs additional medical attention.

Virginia Apgar was born on June 7, 1909 in Westfield, New Jersey. Coming from a family who loved music, she played the violin as a child. However, it was her father's fondness for scientific investigation (he experimented with electricity and radio waves) that made her want to pursue a career in the field of medicine.

Apgar earned a degree in zoology from Mount Holyoke College. She then entered Columbia University's school of surgery where she graduated fourth in her class in 1933. Early in her career, Apgar realized that she would have limited opportunities as a surgeon because the field was dominated by male practitioners. In 1935, she moved to anesthesiology, a field that was not identified as a medical specialization at the time. She became the 50th physician in the US to receive a certificate in anesthesiology.

In 1938, Apgar became the first woman to head a department at Columbia Presbyterian Medical Center when she was appointed as the director of the Department of Anesthesiology. She began studying the effects of anesthesia during childbirth, and realized that babies were given little medical attention after birth. She then developed the Apgar score in 1952. The scoring system allowed doctors to measure how well a newborn endured the birthing process by observing five categories: appearance, pulse, reflexes, activity, and breathing. It is still used worldwide as a standard health scoring system for newborns. Apgar's other contribution in ensuring the newborn's health was her discovery of the negative effects on babies of cyclopropane, an anesthetic typically given to mothers during childbirth. She stopped using it on women in labor, and other doctors followed suit after she published her findings.

In 1959, Apgar joined the March of Dimes Foundation where she performed research and gave lectures about birth defects. She also wrote her bestseller *Is My Baby All Right?* in 1972. Even after her death in 1974, Apgar left a lasting mark in the field of medicine, especially in neonatal care.

FRIEDRICH NIETZSCHE

Friedrich Nietzsche was a leading German philosopher known for his writings on religion and morality, and for developing the concept of the "super-man." Nietzsche's writings influenced many important thinkers of the 20th century. He published numerous works during his career, many of which were criticized for their anti-Christian ideas and remain controversial to this day.

Friedrich Wilhelm Nietzsche was born on October 15, 1844 in Röcken bei Lützen, a small town in the former state of Prussia, now a part of Germany. His father was a Protestant preacher who died when Nietzsche was four years old. The family moved to Naumburg in 1850. He received a classical education at Schulpforta, Germany's top boarding school. He then went to the University of Leipzig to study philology, literature, and history. There, he was strongly influenced by the writings of philosopher Arthur Schopenhauer.

At the age of 24, Nietzsche started working as a professor at the University of Basel in Switzerland. At 28, he published his first book, *The Birth of Tragedy*, a work that strayed from classical scholarship and demonstrated the sort of bold, poetic expression that would feature prominently in his later work. The book was not well received by his colleagues, who felt that it lacked discipline and relied too much on speculation, and it diminished Nietzsche's status within his department.

Nietzsche resigned from his job in 1879 due to various illnesses. This led to a long period of isolation that resulted in his most fruitful period of writing. It was during this time that some of his most important works, *Thus Spoke Zarathustra*, *Good and Evil*, and *Twilight of the Idols* were published. In them, Nietzsche came up with the central themes of his philosophy, including the super-man, an individual who creates his own values.

Just as his work was gaining respect in Europe, Nietzsche was hospitalized for a mental breakdown in 1889. He spent the rest of his life under the care of his mother and sister. The nature of his mental illness is still unknown, although some claim that his own philosophy led to his madness. He later caught pneumonia and died in 1900.

Nietzsche's ideas inspired many intellectuals of the 20thcentury, including Carl Jung, Sigmund Freud, and Jean-Paul Sartre. The Nazi Party used his work as an excuse for its criminal activities. This connection to Hitler's party has caused Nietzsche's work to leave unsavory impressions on some readers.

[Test 6]

SEQUOYAH

Sequoyah was a Native American metalworker, scholar, and linguist best known for inventing the written form of the Cherokee language. His writing system helped the Cherokee people learn **how to read and write**—one of the rare instances in history when a member of a pre-literate people was able to create an effective writing system.

Sequoyah was born around 1770 in eastern Tennessee at about the time when Europeans were first settling in that part of North America. He never knew his father, who was probably a white trader named Nathaniel Gist, and grew up with his Cherokee mother, Wuh-teh. Although he did not attend school, he was naturally intelligent and became a successful metalworker.

As a metalworker, Sequoyah often did business with white people and noticed that they communicated across great distances by "drawing symbols on leaves." He believed that **the "talking" paper made whites successful,** because they could send and receive knowledge more efficiently. Convinced that such a practice would help the Cherokee people maintain their independence, Sequoyah decided to develop a way of writing down the Cherokee language.

He started by creating a symbol for each Cherokee word but soon realized there were too many words for this system to be useful. He resorted to drawing a symbol for each syllable in the language instead. Sequoyah had been working on the symbols for 12 years when he finally completed the "syllabary" that consisted of 86 symbols.

At first, the Cherokees doubted that his invention would work. He showed the Cherokee leaders its usefulness with the help of his daughter who had learned the system. The leaders sent her out of earshot and **dictated** words for Sequoyah to write. Then they gave the written message to the girl, who read it back word for word.

Soon, Sequoyah's writing system was being taught in Cherokee schools. The Cherokees quickly learned it because it was simple. Sequoyah later took his writing system to the Cherokees in Arkansas, and then moved to Oklahoma. He died in 1843 in San Fernando, Mexico while looking for a group of Cherokees who had moved there.

His invention allowed the Cherokees to print books and newspapers in their own language and to preserve their history and culture. Today, a statue of Sequoyah stands in the US Capitol. His former house in Oklahoma was also made a historic landmark.

JOHNNY BRAVO

Johnny Bravo is the main character of the American animated television series of the same name. Created by Van Partible for Cartoon Network, Johnny Bravo is a good-looking but dumb and overconfident man whose efforts at impressing women are always unsuccessful. He is recognized for his voluminous blond hair, muscular body, and voice that sounds like Elvis Presley. Bravo is also remembered for his catchphrases that include "Hey there, pretty momma!" and "Hoohah!" *Johnny Bravo* was part of a wave of cartoons released in the 1990s that ushered in a "golden age" of animated television series.

Johnny Bravo was created in 1993 by Van Partible for his thesis project at Loyola Marymount University. The animated film was originally about an Elvis impersonator and had the title *Mess O'Blues*. Partible's professor showed the animation to his friend at Hanna-Barbera Studios. After talks with the company, Partible revised the film into a seven-minute short. He changed the character's style, hired Jeff Bennett to do the voice-over, and renamed the film *Johnny Bravo*. The new Johnny Bravo short aired on Cartoon Network's *World Premiere Toons* in March 1995. It received positive reviews from the audience and quickly became popular. As a result, it was made into a 30-minute series, which premiered in July 1997.

In the series, Johnny Bravo wears a tight black T-shirt, blue jeans, and black sunglasses. He is always flirting with women and trying to get them to go on dates, but his attempts to impress the women often backfire because of his vanity and—at times— sexist behavior. He is obsessed with his appearance and shows off by combing his hair or flexing his muscles. His self-centered personality and pride in his looks always offend the women, and most episodes end with them taking revenge on Bravo in a funny way.

The *Johnny Bravo* series lasted for four seasons with a total of 67 episodes and was last aired in August 2004. It received many nominations, but never won an award. However, it helped start the career of several animators who continued creating award-winning cartoon series including *Family Guy* and *The Fairly Odd Parents*. Due in part to *Johnny Bravo* and other cartoons of its era, animated series are now held in high regard by critics and are enjoyed by children and adults alike.

[Check]

ZOOM FATIGUE

<u>Video conferencing is by no means a new technology</u>. The dream of two-way audio-video communication goes back over a century. For the past decade, particular innovations, such as Apple Face Time and Skype, have swiftly turned a science-fiction vision into the daily norm for many. However, when the Coronavirus pandemic took hold of the entire world in early 2020, people shifted to living their lives from home. Soon video conferencing became a primary mode of communication for everything from seeing your doctor to taking a college class.

<u>Spending countless hours on ZOOM, Microsoft Teams, Cisco Webex, and other video conferencing platforms</u>, while watching an array of faces staring back at them left many workers feeling exhausted, which ultimately gave birth to the term "ZOOM Fatigue," coined by Jeremy Bailenson, a researcher at Stanford University. To determine the leading causes of the "ZOOM Fatigue," he decided to examine the psychological consequences of spending hours each day connected to these platforms. 2The research suggests several key reasons why video conferencing can be so unusually fatigue-inducing and offers several solutions to help make your day of "zooming" less tiring.

<u>First, Bailenson found that the amount of eye contact used in video chats as well as the size of faces on our laptop or monitor screens is unnatural.</u> For instance, during a normal office meeting, employees look at the speaker, take notes and look elsewhere without any repercussions. In a ZOOM call though, everyone is looking at everyone all the time and this increases the amount of eye contact significantly.

<u>The size of your monitor or laptop screen can be another source of stress since faces on ZOOM calls can appear too large for comfort.</u> To solve this problem, Bailenson recommends that users avoid using the full-screen option when in a call and use an external keyboard so they can put more distance between themselves and their screens.

<u>Another factor is that participants are constantly seeing themselves on a call which can be tiring.</u> Here, users should take advantage of the "hide self-view" button in ZOOM, according to Bailenson. And since video chats dramatically reduce our usual mobility, while increasing our cognitive load, he recommends using an external camera farther away from the screen or turning off your video periodically for a brief nonverbal rest. Being confined to the space captured in your webcam can also be exhausting as ZOOM chats dramatically reduce our usual mobility, unlike in-person conversations where people can move about freely.

<u>Now that businesses have fully embraced ZOOM conferencing, don't expect the software to disappear anytime soon but with these tips, you might be able to make your long ZOOM conferencing a bit less exhausting and more enjoyable.</u>

RESEARCHERS HAVE CREATED A PLASTIC CLOTHING MATERIAL THAT COOLS THE SKIN

Scientists from Stanford University have developed a new fabric that works better than cotton in keeping the body cool. The fabric can be made into clothing that will help save energy on air conditioning.

Keeping the body cool without the help of air conditioning is a big challenge. Under normal conditions, at least 50% of a person's body heat is released as infrared radiation. If this radiation could leave the body without being blocked by clothing; a person would feel cooler. The new material described in the journal Science works by allowing the body to release heat in two ways. First, like ordinary fabrics, it lets bodily sweat evaporate through it. Second, it also allows infrared radiation to escape—a cooling system that is not possible with regular clothing materials.

The fabric, called *nanoporous polyethylene or nanoPE*, is a modified form of polyethylene, a clear, stretchable plastic commonly used as "cling wrap." Cling wrap allows infrared radiation to pass through. However, it also traps moisture and is completely transparent. To address these limitations, the scientists identified a kind of polyethylene commonly used in making batteries. This plastic material lets infrared light pass through but is also opaque enough to block visible light. They then treated the plastic with chemicals to allow it to "breathe" like a natural fiber.

To make the material more fabric-like, the researchers created a three-ply version: a cotton mesh sandwiched between two sheets of treated polyethylene. When the new fabric was compared to ordinary cotton, it was found that it kept a person's skin 4°F or 2.3°C cooler. This drop in temperature would make a nanoPE wearer less inclined to turn on an air conditioner or electric fan.

The researchers are still working on refining the fabric, including adding more cloth-like characteristics and colors, and making the manufacturing process cost-effective. If successful, the new fabric could make people more comfortable in hotter climates. It can also reduce the energy costs of a building by up to 45%.

[Test 2]

NEANDERTHALS PAID A HIGH PRICE FOR A COLD MEAL

Recent archeological findings propose that one of the reasons Neanderthals became extinct may have been their failure to make full use of fire. Researchers suggest that Neanderthals, a subspecies of humans that died out around 40,000 years ago, may have known how to control fire. However, they may not have used it effectively enough to ensure their survival. Some experts believe that their methods of food preparation, particularly their reluctance or inability to use fire, may have been a key factor in their demise.

Early humans, who were closely related to Neanderthals, used fire for several reasons. One of these was to cook food. Cooking gave our human ancestors more calories from a limited amount of food. Aside from improving taste and making food safer to eat, the heat in cooking also breaks down proteins into simpler units, making it easier for the body to use as energy. This gave our ancestors an edge in the cold climate of Ice Age Western Europe, which supplied little food.

Neanderthals needed more calories than humans due to their stocky physique and higher Body Mass Index (BMI). By not using fire to cook their food, they got fewer calories from the limited resources available to them. Mathematical models have shown how the use of fire affected the survival of early humans and Neanderthals. The models indicated that the more humans used fire for food, the more their population grew compared to that of Neanderthals.

This increase in the human population led to a greater demand for food. As a result, they may have simply "outcompeted" the less populous Neanderthals, which could have led to the latter's extinction.

Not everybody agrees with the findings, however. The lack of information about Neanderthals makes it difficult to make definitive conclusions about their disappearance. It is still not clear how many calories Neanderthals actually needed to live, and scientists do not even agree on whether Neanderthals only ate plants or meat, or both. Knowing their diet could determine the extent to which cooking with fire could have affected their survival.

[Test 3]

TAKING PHOTOS MAKES PEOPLE ENJOY EXPERIENCES MORE

People might assume that taking pictures of experiences can ruin their ability to enjoy the moment. However, **a new study suggests that capturing experiences on camera can actually make people happier.** According to Kristin Diehl, the study's lead researcher and an associate professor at the University of Southern California, picture-taking can increase one's engagement in an otherwise ordinary experience and boost one's enjoyment.

The study, which was published in the *Journal of Personality and Social Psychology,* **is the first wide-ranging research on how taking photos influences the enjoyment of events.** It involved over 2,000 people who participated in nine experiments: three in real-life situations, and six in the lab. They went through everyday experiences such as taking a bus tour and eating in a food court, as well as more intense activities like going on a virtual safari. The participants were instructed to either take pictures of their experiences or not. Surveys given after the experiment showed that in almost all cases, those who took photos enjoyed the moments much more than the non-picture-takers.

While earlier reports argued that picture-taking can sidetrack one's attention from enjoying a moment, the new research showed that photography, in fact, gets people more involved in the experience. The extra attention to detail required by composing a photo makes them appreciate the experience even more. According to Diehl, it is the mental process involved when planning to take the picture rather than just the act of shooting that makes a person more engaged. As an example, the researchers cited an experiment in which the participants wore glasses that tracked their eye movements during a museum tour. Those who took photos of the exhibits appreciated them better than those who did not.

The research likewise noted some downsides to taking photos. A camera that is difficult to use can prevent a person from enjoying an event. Also, taking photos can make a bad experience even worse. In a lab experiment involving a virtual safari, participants who took pictures of a pride of lions attacking a water buffalo enjoyed the scene less than those who just watched the unpleasant scene.

[Test 4]

ASKING QUESTIONS IS
A BETTER WAY TO KEEP RESOLUTIONS

A new study suggests that a better way to keep a promise is to ask a question and then answer it. Researchers from universities in the United States discovered that people are more likely to succeed in changing their behavior if they put their goals in the form of a question instead of a statement. For example, rather than telling oneself, "I will stop smoking," a person is more likely to keep the promise by asking, "Will I stop smoking?" and then answering, "Yes."

In a study jointly published in the *Journal of Consumer Psychology*; researchers examined the results of 104 earlier studies completed over the course of 40 years. The studies were about the effects of using the question-and-answer method to accomplish a goal such as following a healthier diet or exercising more. The majority of the studies showed that questions, specifically those that could be answered by "yes" or "no," are more likely to alter one's behavior than statements.

According to Eric Spangenberg, co-author of the study and a professor at the University of California, various types of questioning worked. In most of the studies, the participants were asked by other people about their goals, and they only had to answer them. In other cases, some participants worked together with a friend when setting a goal or resolution in order to make it a public statement. Committing to something publicly works because it compels people to show others that they are achievers.

Spangenberg believes that questioning gives a person a sense of responsibility or guilt about not doing the positive action. This encourages behavioral changes. The researchers learned that questions answerable by "yes" or "no" tended to be more effective because they are clear and precise. However, one doesn't have to use yes-or-no questions to prompt a shift in attitude. The study also showed that questions regarding socially accepted behavior, such as volunteering or working out regularly, have the strongest effect. Other research showed that making fewer promises, monitoring one's improvement through a diary, and being determined can also help in fulfilling goals.

CHINESE MILLIONAIRES ARE LEAVING CHINA

There are now about one million millionaires in mainland China. More and more of these millionaires are using their wealth to move themselves and their families abroad. They relocate to other countries using "investment visas," visas which allow foreigners to live in another country based on the investment they will be making there.

Many countries provide the said means of entry for wealthy people. In the United States, foreigners can get residency or "green cards" for themselves, their spouses, and children under 21 years old if they invest one million US dollars (USD) to create a business that employs at least 10 workers. In Spain, Australia, and the UK, one can apply for a permanent residency visa by investing in finances or property in an amount that ranges from 662,000 to 4.65 million USD.

Since China first saw a hike in its population of *nouveau rich*, or those who only recently acquired wealth, investor visa programs around the world have been dominated by rich Chinese citizens who want to move abroad. More than 80 percent of the total investor visas issued in the US in 2013 and 2014 were issued to Chinese immigrants. The UK government also plans to make entry easier for Chinese investors.

Still, not all countries receive Chinese millionaires. Canada canceled its investment visa in early 2015 after receiving too many Chinese applicants. The visa previously gave residency to foreigners who would lend at least 726,720 USD interest-free to any Canadian province for five years. However, the Canadian government said the visa had become greatly undervalued as a cheap route out of China and had also made locals angry as wealthy immigrants inflated property values.

Many of the wealthy Chinese move not only for economic opportunities but for providing a better life for their families. To Chinese parents, this means raising their kids in an environment that has safe food and clean air and water. Many also want their children to get a high-quality Western education. Furthermore, parents use the investor visa to get foreign citizenship for their yet-to-be-born children, making it easier for them to travel and attend university abroad later.

[Test 6]

THE WORKPLACE PREFERENCES OF MILLENNIALS

According to a global survey, millennials—the generation of people born between the 1980s and early 2000s—have special preferences with regard to their work environments. Unlike older workers who place less emphasis on workplace decor and amenities, millennials consider the workplace itself a key factor when deciding to take a job.

The study, which was performed by Johnson Controls, was designed to help employers successfully recruit and retain millennial workers, now the largest portion of the workforce. Specifically, the researchers wanted to know what physical factors of the workplace millennials value most. To do this, they surveyed 5,000 millennial workers in Asia, Europe, and America.

The researchers found that millennials prefer workplaces that have a modern and aesthetically pleasing design. They also want their offices to be environmentally friendly and technologically up-to-date. To millennials, technological amenities in the workplace are a necessity, and not just a luxury. They are well versed in the use of various devices and online platforms and believe that such knowledge is important for them to be effective in their jobs.

Millennials also want offices that allow them more flexibility. They enjoy being able to personalize the decor of their workspaces and also having areas where they can collaborate and socialize with their colleagues. Moreover, they prefer working in pedestrian-friendly urban locations that are close to shopping areas and entertainment facilities, with easy access to public transportation.

As a response to the expectations of millennials for their workplaces, companies that want to be competitive have invested in millennial-friendly offices. More and more firms are now creating more open spaces, break rooms, and employee lounges to encourage workers to collaborate.

Many companies are now also providing open seating areas that offer freedom of movement and encourage workers to find the space that will help them perform at their best. While companies that cater to the preferences of millennials are becoming competitive, those that disregard them are considered out-of-date and may even be turning potential talents away.

[Test 7]

A NEW SOURCE OF BANK SECURITY THREATS

Now that banking is highly digitized, concern over bank security has shifted from masked robbers to cybercriminals. However, the more likely—and often overlooked—threat is the bank workers themselves. Bank tellers and other bank employees have instant access to customers' personal information and accounts. Recently, a growing number of them are being found guilty of tapping into customer accounts to steal personal information and money. Such crimes are now rampant in the United States, with at least one new case filed against a teller each month.

Tellers and other retail-branch employees can withdraw money, wire funds, and sell personal information to thieves. Tellers who deal in personal information do so in exchange for money or perks such as networking with high-profile figures and trips on private planes. The thieves then use the information to get money from accounts and make debit cards, credit cards, and checks in customers' names.

One reason these crimes are so prevalent is that they require little tech-savvy or computer expertise. An Internet search can call up tutorials with step-by-step instructions on how to carry out the scams. Tellers usually hide their thefts by withdrawing less than $10,000, the limit that automatically sets off another layer of review under current banking laws. When accounts have large balances, these unauthorized withdrawals can go undetected for years.

According to security experts, tellers are particularly open to bribes because they are paid small salaries for an often stressful and potentially dangerous job. On average, a teller receives around $30,000 in annual salary, an amount that does not reflect the high-risk nature of the job.

Banks have been dealing with the issue by paying their customers for losses. Security controls are usually weak. Typically, bank tellers do not go through extensive background checks during the hiring process and are then given full access to accounts and customer information. Moreover, banks usually stop investigating a suspected fraud when a teller resigns. This allows most tellers to quickly move on to other banks. Authorities have weighed stronger penalties for lawbreakers and more scrutiny in the hiring process as potential solutions to the problem.

[Check]

HAMBURGER HELPER

An American resilient staple, "Hamburger Helper" – today known just as "Helper" – has introduced numerous varieties in the past 45 years. With it, the company General Mills created a new category – dry packaged dinners. With one pan, one pound of hamburger and one package, Hamburger Helper revolutionized dinner. It was economical, convenient, filled with variety and enjoyed by the entire family. American families going through financial difficulties were helped and able to feed themselves.

In 1970, beef prices were soaring and the U.S. economy had weakened. There was a simultaneously high unemployment rate and inflation rate was going through the roof. Therefore, the undisputed king of boxed dinners was launched on the West Coast in December of the same year. Betty Crocker's Hamburger Helper did, as promised. It guided families who were striving to stretch a pound of meat into a dinner for five and it was much cheaper.

The basic and most popular version of Hamburger Helper is a box of dried pasta with seasoning that is designed to be cooked with ground beef and it comes in a variety of flavors, including Lasagna, Cheeseburger Macaroni, Bacon Cheeseburger and Philly Cheesesteaks. It also spawned Tuna Helper, in 1972, Chicken Helper, Pork Helper and Asian Helper. When you wanted a simple dessert made with fresh or canned fruits, you turned to Betty Crocker's Fruit Helper, which unfortunately was discontinued for food safety concerns.

According to the customer service agent Hamburger Helpers can be stored for one year from the date of manufacture. If cooked, it is also a great food to freeze for future meals. If it is simply stored in an airtight container in the freezer, it will be good for 3 to 4 months.

The Hamburger Helper's original recipe consists of dried pasta, powdered seasonings and other starches, such as rice or potatoes as well as browned ground beef "hamburger", with milk, to create a complete one-dish meal. While Hamburger Helper is not to be eaten every day according to nutritionists, it can however, at times, contribute to an easy, cheap and pretty nutritious meal especially if accompanied with a green salad or some steamed veggies.

The Hamburger Helper mascot is "the Helping Hand" or "Lefty"—a four-fingered, left-hand white glove with a face on the palm and a red spherical nose. It often appears in the product's television commercials and on packages. The most recent appearance was on September 1, 2020, during the *What's It Worth* TV show hosted by Jeff Foxworthy.

[Test 1]

TETRIS

Tetris is a video game created by Russian game designer and computer engineer Alexey Pajitnov. It is one of the most successful video games of all time.

The idea for Tetris came to Pajitnov in 1984 while playing Pentominoes, his favorite puzzle game, which involves rearranging pieces of five equally-sized squares to fill a rectangular board. He imagined the pieces falling into a well and then piling up. He then developed an electronic game out of this idea during his spare time while working for the Soviet Academy of Sciences. The result was Tetris.

The name "Tetris" derives from *tetra*, the Greek word for "four," and tennis, Pajitnov's favorite sport. It requires players to rotate and move pieces consisting of four cubes in different combinations as they fall toward the bottom of the screen at increasing speeds. The goal is to arrange the pieces to form a continuous horizontal line from one edge of the screen to the other. This clears the line, earns points, and moves the new falling pieces down the cleared-out space. When the pieces are not arranged properly and fill up the screen, the game ends.

Pajitnov shared Tetris with his friends, and it spread quickly. The game was not patented yet two years later, despite being already distributed in the US and Europe. Different foreign companies claimed the rights to Tetris, until the Soviet government gave Atari, a video game company, exclusive rights to the arcade version, and to another video game company, Nintendo, the rights to the console and handheld versions. Tetris was eventually bundled with Nintendo's handheld system, the GameBoy, and sold millions of copies as a result.

The game's simple concept and controls are huge factors in its success. It is easy enough to learn, yet so engaging as one has to quickly decide how to arrange the pieces. Despite the game's success, it was only in 1996 after the Soviet Union was dissolved that Pajitnov received the rights to his creation and founded The Tetris Company.

Tetris has sold over 200 million copies around the world, and has been released on over different platforms. It is one of the best-selling video games of all time.

[Test 2]

HONEYBEE

The honeybee, *Apis mellifera*, is one of the most well-respected insects in the world. It plays an important role in ensuring the production of plant seeds through a process called pollination. However, the honeybee is best known for producing one of people's favorite food items: honey.

Honeybees have hairy bodies that are divided into three parts: the head, the thorax, and the abdomen. The head has two large eyes and a pair of antennae. The thorax, which is the midsection of the insect's body, carries two pairs of wings and three pairs of legs. The abdomen is where wax and honey are made. Honeybees are light-brown to golden-yellow in color and grow to about 12 millimeters long.

Honeybees live in colonies of as many as 80,000 bees. They build their homes, called hives, close to an abundant supply of flowers that produce their food, namely nectar and pollen. Hives are usually built inside hollow trees or rock openings. There are three types of honeybee: the queen, the workers, and the drones. The queen lays eggs and directs the other bees. The workers are female bees that do not lay eggs but instead search for food, make honey, and protect the hive. The drones are the male bees that mate with the queen.

Their form of communication is quite unique. When a worker bee discovers a food supply, she passes on the food's location to the other bees through special dances. A bee that is performing the "round dance," or flying in a fast, circular motion, is saying she has found a food source. The "waggle dance," or the rapid side-to-side movement of the tail, conveys the distance and direction of the food. The honeybee's body also gives off chemical signals to find mates for the queen, help worker bees return to the hive, and warn other bees when the colony is being attacked.

Honeybees are important in agriculture as they transfer pollen from the male to the female parts of a flower to produce seeds. Moreover, they help create a large beekeeping industry by providing important consumer products including honey, royal jelly, wax, and sealant.

ST. ELMO'S FIRE

St. Elmo's fire is a weather event most commonly witnessed as a glowing bright-blue or violet flame on the edge of sharp or pointed objects. Observed in many parts of the world, St. Elmo's fire is most visible at night. It lasts for several minutes and sometimes looks like a dancing ball, a cluster of stars, or fireworks. Although described as "fire," the phenomenon is actually heatless and does not burn the objects it touches.

St. Elmo's fire usually appears during thunderstorms when there is a high electric charge difference between the ground and the clouds. It creates electrical energy that acts on the gases in the air and breaks their molecules apart, resulting in an ionized gas called "plasma." Different gases produce different colors as plasmas. St. Elmo's fire is usually blue because the air is rich in nitrogen and oxygen that glow blue when combined. The flame usually comes with a distinct hissing, crackling, or buzzing sound.

St. Elmo's fire commonly occurs on pointed objects such as lightning rods, church towers, or the masts of ships. It is sometimes confused with lightning that flashes in the sky during storms and ball lightning. However, St. Elmo's fire is more similar to the neon lighting used in advertising. Neon also uses plasma to produce a soft glow.

The name "St. Elmo's fire" comes from St. Erasmus, also called St. Elmo, the patron saint of Mediterranean sailors. The early sailors sometimes saw the glow at night on the tops of their ships' masts, which appeared to be on fire but did not burn. St. Elmo's fire usually appeared toward the end of a violent thunderstorm, so the sailors took it as a good sign that their saint was helping them get through the storm.

St. Elmo's fire is mentioned in several historical accounts as "stars" that formed on the points of the spears of Roman soldiers. It also appeared in the writing of notable figures including Julius Caesar, Christopher Columbus, and Charles Darwin.

[Test 4]

NARWHAL

The narwhal is a medium-sized whale that lives in the Arctic waters of Norway, Greenland, Russia, and Canada. The whale is distinct from other whales because of a straight spiral tusk that extends from its face. This horn-like tusk gives the narwhal the nickname "unicorn of the sea."

Both male and female narwhals grow 4 to 5.5 meters in length. A full-grown animal can weigh between 800 and 1,600 kilograms. Feeding on squid, fish, and shrimp, narwhals can live up to 50 years. Their color varies according to age; newborn narwhals are blue-gray, juveniles are blue-black, and adults, a mottled gray. Old narwhals are mostly white. Females start bearing calves at six to eight years old. Like other marine mammals, they give birth to one live young at a time and nurse it on milk. Narwhals usually live in groups of about five to ten members. Several small groups occasionally congregate to form larger groups of up to 1,000 individuals.

The whale's unique feature, its tusk, is commonly found on males and can grow to more than three meters. Despite its straight appearance and prominent position on the head, the tusk is not a horn but is actually an enlarged tooth that grows from the left side of its upper jaw. This tusk has millions of nerve endings that allow the narwhal to feel its way through the water and communicate with others. Males rubbing tusks together is now believed to be a way of exchanging information rather than a display of rivalry.

"Narwhal" is derived from the Old Norse word *nár*, meaning "corpse" and *hvalr*, meaning "whale," because the animal's grayish spotted color looks like that of a dead body. People in medieval Europe believed the whale's twisting tusk to be the horn of a mythical horse-like creature called the unicorn. These highly-prized horns were believed to possess powers.

There are about 75,000 narwhals in existence today. While humans hunt them heavily, other predators, such as polar bears, killer whales, and sharks also contribute to the decrease in the animals' population.

JERKY

Jerky is meat that has been cut into long thin strips and then dried. It is a favorite food of travelers, campers, and outdoor enthusiasts because it is lightweight and does not need to be refrigerated. Jerky can be made from almost any meat, but it is usually made from beef, pork, or turkey. The word "jerky" originated from the Quechua word *ch'arki,* which means "dried meat."

The Quechua-speaking Incas made jerky as early as the 1500s. However, the food only became popular during the Europeans' westward expansion in North America, when traders and explorers began to see it as an ideal source of nutrition during their travels. During the Industrial Age in the late 18th century, American companies began mass-producing jerky. Today, jerky is a ubiquitous food product. It is available in different brands and flavors, and can be bought globally from supermarkets, convenience stores, specialty shops, and even gas stations. It can also be made at home.

To make jerky, the meat is slightly frozen to make cutting easier. The fat is then removed since it does not dry and spoils easily. The meat is sliced into thin strips and salted to inhibit bacterial growth. It is then usually marinated with varying ingredients that can include oil, salt, spices, lemon juice, soy sauce, and wine. The meat strips are refrigerated for several hours. They are then drained on clean towels, and dried either in a dehydrator or an oven at low temperatures to avoid overcooking. The jerky is ready when it is dry and darker in color and breaks gently when bent.

Jerky should be stored in airtight containers or resealable plastic bags. Well-dried jerky will last for two to three months without refrigeration, while store-bought processed jerky can last for up to two years. Because it is made of lean meat, jerky is high in protein. And because it is lightweight, highly nutritious, ready-to-eat, and has a long shelf life, it is commonly served at military camps. Jerky has also been used by astronauts during space flights.

[Test 6]

CASSIOPEIA

Cassiopeia is a constellation, or a group of stars, found in the northern hemisphere between the constellations Cepheus and Perseus. It is the 25th largest of the 88 constellations known today. Cassiopeia's stars resemble the shape of either a W or an M, depending on the time of the year and the observer's location. Due to its simple shape and the brightness of its stars, it is one of the most recognizable constellations in the night sky.

The constellation was first recorded in the second century by the Greek astronomer Ptolemy. It was named after the beautiful wife of King Cepheus in Greek mythology. Queen Cassiopeia, full of pride because of her beauty, boasted that she was more beautiful than the sea nymphs. This enraged the sea goddesses. As punishment, the arrogant queen was tied to a chair and placed in the heavens. She is said to be spinning around the northern sky endlessly, half of the time hanging upside down.

There are a total of 53 known stars in Cassiopeia, but its unique shape is formed by its five brightest stars. The brightest, Alpha Cassiopeiae, is 60 times brighter than the sun. It is also 40 times larger and weighs over five times as much. Cassiopeia is at the center of a group of constellations that are named for figures associated with the legend of Perseus, including the queen's husband Cepheus, her daughter Andromeda, and the winged horse Pegasus.

Unlike constellations which can only be seen during one particular season, Cassiopeia is visible for the entire year in the northern hemisphere and during the spring in the southern hemisphere. It can be seen at night looking like a W in spring and summer, and like an M during winter and autumn.

Because Cassiopeia is one of the easiest constellations to find, it is often mentioned in popular culture. The familiar constellation has been referenced in such diverse forms of media as adventure novels, science fiction television shows, and romantic comedy films.

THE LITTLE MERMAID STATUE

The Little Mermaid statue is a bronze sculpture of a mermaid that sits by the waterfront of Langelinie in Copenhagen, Denmark. Named after a popular Danish fairy tale, the statue was a gift to the city by Danish brewer Carl Jacobsen. It is a well-known landmark and tourist attraction in Copenhagen. The statue attracts over a million tourists from around the world every year.

Measuring 4 feet tall and weighing 385 pounds, the small statue was commissioned in January 1909 by Carl Jacobsen, the son of the founder of Carlsberg Brewery. Jacobsen first became fascinated with Danish author Hans Christian Andersen's fairy tale after watching a ballet performance of *The Little Mermaid* at the Royal Theater. He also admired the performance of Ellen Price, the lead ballerina who played the role of the mermaid. Jacobsen wanted the character to be remembered forever, so he hired a young and talented sculptor named Edvard Eriksen to create its likeness.

Eriksen's first drawings of how the statue would look were immediately approved by Jacobsen. At Jacobsen's request, Eriksen asked Ellen Price to model for the statue. Price refused, however, because she did not want to pose nude. So, Eriksen instead recruited his own wife as the statue's model. The Little Mermaid statue was placed on top of a stone beside the sea to make it look more natural. The statue deviated from the fairy tale's single-tail mermaid in that it was sculpted with two fins. It was unveiled at the harbor of Langelinie in August 1913.

Since its initial public display, the statue has been vandalized many times due to its high profile, but each time, the people who supervise its care manage to restore the mermaid to its original state. Today, the Little Mermaid statue is still a major tourist attraction in Copenhagen, drawing millions of tourists each year to the site. In fact, its popularity has resulted in more than a dozen copies of the bronze statue being displayed in cities around the world, including in the United States, Spain, and Brazil.

[Check]

Monica Jonas
1264, Colonial Building
350 E., Lake Shore Drive
Chicago, IL

Dear Ms. Monica Jonas:

I am writing this letter in reference to my insurance claim on the policy that I signed up for, two years ago, with your company. I am filing the claim for coverage or some kind of **compensation for** my covered loss. This letter is actually **for documentation purposes** as I already spoke with you when I went down to your office last Tuesday, the day following the theft.

Like I told you, my motorcycle, the "LiveWire One", the first and only electric Harley Davidson on the market today, was stolen while it was parked outside my office on 4521 Lake Shore Drive. I only noticed that my motorcycle was gone as I left the office to head home at around 7:00 in the evening. I reported the incident immediately by going to the police station across from my office.

I purchased the bike just a few months ago for $20,000. **For your convenience,** you will find enclosed the police report and the motorbike receipt. I am also sending copies of these documents to Mrs. Carla Brooke, my lawyer.

I hope that you can review and process my claim at the quickest time possible, and I would greatly appreciate hearing back from you within the next couple of days. Thank you very much for your time and assistance. **Should you require any additional information,** feel free to call my cellphone or my office number which is available on my insurance claim form.

Sincerely,

Jeremy Durand
Jeremy Durand
Insurance policyholder

[Test 1]

Mr. Henry Morgan
Building Administrator
One Kennedy Place

Dear Mr. Morgan:

I have owned a residential unit at One Kennedy Place for almost 15 years. I have been satisfied with how the condominium is maintained until very recently. Some important issues with the building have come up that management should address promptly.

For the past several weeks, the lobby has not been kept at its usual standard of cleanliness. The floor from the building's entrance up to the elevator hallway is always dirty. It's also a problem that the cleaners have recently begun mopping the lobby floor at eight o'clock on weekday mornings, when most residents are passing through the lobby **on their way to work.**

Also, **I notice that the employees of the travel agency on the building's ground floor have started taking their breaks on the front steps of the building.** This should stop. **Aside from** creating **disruptive** noise, most of them smoke cigarettes, forcing anyone who enters the building to inhale their fumes.

Lastly, there are no longer enough parking spaces in front of the building because three of the seven parking spaces were suddenly allotted to the travel agency. This has left the building's residents with only four parking spaces for their visitors.

I hope you can resolve these problems quickly. The other unit owners and I always pay our monthly dues **on time,** so it is only reasonable that we receive the same quality of services that we did in the past. **If not,** I shall take my complaint to the homeowners' board. Thank you for your time and consideration.

Respectfully,

Elaine Barnes
Elaine Barnes
Unit 1602

[Test 2]

Mr. John Davis
Davis Construction Company
789 E. Apache
Tucson, AZ

Dear Mr. Davis:

This letter is in response to your inquiry on January 8 about the availability of our drywall products. I am pleased to inform you that we do have 4- by 8-foot sheets of drywall in stock.

The wallboards, for your use as interior walls, can be shipped either from our warehouse in Oak Forest or from our store in Crestwood. Each sheet costs $38, and there is an extra fee of $19 for packing. However, we will give you a discount if you order 20 sheets or more.

You wrote that you were interested in buying 15 sheets of our BasicBadge drywall. We can deliver an order that size within two to three days. Let me also mention that Golden Seas Freight, Inc., our reliable partner in shipping our clients' orders, is providing a 50% discount on freight charges this month. The regular cost for shipping 15 sheets of drywall is $200, but with the price markdown, you'll only pay $100. This will give you sizeable savings.

Once you have thought about our offers, and perhaps made a final decision on the number of drywall sheets to order, kindly contact me in my office at 555-9999. I have included a full-color brochure of our other products, including our latest range of soundproof and fire-resistant StandFast drywall, in case you have further needs.

We are looking forward to doing business with you. Thank you very much for your query.

Sincerely yours,

Susan Parker
Customer Service Officer
Builders Depot

[Test 3]

Michael Reed
Human Resources Department
LEAD Certification Services

Dear Mr. Reed:

I would like to offer my services as an independent technical expert (TE) for the audit of Lexicon Publications in Harrisville, Utah. I am currently working as editor-in-chief at Jonathan Mellen Press, a publishing firm based in North Ogden. I have been with the company for almost 11 years. I started as an editorial assistant, became an assistant editor, and was elevated to editor-in-chief within a few years.

I understand that LEAD Certification Services is an auditing firm that helps companies secure certifications from the International Organization for Standardization (ISO) to raise their reputation within their industries. You hold inspections to check if a client observes the strict standards set by the ISO. The audit of Lexicon Publications, in particular, will include determining if its editorial and printing departments operate within ISO guidelines.

The expertise I have gained at Jonathan Mellen Press qualifies me as a technical expert for the said audit. As editor-in-chief, I am familiar with ISO's standards for quality management. In fact, we use the same system to ensure an efficient workflow in our editorial processes. I also work closely with our printing department to make sure that our manuscripts become quality print products.

The expert input I could contribute during the audit should complement that of the other TEs and auditors. This will result in a reliable overall audit. I would greatly appreciate having an interview with you. I have enclosed my resume for your review, along with a list of references.

Sincerely,

Victoria Witham
Victoria Witham
Jonathan Mellen Press

[Test 4]

Mr. William Thomson
President
Imperial Construction Services
Albany, NY

Dear Mr. Thomson:

Thank you for your interest in our upcoming construction project. I am pleased to inform you that we are impressed with your proposal and, after careful consideration, have decided to award the contract to your company.

We admire the "design-build delivery system" that you offer your clients. We agree that the system could result in a smooth and efficient delivery of your services. Bringing together both of our companies' design and construction experts at the beginning of the project could allow the team to agree on a projected cost early in the process.

Under the design-build delivery system, you are offering to head the design team for the building and prepare the documents for construction. Moreover, you will also do the actual construction. This will allow us to coordinate with only one contact: Imperial Construction Services. If put into practice, this single-contact arrangement can give us better results due to faster services, reduced risks, and great savings.

I am very interested in discussing the details of your proposal with you. As we are intent on finishing the building's construction on or before the deadline, I would like to invite you or your representative to meet with us as soon as possible. Please call me at 417-555-8203 to set up the meeting.

I am looking forward to hearing from you again. Thank you very much.

Sincerely,

Rosa Cooper
New Projects Department
Hall and Moore Bookstore

[Test 5]

Rachelle Hudson
234 Palm Street
Beach Park District, FL

Dear Ms. Hudson:

A pleasant day to you!

Our records show that you have been a customer of Skin Holiday products since we opened our shop last year. To thank you for your business, we are inviting you to an invitation-only after-hours party to be held next Friday, August 14.

We are inviting only our preferred customers to shop at Skin Holiday after the normal store hours on Friday. As our way of saying thanks, we have prepared exciting things for you. Free cocktails and dinner will be served. In addition, our famous local band, the Beachcombers, will be setting up in a corner of the store to entertain us during the event.

You'll surely enjoy the after-hours shopping experience, as all items in stock will be marked down 40-70 percent. You will also be among the first customers to see our newest perfume collection, which we will launch to the public next month.

We will be giving away bottles of shower gel and body lotion, along with other small gifts. And to make the event even more unforgettable, a photo booth, which our guests can use for free, will be set up at the store.

Please accept the enclosed $25 gift certificate that you can use when you purchase $100 or more from our store.

We are looking forward to seeing you at Skin Holiday for our exclusive party on Friday night. Please bring this invitation with you and present it at the door.

Sincerely,

L. Woods

Lewis Woods
Store Manager

[Test 6]

George Turner
15th floor, Columbus Circle
28 West 44th Street
Manhattan, NY

Dear Mr. Turner:

I am writing this letter in reference to my application for the position of associate editor with the *MoneyBiz Time*s. I was informed during my interview on December 2 that the recruitment process would take about two weeks. Since I haven't heard from you, I would like to take this opportunity to restate my eagerness to work with your company.

After learning more about what you expect from an associate editor during our meeting, I am convinced that I am an ideal candidate for the position. I have proven editing skills, a talent for effectively coordinating with stakeholders, and the ability to manage multiple projects at the same time. I believe you also need someone with genuine enthusiasm for the subjects that you publish.

I am confident that we share the same interest in global affairs and business news. Moreover, my four years of experience as an editor with the *Financial Daily* has prepared me to excel in this type of news writing. I am hopeful that my perfect score on the editing exam you gave, along with my master's degree in journalism and bachelor's degree in economics, might be viewed as evidence that I am suited for the job.

As I mentioned during the interview, my past employers and colleagues can vouch for my dedication to producing work of the highest quality. I look forward to hearing from you soon. Again, thank you so much for considering me for the position.

Sincerely,

Judith Rand
Judith Rand

[Test 7]

Mr. Dean Williams
Chief Operating Officer
Woodland Furniture, Inc.
50 Grandville St.
Los Angeles, CA

Dear Mr. Williams:

This letter is to formally advise you that Blue Upholstery Co. has decided to perform an audit of the accounting practices of Woodland Furniture, Inc. The audit will start tomorrow and will be performed for our company by Watkins & Smith Auditing Services.

As we have informed you, the audit was prompted by discrepancies in some of your work orders and invoices as noted by our accounting department. The differences concern several business transactions that Woodland Furniture, Inc., and Blue Upholstery Co. made during the past six months. Our accounting department believes that this audit is needed and reasonable.

The audit will be conducted according to the auditing firm's administration and control policy, which states that "all invoices raised by either company and concerning the other company will be held by Watkins & Smith Auditing Services until the result of the audit is known."

We are requesting your complete cooperation with the auditors for the process to be finished as quickly as possible. We are hoping to reach an acceptable conclusion with the audit so that our trust can be restored in future business dealings with Woodland Furniture, Inc.

If you have any questions about the audit process, please contact Susan Davis, Project Auditor of Watkins & Smith Auditing Services at 603-555-5771.

Sincerely,

Greta Fulton

Greta Fulton
President
Blue Upholstery Co.

MEMO

MEMO

G-TELP KOREA 문제 제공
지텔프 기출 독해 Level 2

2021. 12. 23. 1판 1쇄 발행
2022. 1. 10. 1판 2쇄 발행
2022. 10. 4. 1판 3쇄 발행
2023. 1. 11. 1판 4쇄 발행
2024. 1. 10. 1판 5쇄 발행

지은이 | G-TELP KOREA 문제 제공
성안당 지텔프 연구소 해설
펴낸이 | 이종춘
펴낸곳 | **BM** (주)도서출판 **성안당**
주소 | 04032 서울시 마포구 양화로 127 첨단빌딩 3층(출판기획 R&D 센터)
| 10881 경기도 파주시 문발로 112 파주 출판 문화도시(제작 및 물류)
전화 | 02) 3142-0036
| 031) 950-6300
팩스 | 031) 955-0510
등록 | 1973. 2. 1. 제406-2005-000046호
출판사 홈페이지 | **www.cyber.co.kr**
ISBN | 978-89-315-5761-9 (13740)
정가 | 16,500원

이 책을 만든 사람들
책임 | 최옥현
진행 | 김은주
편집 · 교정 | 김은주, 정지현
본문 디자인 | 나인플럭스
표지 디자인 | 나인플럭스, 박원석
홍보 | 김계향, 유미나, 정단비, 김주승
국제부 | 이선민, 조혜란
마케팅 | 구본철, 차정욱, 오영일, 나진호, 강호묵
마케팅 지원 | 장상범
제작 | 김유석

■ 도서 A/S 안내

성안당에서 발행하는 모든 도서는 저자와 출판사, 그리고 독자가 함께 만들어 나갑니다.
좋은 책을 펴내기 위해 많은 노력을 기울이고 있습니다. 혹시라도 내용상의 오류나 오탈자 등이 발견되면 **"좋은 책은 나라의 보배"**로서 우리 모두가 함께 만들어 간다는 마음으로 연락주시기 바랍니다. 수정 보완하여 더 나은 책이 되도록 최선을 다하겠습니다.
성안당은 늘 독자 여러분들의 소중한 의견을 기다리고 있습니다. 좋은 의견을 보내주시는 분께는 성안당 쇼핑몰의 포인트(3,000포인트)를 적립해 드립니다.
잘못 만들어진 책이나 부록 등이 파손된 경우에는 교환해 드립니다.

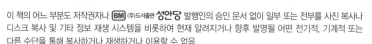

초급 Basic Grammar in use 4/e

전 세계 수백만 명의 학습자가 사용하는 영문법 교재입니다. 이 책의 구성은 스스로 공부하는 학생과 영어 수업의 필수 참고서로 적합한 교재입니다. 학습가이드를 통하여 영문법을 익히고 연습문제를 통하여 심화학습 할 수 있습니다. 쉽고 간결한 구성으로 Self-Study를 원하는 학습자와 강의용으로 사용하는 모두에게 알맞은 영어교재입니다.

❙ Book with answers and Interactive eBook 978-1-316-64673-1
❙ Book with answers 978-1-316-64674-8

초급 Basic Grammar in use 한국어판

한국의 학습자들을 위하여 간단 명료한 문법 해설과 2페이지 대면 구성으로 이루어져 있습니다. 미국식 영어를 학습하는 초급 단계의 영어 학습자들에게 꼭 필요한 문법을 가르치고 있습니다. 또한 쉽게 따라 할 수 있는 연습문제는 문법 학습을 용이하도록 도와줍니다. 본 교재는 Self-Study 또는 수업용 교재로 활용이 가능합니다.

❙ Book with answers 978-0-521-26959-9

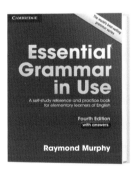

초급 Essential Grammar in use 4/e

영어 초급 학습자를 위한 필수 문법교재 입니다. 학습가이드와 연습문제를 제공하며 Self-Study가 가능하도록 구성되어 있습니다.

❙ Book with answers and Interactive eBook 978-1-107-48053-7
❙ Book with answers 978-1-107-48055-1

중급 Grammar in use Intermediate 4/e

미국식 영어학습을 위한 중급 문법교재입니다. 간단한 설명과 명확한 예시, 이해하기 쉬운 설명과 연습으로 구성되어 Self-Study와 강의용 교재 모두 사용 가능합니다.

❙ Book with answers and interactive eBook 978-1-108-61761-1
❙ Book with answers 978-1-108-44945-8

BM (주)도서출판 성안당   CAMBRIDGE   도서문의 031-950-6394

중급 Grammar in use Intermediate 한국어판

이해하기 쉬운 문법 설명과 실제 생활에서 자주 쓰이는 예문이 특징인 \<Grammar in use Intermediate 한국어판\>은 미국 영어를 배우는 중급 수준의 학습자를 위한 문법 교재입니다. 총 142개의 Unit로 구성되어 있는 이 교재는, Unit별로 주요 문법 사항을 다루고 있으며, 각 Unit은 간단명료한 문법 설명과 연습문제가 대면 방식의 두 페이지로 구성되어 있습니다. 문법과 전반적인 영어를 공부하고 하는 사람은 물론 TOEIC, TOEFL, IELTS 등과 같은 영어능력 시험을 준비하는 학습자에게도 꼭 필요한 교재입니다.

▎ Book with answers 978-0-521-14786-6

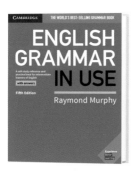

중급 English Grammar in use 5/e

최신판으로 중급 학습자를 위한 첫 번째 선택이며, 해당 레벨에서 필요한 모든 문법을 학습할 수 있는 교재입니다. \<IN USE\> 시리즈는 전 세계 누적 판매 1위의 영문법 교재로 사랑받고 있습니다. 145개의 Unit으로 이루어져 있으며, Study guide를 제공하여 Self-Study에 적합하며 강의용 교재로 활용할 수 있습니다.

▎ Book with answers and Interactive eBook 978-1-108-58662-7
▎ Book with answers 978-1-108-45765-1

고급 Advanced Grammar in use 4/e

영어 심화 학습자를 위한 영문법 교재입니다. Study planner를 제공하여 자율학습을 용이하게 합니다. 포괄적인 문법 범위와 친숙한 구성으로 고급레벨 학습자에게 적합합니다. 이미 학습한 언어 영역을 다시 확인할 수 있는 Grammar reminder 섹션을 제공합니다. Cambridge IELTS를 준비하는 학생들에게 이상적인 교재입니다.

▎ Book with Online Tests and eBook 978-1-108-92021-6
▎ eBook with Audio and Online Tests 978-1-009-36801-8

BM (주)도서출판 성안당 ✠ CAMBRIDGE 도서문의 031-950-6394

BM (주)도서출판 **성안당**

G-TELP KOREA 문제 제공 지텔프 시리즈!

지텔프 기출문제 해설집 (Level 2)

- 영역별 상세한 해설과 패러프레이징, 정답 풀이 비법!
- 기출문제별, 파트별 MP3로 충분한 듣기 연습!
- 청취와 독해 영역 유형별 문제 암기 노트!

G-TELP KOREA 문제 제공 | 성안당 지텔프 연구소 해설
188×257 / 616쪽(별책 2권 포함) / 22,000원

지텔프 기출 문법 (Level 2)

- 필수 문법 설명과 정답 선택 전략!
- 유형별 새로운 출제 경향 체크!
- 휴대 가능한 문법 만점 공식 암기 노트!

G-TELP KOREA 문제 제공 | 성안당 지텔프 연구소
188×257 / 184쪽(별책 포함) / 15,000원

지텔프 기출 보카 (Level 2)

- 기출문제에서 뽑아 쓴 생생한 문장으로 예문을 제시하여 지텔프 지문에 자연스럽게 노출!
- 단어와 뜻과 함께 예문도 읽어주는 MP3로 지텔프 문장에 익숙해지기!

G-TELP KOREA 문제 제공 / 성안당 지텔프 연구소
148×210 / 360쪽 / 12,000원

지텔프 기출 독해 (Level 2)

- 출제 경향을 분석한 독해 만점 전략 제시!
- 정답을 찾는 열쇠인 패러프레이징 노트!
- 글의 흐름을 파악하게 해주는 리딩 포레스트 제공!

G-TELP KOREA 문제 제공 / 성안당 지텔프 연구소
188×257 / 256쪽(별책 포함) / 16,500원

기출보다 더 기출 같은
지텔프 모의고사 (Level 2)

- 실전과 같은 모의고사 7회분 제공!
- 오답 분석과 패러프레이징 등 상세한 해설!
- 한눈에 보는 영역별 풀이 전략!
- 시험장에서 바로 보는 영역별 비법 노트!

이기택, 박원주, 성안당 지텔프 연구소
188×257 / 616쪽(별책 포함) / 23,000원

지텔프의 정석 43+
(Level 2)

- 지텔프와 토익 동시 만점 저자의 실시간 시험 리뷰!
- 경찰 및 소방 공무원 완벽 대비!
- 정답에 빨리 접근하는 단계별 문제 풀이!
- 문법과 독해에 이어 청취까지 잡는 종합 학습서!

오정석(키위쌤)
188×257 / 416쪽(별책 2권 포함) / 19,800원

BM (주)도서출판 **성안당**의 지텔프 시리즈는 계속 출간됩니다!

근간

G-TELP 대비
기출문제 수록!

G-TELP KOREA 문제 제공

지텔프
기출 독해

Level 2

해설집

BM (주)도서출판 성안당

인물 일대기

01. (a)	02. (b)	03. (c)	04. (b)
05. (d)	06. (d)	07. (a)	
08. (d)	09. (a)	10. (b)	11. (b)
12. (c)	13. (d)	14. (a)	
15. (c)	16. (b)	17. (d)	18. (c)
19. (a)	20. (b)	21. (d)	
22. (a)	23. (d)	24. (a)	25. (b)
26. (c)	27. (d)	28. (b)	

[01~07] 유태인 어린이들을 구한 니콜라스 윈턴

니콜라스 윈턴 경

01 니콜라스 윈턴 경은 2차 세계 대전 직전 체코슬로바키아의 유태인 어린이들을 나치로부터 구해낸 것으로 가장 잘 알려진 영국의 인도주의자였다. 구조된 사람들은 나중에 '윈턴의 아이들'로 알려지게 되었다.

니콜라스 조지 베르트하이머는 1909년 5월 19일 런던에서 태어났다. 그의 부모인 루돌프와 바바라 베르트하이머는 독일계 유태인으로 영국으로 건너가 윈턴으로 성을 바꿨다. 어린 니콜라스는 아버지가 성공한 은행 매니저였기 때문에 대저택에서 자랐다. 윈턴은 스토우 스쿨에 다녔고, 결국 증권 중개인이 되었다.

02 1938년 12월, 29세의 윈턴은 휴가를 위해 스위스를 방문하려던 중 체코슬로바키아에서 난민을 돕던 친구가 그와 합류하자고 윈턴을 초대했다. 그곳에서, 그는 난민 캠프에서 도와달라는 요청을 받았다. 유태인 가족과 다른 정치범들이 직면한 끔찍한 상황에 마음이 움직여, 그는 즉시 수용소의 유태인 아이들을 체코슬로바키아에서 영국으로 06 대피시키기 위한 작전을 세웠다. 03 그는 아이들의 구조를 준비하기 위해 영국으로 돌아왔다. 04 윈턴은 어머니, 비서, 이를 우려하는 몇몇 사람들과 함께 각각의 아이들에게 양부모를 찾아주고, 입국 허가를 확보했으며, 아이들의 통행을 위한 기금을 모금했다.

1939년 3월 14일, 윈턴이 구조한 아이들을 태운 첫 기차가 프라하를 떠났다. 그들을 런던의 리버풀 스트리트 역으로 데려왔고, 그곳에서 영국의 양부모들이 그들을 맞이했다. 이후 5개월 동안 윈턴은 7개의 다른 어린이 열차를 조직하여 총 669명의 어린이들을 구조했다. 그의 노력은 제2차 세계 대전의 발발로 독일이 통제하는 모든 국경선이 폐쇄되었을 때 비로소 07 중단되었다.

윈턴의 노력은 거의 50년이 지나서 그의 아내가 아이들의 사진과 편지, 다른 문서들이 들어 있는 오래된 스크랩북을 발견하기 전까지는 주목받지 못했다. 그녀는 그 기록을 홀로코스트 역사학자에게 넘겼고, 얼마 지나지 않아, 윈턴의 영웅적 행동에 대한 이야기는 신문업계의 저명한 인물의 손에 넘어갔다. 05 윈턴은 그 후 전국적인 BBC 텔레비전 프로그램에 출연하여 자신이 구조한 사람들과 재회하게 되었다. 여기에는 영국 정치인 알프레드 더브스와 캐나다 TV 기자 조 슐레진저가 포함되었다.

윈턴은 2015년 7월 106세의 나이로 사망하였다. 평생 동안, 그는 여왕의 기사 작위와 프라하의 명예 시민권을 포함하여 많은 영예를 받았다. 그의 이야기는 또한 상을 수상한 다큐멘터리 〈The Power of Good〉을 포함한 여러 영화의 소재이기도 하다.

어휘 humanitarian 인도주의자 rescue 구조, 구조하다 mansion 대저택 attend ~에 다니다 eventually 결국 stockbroker 증권 중개인 refugee camp 난민 캠프 immediately 즉시 operation 작전, 활동 evacuate 대피시키다 arrange 준비하다 secretary 비서 concerned individual 관계자들 adoptive parents 양부모 secure 확보하다 entry permit 입국 허가 raise fund 모금하다 passage 통행 foster parents 양부모 effort 노력 cease 멈추다, 그치다 outbreak 발발, 발생 unnoticed 눈에 띄지 않는, 주목받지 못한 turn A over to B A를 B에게 넘기다 heroic 영웅적인 deed 행동 prominent 저명한 figure 인물 industry 산업 reunion 재회 politician 정치인 journalist 기자 knighthood 기사 작위 honorary citizenship 명예 시민권

1. (a)

가 정답이다.

유형 주제(What)

> 니콜라스 윈턴은 무엇으로 유명한가?
>
> (a) 체코슬로바키아의 유태인 어린이들을 구한 것
> (b) 체코 난민 캠프에서의 작업
> (c) 전쟁에서 나치와 싸운 것
> (d) 유태계 체코 아이들 입양

해설 본문 1단락에서 "Sir Nicholas Winton was a British humanitarian best known for rescuing Jewish children in Czechoslovakia from the Nazis just before the Second World War."(니콜라스 윈턴 경은 2차 세계 대전 직전 체코슬로바키아의 유태인 어린이들을 나치로부터 구해낸 것으로 가장 잘 알려진 영국의 인도주의자였다.)라고 하였다. 보기에서 이 내용과 일치하는 (a)가 정답이다.

정답 Key Paraphrasing

본문에 쓰인 'rescuing Jewish children in Czecho-slovakia'와 유사한 표현은 'saving Jewish children in Czechoslovakia'이다. 여기서 rescuing과 saving은 동의어이다. 지텔프 리딩 문제에서는 이렇게 본문에서 사용한 어휘나 표현을 정답이 되는 선택지에서 그대로 반복해서 쓰지 않고 동의어나 유사한 표현으로 바꾸어 쓰는 패러프레이징을 많이 활용하고 있음에 유념해야 한다.

어휘 be famous for ~로 유명하다 Jewish 유태인 refugee camp 난민 캠프 adoption 입양

2. (b)

유형 세부사항(When)

> 윈턴은 언제 유태인들의 끔찍한 상황을 처음 보았는가?
>
> (a) 그의 가족이 영국으로 이주했을 때
> (b) 그가 난민 캠프에서 도움을 주고 있을 때
> (c) 스토우 스쿨의 학생일 때
> (d) 그가 스위스를 방문했을 때

해설 본문 3단락에서 "In December 1938, 29-year-old Winton was about to visit Switzerland for a holiday when a friend who was helping refugees in Czechoslovakia invited Winton to join him. There, he was asked to help in the refugee camps." (1938년 12월, 29세의 윈턴은 휴가를 위해 스위스를 방문하려던 중 체코슬로바키아에서 난민을 돕던 친구가 그와 합류하자고 초대했다. 그곳에서, 그는 난민 캠프에서 도와달라는 요청을 받았다.)라고 하였다. 체코에서 난민을 돕는 친구의 요청으로 난민촌을 방문하면서 유태인 난민들의 상황을 보게 되었으므로 (b)

어휘 awful 끔찍한 situation 상황 refugee camp 난민 캠프

3. (c)

유형 세부사항(What)

> 윈턴이 체코슬로바키아에서 영국으로 돌아왔을 때 무엇을 했는가?
>
> (a) 정치범 석방을 주선했다.
> (b) 다른 사람들이 캠프에서 돕도록 권장했다.
> (c) 유태인 어린이 수송을 준비했다.
> (d) 유태인 아이들을 데리고 돌아왔다.

해설 본문 3단락에서 "He returned to England to arrange for the children's rescue."(그는 아이들의 구출을 준비하기 위해 영국으로 돌아왔다.)라고 하였다. 보기 중 이 내용과 일치하는 (c)가 정답이다.

정답 Key Paraphrasing

본문에 쓰인 'to arrange for the children's rescue'와 유사한 표현은 'He prepared for the transport of Jewish children.'이다.

어휘 return 돌아오다 arrange for 주선하다 release 석방 encourage 권장하다 prepare for 준비하다 transport 수송

4. (b)

유형 세부사항(How)

> 그는 구조된 아이들 각각이 가정을 가질 수 있도록 어떻게 보장했는가?
>
> (a) 영국으로의 안전한 통행을 보장함으로써
> (b) 기꺼이 데려갈 영국인 부모를 찾아냄으로써
> (c) 영국의 어린이집을 위한 기금을 조성하여
> (d) 그들의 부모도 구조하기 위해 일함으로써

해설 본문 3단락에서 "Together with his mother, his secretary, and several concerned individuals, Winton found adoptive parents for each child, secured entry permits, and raised funds for the children's passage."(윈턴은 어머니, 비서, 그리고 이를 우려하는 몇몇 사람들과 함께 각각의 아이들에게 양부모를 찾아주고, 입국 허가를 확보했으며, 아이들의 통행을 위한 기금을 모금했다.)라고 하였다. 보기 중 이 내용과 일치하는

(b)가 정답이다.

본문에 쓰인 'Winton found adoptive parents for each child'와 유사한 표현은 'by finding British parents who were willing to take them in'이다.

어휘 ensure 보장하다 passage 통행 be willing to+동사 원형 기꺼이 ~하다 raise fund 기금을 조성하다

5. (d)

유형 추론(When)

> 본문에 근거하면, 윈턴의 숭고한 행동은 언제 더 많은 청중에게 소개되었을까?
> (a) 그의 이야기가 작은 신문에 실렸을 때
> (b) 자신의 삶을 다룬 영화에 출연했을 때
> (c) 그의 이야기가 역사책에 실렸을 때
> (d) 그가 텔레비전 전국 방송에 출연했을 때

해설 본문 5단락에서 "Winton then appeared on a nationwide BBC television program, leading to his reunion with those whom he had rescued."(윈턴은 그 후 전국적인 BBC 텔레비전 프로그램에 출연하여 자신이 구조한 사람들과 재회하게 되었다.)라고 하였다. 윈턴이 전국적인 TV 방송에 출연하면서 더 많은 청중들에게 알려지게 된 것으로 추론되므로 (d)가 정답이다.

본문에 쓰인 'Winton then appeared on a nationwide BBC television program'과 유사한 표현은 'when he was seen on national television'이다.

어휘 noble 숭고한 probably 아마도 audience 청중 appear 등장하다 publish 출판하다

6. (d)

유형 어휘(동사: evacuate)

> 본문의 맥락에서, evacuate는 _____ 를 의미한다.
> (a) 비우다
> (b) 떠나다
> (c) 포기하다
> (d) 이전시키다

해설 본문 3단락 "Moved by the terrible conditions faced by Jewish families and other political prisoners, he immediately organized an operation to evacuate the camps' Jewish children from Czechoslovakia to England."(유태인 가족과 다른 정치범들이 직면한 끔찍한 상황에 마음이 움직여, 그는 즉시 수용소의 유태인 아이들을 체코슬로바키아에서 영국으로 대피시키기 위한 작전을 세웠다.)에서 evacuate는 '대피시키다'의 의미로 사용되었으므로 (d)가 정답이다.

어휘 evacuate 대피시키다 empty 비우다 leave 떠나다 abandon 포기하다 transfer 이전시키다

7. (a)

유형 어휘(동사: cease)

> 본문의 맥락에서, ceased는 _____ 를 의미한다.
> (a) 종료하다
> (b) 잠시 멈추다
> (c) 실패하다
> (d) 조용하게 하다

해설 본문 4단락 "His efforts only ceased when all German-controlled borders were closed at the outbreak of World War Ⅱ." (그의 노력은 제2차 세계 대전의 발발로 독일이 통제하는 모든 국경선이 폐쇄되었을 때 비로소 중단되었다.)에서 동사 cease는 '중단하다, 끝나다'의 의미로 사용되었으므로 (a)가 정답이다.

어휘 cease 종료하다. 그치다 end 끝나다 pause 잠시 멈추다 fail 실패하다 quiet 조용하게 하다

[08-14] 첨단 기술 사업 분야에 기여한 일론 머스크

일론 머스크

⁰⁸ 일론 머스크는 남아프리카공화국 태생의 미국 엔지니어이자 기업가로서 스페이스엑스, 테슬라 모터스 등 첨단 기술 기업을 설립한 것으로 유명하다. 또한 환경과 자선 활동으로 인정받으면서, 머스크는 세계에서 가장 부유한 사람들 중 한 명이다.

일론 리브 머스크는 1971년 6월 28일 남아프리카 트란스발에서 태어났다. 그의 아버지 에롤 머스크는 남아프리카 태생의 전자기계 엔지니어이다. 그의 어머니인 메이 할데만은 캐나다의 모델이었다. ⁰⁹ 어린 일론은 일찍 창의력을 보여주었다. 그는 10살에 첫 컴퓨터를 얻었고, 기술에 남다른 재능을 가지고 12살에 〈블라스타(Blastar)〉라는 우주 게임을 디자인했다. 머스크는 남아프리카의 프레토리아에 있는 사립학교를 다녔다. 그는 캐나다의 퀸스 대학에 다녔고, 펜실베니아 대학으로 편입

하여 경제학 및 물리학 학사 학위를 받았다.

머스크는 응용물리학 박사 학위를 위해 스탠포드 대학에 다녔다. 하지만, 그는 그 당시에 시작되었던 인터넷 붐에 동참하기로 결정했다. ¹⁰ 그는 학교를 중퇴했고 곧 ¹³ 연속해서 성공한 비즈니스 벤처들의 첫 번째 회사를 설립했다. 집2(Zip2)는 유명 신문사에 도시 안내 소프트웨어를 제공한 회사였다. 1999년 컴팩 컴퓨터(Compaq Computer Corporation)는 집2를 인수하였다. 같은 해 머스크는 온라인 결제 회사인 X.com을 공동 설립했으며, 이 회사는 결국 페이팔(PayPal)의 일부가 되었다.

¹¹ 머스크는 개인들을 위한 우주 여행을 촉진하기 위해 2002년에 스페이스엑스를 창립했다. 우주로 로켓을 발사한 최초의 민간 기업으로 알려진 스페이스엑스는 우주발사체도 제조하고 있으며 현재 세계 최대의 로켓 모터 제조 회사이다. 머스크가 미국 시민이 된 것도 2002년이다. 이후 테슬라 모터스에 투자했고, 이사회 의장으로 입사했다.

테슬라 모터스는 고성능 스포츠카인 로드스터(Roadster)와 이 회사의 가장 잘 팔리는 모델이자 세계에서 가장 인기 있는 전기차 중 하나가 된 세단인 더 저렴한 Model 3를 포함한 전기차들을 생산한다.

추가적인 사업 벤처로는 인공지능을 위한 연구 회사와 고속 운송 시스템에 대한 투자를 포함한다. ¹² 그는 재난 피해 지역에 비상 태양 에너지를 제공하는 자선 단체인 머스크 재단의 회장이다. 머스크는 기술, 에너지, 사업 분야에 기여한 공로로 스티븐 호킹 과학 커뮤니케이션 훈장과 왕립 항공 협회로부터 금상을 포함한 많은 ¹⁴ 표창을 받았다.

어휘 engineer 기술자, 엔지니어 entrepreneur 사업가, 기업가 recognized for ~로 인정받은 charity work 자선 활동 wealthiest 가장 부유한 electromechanical 전자기계의 inventive nature 창의력 unusual talent 남다른 재능 transfer to ~로 전학가다, 편입하다 bachelor's degree 학사 학위 economics 경제학 applied physics 응용 물리학 launch 개시하다, 발사하다 high-profile 세간의 이목을 끄는, 유명한 acquire 얻다, 습득하다 payments company 결제 회사 eventually 결국 promote 촉진하다 private 사적인 individual 개인 manufacture 제조하다 vehicle 차량 invest 투자하다 board chairman 이사회 의장 further 추가적인 emergency 비상 disaster-hit area 재난 피해 지역 contribution 공헌 recognition 인정, 표창 Aeronautical Society 항공 협회

---

8. (d)

유형 주제(What)

일론 머스크는 어떤 유형의 회사를 운영하는 것으로 알려져 있는가?

(a) 빈곤층을 돕는 단체
(b) 지구 친화적인 구조물을 만드는 기업
(c) 새로운 발명품을 지원하는 비영리 단체
(d) 첨단 기술을 사용하는 기업

해설 본문 1단락에서 "Elon Musk is a South African-born American engineer and entrepreneur known for founding high-technology companies including SpaceX and Tesla Motors."(일론 머스크는 남아프리카공화국 태생의 미국 엔지니어이자 기업가로서 스페이스X, 테슬라 모터스 등 첨단 기술 기업을 설립한 것으로 유명하다.)라고 하였다. 보기 중 이 내용과 일치하는 (d)가 정답이다.

정답 Key Paraphrasing

본문에 쓰인 'entrepreneur known for founding high-technology companies'와 유사한 표현이 'enterprises that use advanced technologies'이다. 특히 entrepreneur와 enterprises는 같은 어원에서 파생된 명사이므로 유사도가 높다. 또, 'high- technology'와 'advanced technologies'도 의미상 유사한 표현이다. 이렇게 지텔프 리딩에서는 동일 어휘를 그대로 반복하지 않고 유사한 다른 어휘로 바꾸어 표현(parpphrasing)하여 선택지를 제시하는 경우가 많다.

어휘 be known for ~로 알려져 있다 organization 조직 the needy 빈곤층 earth-friendly 지구 친화적인 structure 구조물 non-profit 비영리 단체 invention 발명품 enterprise 기업 advanced technology 첨단 기술

9. (a)

유형 세부사항(How)

머스크는 어렸을 때 어떻게 기술력을 보여주었는가?

(a) 오락물을 만들어서
(b) 온라인 게임을 설계하여
(c) 자신의 개인용 컴퓨터를 조립하여
(d) 기존 비디오 게임을 개선하여

해설 본문 2단락에서 "Young Elon showed his inventive nature early in life. He acquired his first computer at age 10, and with an unusual talent for technology, designed a space game called Blastar at 12."(어렸을 때부터 일론은 일찍 창

의력을 보여주었다. 그는 10살에 첫 컴퓨터를 구입했고, 기술에 남다른 재능을 가지고 12살에 블라스타라는 우주 게임을 디자인했다.)라고 하였다. 보기 중 이 내용과 일치하는 (a)가 정답이다.

오답분석 본문에 'design a space game'이라는 표현을 보고서 (b) by designing an online game을 고르면 안 된다. 온라인 게임은 머스크가 12살 시절(1980년대)에는 아직 나오지 않았던 시기이므로 design이나 game 같은 동일 단어가 쓰였어도 (b)는 오답이다. 지텔프 리딩 파트 문제에서는 본문에서 나온 어휘를 그대로 쓰지 않고 유사한 표현으로 바꿔 쓴 것(paraphrasing 것)이 정답이 되고 동일 어휘를 반복해서 쓴 것은 오답이 되는 문제가 많이 출제되고 있다. 일단 동일한 어휘가 쓰인 선택지는 정답이 되기 힘들다고 생각해야 한다.

정답 Key Paraphrasing

본문에 쓰인 'designed a space game called *Blastar*'와 유사한 표현이 'by creating a piece of entertainment'이다. 'a space game'을 'entertainment'로 바꿔 쓴 것에 주목해야 한다.

어휘 entertainment 오락물 assemble 조립하다 improve 개선하다 existing 기존의, 존재하는

10. (b)

유형 추론(Why)

머스크는 왜 학업을 그만두었을까?

(a) 웹 회사에 입사하기 위해
(b) 자신의 사업을 시작하기 위해
(c) 대학에 들어가는데 어려움을 겪었기 때문에
(d) 대학 학위 취득에 흥미를 잃었기 때문에

해설 본문 3단락에서 "He left school and soon launched the first in a chain of successful business ventures."(그는 학교를 중퇴했고 곧 연속해서 성공한 비즈니스 벤처들의 첫 번째 회사를 설립했다.)라고 하였다. 학교를 떠나자마자 바로 사업을 시작한 것으로 보아, 사업을 시작하기 위해 학업을 중단한 것으로 추론된다. 따라서 (b)가 정답이다.

정답 Key Paraphrasing

본문에 쓰인 'He left school and soon launched the first in a chain of successful business ventures.'와 의미상 유사한 표현은 'so, he could start his own business'이다.

어휘 pursue 추구하다 join 합류하다, 입사하다 have a hard time -ing ~하느라 어려움을 겪다

11. (b)

유형 세부사항(What)

기사에 따르면 스페이스엑스의 목표는 무엇인가?

(a) 세계에서 가장 큰 로켓 엔진 제작하기
(b) 우주비행사가 아닌 사람들에게 우주 방문 허용하기
(c) 모든 사람이 저렴하게 우주 여행을 할 수 있도록 하기
(d) 가장 빠른 전기 자동차 생산하기

해설 본문 4단락에서 "Musk started SpaceX in 2002 to promote space travel for private individuals."(머스크는 개인들을 위한 우주 여행을 촉진하기 위해 2002년에 스페이스X를 창립했다.)라고 하였다. 보기 중 이 내용과 일치하는 (b)가 정답이다.

정답 Key Paraphrasing

본문에 쓰인 'to promote space travel for private individuals'와 유사한 표현은 'allowing non-astronauts to visit space'이다.

어휘 non-astronaut 우주비행사가 아닌 사람 affordable 저렴한

12. (c)

유형 세부사항(How)

머스크 재단은 자연재해 피해자들을 어떻게 돕는가?

(a) 태양 전지판을 무수익으로 판매한다.
(b) 머스크의 회사 중 한 곳에서 일자리를 준다.
(c) 그들에게 무료 전기를 제공한다.
(d) 그들에게 긴급 대출을 해 준다.

해설 본문 5단락에서 "He is the chairman of the Musk Foundation, a charity group that provides emergency solar energy to disaster-hit areas."(그는 재난 피해 지역에 비상 태양 에너지를 제공하는 자선 단체인 머스크 재단의 회장이다.) 라고 하였다. 보기 중 이 내용과 일치하는 (c)가 정답이다.

정답 Key Paraphrasing

본문에 쓰인 'provides emergency solar energy to disaster-hit areas'와 유사한 표현은 'It provides them with a free source of power.'이다.

어휘 foundation 재단 victim 피해자 natural disaster 자연재해 solar panel 태양 전지판 at no profit 수익 없이 provide A with B A에게 B를 제공하다 emergency loan 비상 대출

13. (d)

유형 어휘(명사: chain)

본문의 맥락에서, chain은 _____ 를 의미한다.

(a) 패턴
(b) 연결
(c) 주기
(d) 연속

해설 본문 3단락 "He left school and soon launched the first in a <u>chain</u> of successful business ventures."(그는 학교를 중퇴했고 곧 연속으로 성공한 비즈니스 벤처들의 첫 번째 회사를 설립했다.)에서 명사 chain은 '연속'의 의미로 사용되었으므로 (d)가 정답이다.

어휘 chain 일련, 연속 pattern 형태, 문양 link 연결 cycle 주기 series 연속

14. (a)

유형 어휘(명사: recognition)

본문의 맥락에서, recognitions는 _____ 를 의미한다.

(a) 표창
(b) 통지
(c) 인수
(d) 깨달음

해설 본문 5단락 "Musk has received many <u>recognitions</u>, including the Stephen Hawking Medal for Science Communication and a Gold Medal from the Royal Aeronautical Society."(머스크는 기술, 에너지, 사업 분야에 기여한 공로로 스티븐 호킹 과학 커뮤니케이션 훈장과 왕립 항공 협회로부터 금상을 포함한 많은 표창을 받았다.)에서 recognitions는 '인식, 표창'의 의미로 사용되었으므로 보기 중 이 의미와 가장 가까운 (a)가 정답이다.

어휘 recognition 인정, 인식 honor 영예, 표창 notification 통지 acceptance 인수 realization 깨달음

[15-21] 자동차 산업을 선도한 월터 퍼시 크라이슬러

월터 P. 크라이슬러

월터 P. 크라이슬러는 미국의 산업가, 엔지니어이자 자동차 제조업자였다. 그는 현재 피아트 크라이슬러 자동차의 일부인 크라이슬러 코퍼레이션의 창립자였다.

월터 퍼시 크라이슬러는 1875년 4월 2일 캔자스주 워메고에서 태어났다. ¹⁵ 그의 아버지는 철도 기술자였고, 젊은 크라이슬러도 처음에는 같은 길을 따랐다. 17세 때 그는 대학을 가지 않고 대신 4년제 기계공 견습생 프로그램에 들어갔다. 기계와 공장 관리에 대한 그의 뛰어난 기술은 철도 산업에서 성공적인 경력을 쌓게 했으며 아메리칸 기관차 회사(American Locomotive Company)에서 시작하여 그는 마침내 35세의 나이에 공장 주임이 되었다.

¹⁶ 크라이슬러의 자동차에 대한 애정은 그가 운전하기도 전에 첫 번째 차인 로코모바일을 샀을 때 나타났다. 그는 차를 분해해서 어떻게 작동하는지 배우고 다시 조립했다. 크라이슬러는 1912년에 여전히 아메리칸 기관차 회사에 있었는데, 그때 제너럴 모터스(GM) 사장 찰스 내쉬가 고급 브랜드 뷰익(Buick)을 생산하는 GM 공장을 운영해 달라고 부탁했다. ¹⁷ 자동차 애호가였기 때문에 크라이슬러는 그 일을 선뜻 받아들였다. 그는 조립 라인 공정을 도입하여 공장의 생산을 크게 늘렸다. 이 성공으로 그는 GM의 뷰익 사업 부문 사장으로 ²⁰ 승진했다.

뷰익은 곧 미국에서 가장 인기 있는 자동차 브랜드가 됐지만 크라이슬러는 이러한 성취에도 불구하고 설립자와의 이견으로 GM을 떠났다. 그 후 그는 실패한 자동차 회사인 윌리스-오버랜드사의 대표로 고용되었고 나중에 맥스웰 모터사의 대표가 되었다. ¹⁸ 크라이슬러는 경영진이 그가 디자인한 새 차를 만드는 것을 거부하자 윌리스사를 떠났다. 그는 주식의 대부분을 보유해서 기업 지배권을 가졌던 맥스웰사에서 더 많은 성공을 거두었다. 그는 훌륭한 디자인과 우수한 엔진, 저렴한 가격을 가진 그의 호평받은 신차인 'Chrysler 6'로 그 회사가 재정적인 ²¹ 안정을 되찾도록 도왔다.

크라이슬러라는 이름은 매우 성공적이어서 맥스웰 모터사는 1925년에 크라이슬러 주식회사로 개편되었다. ¹⁹ 그 후 크라이슬러는 포드 및 쉐보레의 저가 자동차들과 경쟁하기 위해 크라이슬러의 한 사업 부문으로 닷지 브라더스 자동차 회사를 인수했다. 크라이슬러사는 미국의 "빅3" 자동차 회사 중 하나로 제너럴 모터스와 포드 자동차 회사와 함께하면서 미국 자동차 산업의 주요 업체가 되었다.

크라이슬러는 1935년에 사장직에서 물러났지만, 1940년 8월에 죽을 때까지 이사회 의장을 유지했다. 그가 자금을 댄 초고층 빌딩인 크라이슬러 빌딩은 현재 뉴욕시 스카이라인의 상징적인 부분이다.

어휘 industrialist 산업가 manufacturer 제조업자 founder 설립자 initially 처음에 skip 건너뛰다, 그만두다 machinist 기계공 apprentice 견습생 machinery 기계류 plant management 공장 관리 eventually 결국 works manager 공장 주임 fondness for ~에 대한 애정 take A apart A를 분해하다 reassemble 재조립하다 upscale brand 고급 브랜드 car enthusiast 자동차 애호가 accept 수락하다, 받아들이다 production 생산 introduce 소개하다, 도입하다 assembly line 조립 라인 promote 승진시키다 division 부서, 부문 despite ~에도 불구하고 achievement 성취, 업적 due to ~ 때문에 executive 경영진 refuse 거절하다 regain 다시 얻다 financial stability 재정적 안정 superior 우수한 affordable 저렴한 be restructured into ~로 개편되다, 재구조화되다 compete with ~와 경쟁하다 retire as ~에서 물러나다 stay on ~을 유지하다, 계속하다 iconic 상징이 되는

---

15. (c)

유형 세부사항(How)

월터 P. 크라이슬러의 아버지가 그에게 어떻게 영향을 주었는가?

(a) 그의 연구 프로그램을 선택함으로써
(b) 그를 견습생으로 고용함으로써
(c) 그의 원래 직업을 가지도록 영감을 줌으로써
(d) 그에게 기계를 소개함으로써

해설 본문 2단락에서 "His father was a railroad engineer, and the young Chrysler initially followed the same path."(그의 아버지는 철도 기술자였고, 젊은 크라이슬러도 처음에는 같은 길을 따랐다.)라고 하였다. 철도 기술자였던 아버지의 영향으로 같은 길을 걸었으므로 아버지는 크라이슬러에게 원래 경력에 대해 영감을 준 것이다. 따라서 (c)가 정답이다.

어휘 influence 영향을 주다 apprentice 견습생 inspire 영감을 주다 original 원래의

16. (b)

유형 세부사항(When)

크라이슬러의 자동차에 대한 사랑은 언제 명백해졌는가?

(a) 아직 대학에 있을 때
(b) 첫 차를 산 후
(c) 운전을 배울 때
(d) 자동차 공장에서 일한 후

해설 본문 3단락에서 "Chrysler's fondness for cars showed when he bought his first car, a Locomobile, even before he could drive." (크라이슬러의 자동차에 대한 애정은 그가 운전하기도 전에 첫 번째 차인 로코모바일을 샀을 때 나타났다.)라고 하였다. 보기 중 이 내용과 일치하는 (b)가 정답이다.

정답 Key Paraphrasing

본문에 쓰인 'Chrysler's fondness for cars showed'와 유사한 표현은 질문에 나온 'Chrysler's love of cars became apparent'이고 'when he bought his first car'와 유사한 표현은 선택지에 나온 'after buying his first car'이다. 이렇게 지텔프 리딩 파트에서는 본문에 나온 단어를 그대로 쓰지 않고 유사한 표현은 바꿔 쓰는 패러프레이징(paraphrasing)을 자주 사용한다.

어휘 apparent 명백한 college 대학

17. (d)

유형 세부사항(Why)

크라이슬러는 왜 GM의 뷰익 공장의 매니저 자리를 수락했는가?

(a) 직업을 바꿀 준비가 되었기 때문에
(b) 승진을 노렸기 때문에
(c) 공장 관리자가 주장했기 때문에
(d) 자동차가 그의 열정이었기 때문에

해설 본문 3단락에서 "Being a car enthusiast, Chrysler readily accepted the job."(자동차 애호가였기 때문에 크라이슬러는 그 일을 선뜻 받아들였다.)라고 하였다. 보기 중 이 내용과 일치하는 (d)가 정답이다.

정답 Key Paraphrasing

본문에 쓰인 'Being a car enthusiast'와 유사한 표현이 'because automobiles were his passion'이다.

어휘 accept 수락하다 promotion 승진 insist 주장하다 automobile 자동차 passion 열정

18. (c)

추론(What)

크라이슬러가 윌리스–오버랜드 사를 떠난 이유는 무엇이었을까?

(a) 그는 경영진을 좋아하지 않았다.
(b) 그는 설립자와 의견이 맞지 않았다.
(c) 그 회사가 새 차에 대한 그의 생각을 거절했다.
(d) 그 회사는 성공하지 못했다.

해설 본문 4단락에서 "Chrysler left Willys when its executives refused to make a new car he designed."(크라이슬러는 경영진이 그가 디자인한 새 차를 만드는 것을 거부하자 윌리스사를 떠났다.)라고 하였다. 윌리스사 경영진이 크라이슬러가 디자인한 차를 만드는 것을 거부한 것으로 보아, 그 회사가 그의 신차에 대한 아이디어를 거절한 것으로 추론된다. 따라서 (c)가 정답이다.

정답 Key Paraphrasing

본문에 쓰인 'its executives refused to make a new car he designed'와 유사한 표현은 'It rejected his idea for a new car.'이다.

어휘 executive 경영진 disagree with ~와 의견이 맞지 않다 founder 설립자 reject 거절하다

19. (a)

세부사항(How)

크라이슬러가 어떻게 크라이슬러 사를 주요 자동차 회사로 만들 수 있었는가?

(a) 다른 자동차 회사와 합병하여
(b) 미국에서 가장 큰 자동차 회사를 설립하여
(c) 최고 경쟁사보다 저렴한 자동차를 만들어서
(d) 경쟁업체에서 직원을 영입하여

해설 본문 5단락에서 "Chrysler then bought the Dodge Brothers car company as a division of Chrysler to compete with Ford and Chevrolet's low-priced cars."(그 후 크라이슬러는 포드 및 쉐보레의 저가 자동차들과 경쟁하기 위해 크라이슬러의 한 사업 부문으로 닷지 브라더스 자동차 회사를 인수했다.)라고 하였다. 보기 중 이 내용과 일치하는 (a)가 정답이다.

어휘 corporation 기업 merge with ~와 합병하다 bring in 영입하다 competitor 경쟁자, 경쟁사

20. (b)

어휘(과거분사: promoted)

본문의 맥락에서, promoted는 _____를 의미한다.

(a) 증가된
(b) 진보된, 승진된
(c) 기울어진
(d) 광고된

해설 본문 3단락 "This success got him promoted to president of GM's Buick division."(이 성공으로 그는 GM의 뷰익 사업부 사장으로 승진했다.)에서 과거분사 promoted는 'get＋목적어＋목적격보어' 구문에서 목적격보어로 사용되어 '승진된'이란 뜻으로 사용되었다. 보기 중 이 의미와 가장 가까운 (b)가 정답이다.

어휘 promoted 승진된 increased 증가된 advanced 진보된 inclined 기울어진 advertised 광고된

21. (d)

어휘(명사: stability)

본문의 맥락에서, stability는 _____를 의미한다.

(a) 영속성
(b) 충성
(c) 도움
(d) 안전

해설 본문 4단락 "He helped the company regain financial stability with the Chrysler 6, his well-received new car that had a great design, superior engine, and affordable price."(그는 훌륭한 디자인과 우수한 엔진, 저렴한 가격을 가진 그의 호평받은 신차인 'Chrysler 6'로 그 회사가 재정적인 안정을 되찾도록 도왔다.)에서 stability는 명사로 '안정성'의 의미로 사용되었다. 보기 중 이 의미와 가장 가까운 (d) security가 정답이다.

어휘 stability 안정성 permanence 영속성 loyalty 충성 assistance 도움 security 안전, 보안

버지니아 아프가

버지니아 아프가(Virginia Apgar)는 미국의 의사, 마취학자이자 의학 연구자였다. ²² 그녀는 갓 태어난 아기의 신체 상태를 평가하고 아기가 추가적인 의료 치료를 필요로 하는지를 확인하는 방법인 '아프가 점수'를 개발한 것으로 가장 잘 알려져 있다.

버지니아 아프가는 1909년 6월 7일 뉴저지주 웨스트필드에서 태어났다. 음악을 사랑하는 가정에서 자라서, 그녀는 어렸을 때 바이올린을 연주했다. 하지만, 그녀가 의학 분야에서 경력을 추구하고 싶게 만든 것은 그녀의 아버지의 과학적 탐구(그는 전기와 전파로 실험을 했다)에 대한 애정이었다.

아프가는 마운트 홀리요크 대학에서 동물학 학위를 받았다. 그녀는 그 후 컬럼비아 대학교 외과대학에 입학하여 1933년 그녀의 학년에서 4등으로 졸업하였다. ²³ 경력 초기에, 아프가는 자신이 외과 의사로서 ²⁷ 제한된 기회를 가질 것이라는 것을 깨달았다. 왜냐하면 그 분야는 남자 의사들에 의해 지배되었기 때문이다. 1935년, 그녀는 마취과로 옮겨갔는데, 이 분야는 당시에 의학 전문 분야로 인식되지 않았다. 그녀는 미국에서 마취과 자격증을 받은 50번째 의사가 되었다.

1938년, 아프가는 마취과장으로 임명되었을 때 컬럼비아 장로교 의료 센터의 한 부서를 ²⁸ 이끄는 최초의 여성이 되었다. 그녀는 출산 중에 마취의 영향을 연구하기 시작했고, 아기들은 출생 후에 거의 의료 진찰을 받지 않는다는 것을 깨달았다. 그 후 그녀는 1952년에 아프가 점수를 개발하였다. ²⁴ 채점 체계는 의사들이 외모, 맥박, 반사, 활동, 호흡 등 다섯 가지 범주를 관찰함으로써 신생아가 출산 과정을 얼마나 잘 견뎌냈는지를 측정할 수 있게 했다. 그것은 여전히 세계적으로 신생아들을 위한 표준 건강 점수 체계로 사용되고 있다. ²⁵ 신생아의 건강을 보장함에 있어 아프가의 다른 공헌은 출산 중에 산모에게 일반적으로 주어지는 마취제인 사이클로프로판의 아기들에 대한 부정적인 영향을 발견한 것이었다. 그녀는 그것을 산통이 있는 여성들에게 사용하는 것을 중단했고, 그녀가 연구 결과를 발표한 후 다른 의사들도 그 뒤를 따랐다.

²⁶ 1959년, 아프가는 다임스 재단에 들어가서 연구를 수행하고 선천성 결함에 대한 강의를 하였다. 그녀는 또한 1972년에 베스트셀러 "내 아기는 괜찮은가?"를 썼다. 1974년 사망 후에도, 아프가는 의학 분야, 특히 신생아 간호 분야에서 지속적인 발자취를 남겼다.

어휘 anesthesiologist 마취과 의사 medical researcher 의료 연구자 assess 평가하다 physical condition 신체 상태 additional 추가적인 attention 관심 fondness 좋아함 investigation 조사 experiment 실험 electricity 전기 radio wave 무선 전파 pursue 추구하다 career 경력 earn a degree 학위를 취득하다 zoology 동물학 surgery 외과(수술) opportunity 기회 surgeon 외과의사 dominate 지배하다. 우세하다 male practitioner 남성 의사 identify 식별하다 medical specialization 의료 전문과목 physician 내과의사 certificate 수료증 department 부서, 과 be appointed as ~로 임명되다 measure 평가하다, 측정하다 endure 견디다, 참다 observe 관찰하다 appearance 외모 pulse 맥박 reflex 반사 능력 breathing 호흡 standard health scoring system 표준 건강 점수 체계 contribution 공헌 ensure 보장하다 in labor 출산 중, 진통 중 follow suit (선례를) 따르다 perform 수행하다 birth defect 선천성 결함 neonatal care 신생아 간호

22. (a)

유형 주제(What)

버지니아 아프가는 무엇으로 가장 잘 알려져 있나?
(a) 신생아의 건강 상태 확인 방법 개발
(b) 의학 분야의 경력을 추구한 첫 번째 여성
(c) 출생 전에 아기를 확인하는 방법 창안
(d) 마취학이라는 과학 분야 설립

해설 본문 1단락에서 "She is best known for developing the "Apgar score," a method that assesses a newborn baby's physical condition and checks if the baby needs additional medical attention."(그녀는 갓 태어난 아기의 신체 상태를 평가하고 아기가 추가적인 의료 치료를 필요로 하는지를 확인하는 방법인 '아프가 점수'를 개발한 것으로 가장 잘 알려져 있다.)라고 하였다. 버지니아 아프가는 '아프가 점수' 체계를 개발한 것으로 가장 잘 알려져 있는데 이것은 신생아의 건강 상태를 확인할 수 있는 방법이므로 정답은 (a)이다.

정답 Key Paraphrasing

본문에 쓰인 'a method that assesses a newborn baby's physical condition and checks if the baby needs additional medical attention'과 유사한 표현은 'a way to check a newborn's well-being'이다. 이렇게 지텔프 리딩 파트 문제에서는 본문에 쓰여진 표현을 선택지에서 그대로 쓰지 않고 비슷한 뜻의 다른 표현으로 패러프레이징하는 경우가 많으니 유의해야 한다.

어휘 be known for ~로 알려져 있다   pursue 추구하다
prior to ~ 전에   anesthesiology 마취학

23. (d)

유형 ▶ 추론(Why)

기사에 근거하면, 왜 아프가는 의학 전공을 바꾸었을까?

(a) 수술에 대한 모든 관심을 잃었기 때문에

(b) 더 인기 있는 분야를 공부하고 싶었기 때문에

(c) 남자 의사들에 의해 무시당한다고 느꼈기 때문에

(d) 성공할 수 있는 더 나은 기회를 원했기 때문에

해설 ▶ 본문 3단락에서 "Early in her career, Apgar realized that she would have limited opportunities as a surgeon because the field was dominated by male practitioners."(그녀의 경력 초기에, Apgar는 그 분야가 남자 의사들에 의해 지배되었기 때문에 외과의사로서 제한된 기회를 가질 것이라는 것을 깨달았다.)라고 하였다. 그녀가 전공 의학을 바꾼 이유는 외과 전공에서는 남자 의사들이 주류를 차지하고 있어서 성공할 기회가 적다고 판단하고, 전공을 바꿔서 더 나은 기회를 모색한 것으로 추론된다. 따라서 정답은 (d)이다.

어휘 ▶ medical specialty 의학 전공   surgery 외과수술   snubbed 무시당하는   male 남성의

24. (a)

유형 ▶ 추론(How)

아프가 점수는 신생아들에게 어떻게 도움을 줄까?

(a) 신생아들이 추가적 치료가 필요한지 결정해 줌으로써

(b) 산모들에게 아기에 대한 적절한 보살핌을 가르침으로써

(c) 산모에게 안전한 분만을 안내함으로써

(d) 신생아를 대상으로 일하는 의사를 평가함으로써

해설 ▶ 본문 4단락에서 "The scoring system allowed doctors to measure how well a newborn endured the birthing process by observing five categories: appearance, pulse, reflexes, activity, and breathing."(그 점수 체계는 의사들이 외모, 맥박, 반사, 활동, 호흡 등 다섯 가지 범주를 관찰함으로써 신생아가 출산 과정을 얼마나 잘 견뎌냈는지를 측정할 수 있게 했다.)라고 하였다. 아프가 점수는 의사들이 신생아의 건강 상태를 보여주는 5개 사항을 관찰함으로써 신생아들이 건강한지 혹은 더 치료받아야 할지를 평가하는 데 도움이 될 것으로 추론되므로 정답은 (a)이다.

어휘 ▶ score 점수   determine 결정하다   proper 적절한   delivery 분만   rate 평가하다   newborn 신생아

25. (b)

유형 ▶ 세부사항(Why)

의사들은 왜 마취제 사이클로프로판 사용을 중단했는가?

(a) 임산부의 산통을 연장시켰다.

(b) 분만 중 아기에게 해를 끼쳤다.

(c) 산모의 건강에 좋지 않았다.

(d) 아기가 아프가 테스트에 통과하지 못하게 만들었다.

해설 ▶ 본문 4단락에서 "Apgar's other contribution in ensuring the newborn's health was her discovery of the negative effects on babies of cyclopropane, an anesthetic typically given to mothers during childbirth."(신생아의 건강을 보장함에 있어 아프가의 또 다른 공헌은 출산 중에 산모들에게 일반적으로 주어지는 마취제인 사이클로프로판의 아기들에 대한 부정적인 영향을 발견한 것이었다.)라고 하였다. 의사들이 사이클로프로판 사용을 중단한 이유는 출산 과정에서 신생아에게 해를 끼칠 수 있기 때문이므로 정답은 (b)이다.

정답 Key Paraphrasing

본문에 쓰인 'the negative effects on babies of cyclopropane'과 유사한 표현은 'It caused harm to babies during delivery.'이다.

어휘 ▶ prolong 연장시키다   pregnant 임신한   labor pain 산통   cause harm to ~에게 해를 끼치다   during delivery 분만 중에

26. (c)

유형 ▶ 세부사항(In What way)

아프가는 어떤 방법으로 다임스 재단을 도왔는가?

(a) 그룹을 위해 책을 씀으로써

(b) 자신의 책의 수익금을 그룹에 기부하여

(c) 신생아의 기형에 대한 정보를 공유하여

(d) 무료 의료 상담을 개최함으로써

해설 ▶ 본문 5단락에서 "In 1959, Apgar joined the March of Dimes Foundation where she performed research and gave lectures about birth defects." (1959년, 아프가는 다임스 재단에 가입하여 연구를 수행하고 선천성 결함에 대한 강의를 하였다.)라고 하였다. 아프가는 이 재단에서 선천성 결함에 대한 연구와 강의를 했으므로 신생아들의 기형 문제에 대한 연구 정보를 공유함으로써 이 재단을 도왔다. 따라서 정답은 (c)이다.

정답 Key Paraphrasing

본문에 쓰인 'gave lectures about birth defects'와 유사한 표현은 'by sharing information on birth abnormalities'이다. 특히 'birth defects'와 'birth abnormalities'는 유사한 의미이다.

어휘 donate 기부하다 proceeds 수익금 abnormality 기형 medical consultation 의료 상담

27. (d)

유형 어휘(형용사: limited)

> 본문의 맥락에서, limited는 _____를 의미한다.
>
> (a) 짧은
> (b) 예약된
> (c) 작은
> (d) 소수의

해설 본문 3단락 "Early in her career, Apgar realized that she would have limited opportunities as a surgeon"(그녀의 경력 초기에, 아프가는 그녀가 외과 의사로서 제한된 기회를 가질 것이라는 것을 깨달았다.)에서 limited는 opportunities를 수식하는 형용사로 '제한된', '많지 않은'의 의미로 사용되었으므로 정답은 (d)이다.

어휘 limited 제한된 reserved 예약된 minor 작은, 사소한 few 소수의

28. (b)

유형 어휘(동사: head)

> 본문의 맥락에서, head는 _____를 의미한다.
>
> (a) 가져가다
> (b) 이끌다, 지도하다
> (c) 성장하다
> (d) 시작하다

해설 본문 4단락 "In 1938, Apgar became the first woman to head a department at Columbia Presbyterian Medical Center when she was appointed as the director of the Department of Anesthesiology."(1938년, Apgar는 마취과장으로 임명되었을 때 컬럼비아 장로교 의료 센터의 한 부서를 이끈 최초의 여성이 되었다.)에서 동사 head는 뒤에 부서나 조직을 목적어로 취하면 이 부서의 수장으로서 부서를 '이끌다'는 뜻으로 사용되므로 정답은 (b)이다.

어휘 head 우두머리가 되다, 이끌다 lead 지도하다 grow 기르다, 자라다

PART 2

잡지 기사

01. (b)	02. (c)	03. (d)	04. (a)
05. (d)	06. (c)	07. (b)	
08. (a)	09. (c)	10. (d)	11. (c)
12. (a)	13. (d)	14. (b)	
15. (a)	16. (d)	17. (c)	18. (b)
19. (d)	20. (a)	21. (b)	
22. (b)	23. (b)	24. (c)	25. (a)
26. (d)	27. (c)	28. (a)	

[01-07] 피부를 시원하게 하는 의류 신소재

연구원들이 피부를 시원하게 하는 플라스틱 의류 소재를 만들었다

스탠포드 대학의 과학자들은 몸을 시원하게 유지하는데 면보다 더 효과가 좋은 새로운 천을 개발했다. ⁰¹이 천은 냉방에 드는 에너지를 절약하는 데 도움이 되는 옷으로 만들어질 수 있다.

냉방의 도움 없이 몸을 시원하게 유지하는 것은 큰 도전이다. 정상 상태에서는 최소한 50%의 체온이 적외선으로 방출된다. 만약 이 방사선이 옷에 의해 막히지 않고 몸을 떠날 수 있다면, 사람들은 더 시원하게 느낄 것이다. 《사이언스(Science)》지에 기술된 새로운 소재는 신체가 두 가지 방법으로 열을 방출하도록 허용함으로써 작용한다. 첫째, 일반 직물처럼, 신소재는 그것을 통해 땀이 증발하게 한다. ⁰²둘째, 적외선이 방출되도록 허용하는데, 이는 일반 의류 소재로는 불가능한 냉각 시스템이다.

나노포러스 폴리에틸렌(nanoporous polyethylene) 즉, 나노PE(nanoPE)라고 불리는 이 원단은 일반적으로 '클링랩'으로 사용되는 투명하고 신축성이 좋은 플라스틱인 폴리에틸렌의 변형 형태이다. ⁰³클링랩은 적외선이 통과할 수 있게 해준다. 하지만, 그것은 또한 습기를 가두고 완전히 투명하다. 이러한 한계를 해결하기 위해, 과학자들은 배터리를 만드는 데 일반적으로 사용되는 폴리에틸렌의 한 종류를 발견했다. 이 플라스틱 소재는 적외선을 통과시키지만 가시광선을 차단할 수 있을 만

큼 불투명하다. 그리고 나서 그들은 플라스틱이 천연 섬유처럼 "호흡"할 수 있도록 화학 물질로 플라스틱을 처리했다.

이 재료를 좀 더 직물처럼 만들기 위해, 연구원들은 세 겹으로 된 버전을 만들었다: 처리한 폴리에틸렌 두 장 사이에 ⁰⁶ 끼워진 면 망사. ⁰⁴ 새 섬유를 일반 면과 비교했을 때, 사람의 피부를 화씨 4도 또는 섭씨 2.3도 더 시원하게 유지한 것으로 알려졌다. ⁰⁵ 이러한 체온 하락은 나노PE 착용자가 에어컨이나 선풍기를 덜 켜게 할 것이다.

연구원들은 천과 같은 특징과 색상을 더하는 것을 포함하고 제조 공정을 비용 효율적으로 만들면서 원단을 ⁰⁷ 개선하는 작업을 여전히 하고 있다. 만약 성공한다면, 새로운 천은 더운 기후에서 사람들을 더 편안하게 만들 수 있다. 또한 건물의 에너지 비용을 45%까지 절감할 수 있다.

어휘 fabric 섬유, 천 cotton 면 air conditioning 냉방 normal 정상적인 infrared radiation 적외선 방사 release 방출하다 sweat 땀 evaporate 증발하다 modified 변형된 stretchable 신축성 있는 trap 가두다 moisture 수분 transparent 투명한 address 해결하다 identify 발견하다 commonly 일반적으로 opaque 불투명한 natural fiber 천연 섬유 three-ply 세 겹의, 3중 cotton mesh 면 망사 sandwiched 끼워진 treated 처리된 compare 비교하다 ordinary 일반적인 less inclined to+동사원형 ~하려는 경향이 덜한 refine 정제하다, 개선하다 manufacture 제조하다 cost-effective 비용 효율적인

---

1. (b)

유형 주제(What)

기사에 따르면 새로운 시원한 섬유의 이점은 무엇일까?

(a) 냉방의 효율 증대
(b) 전기 사용 비용 절감
(c) 몸을 이상적인 온도로 유지
(d) 패션 산업 활성화

해설 본문 1단락에서 "The fabric can be made into clothing that will help save energy on air conditioning."(이 섬유는 냉방에 드는 에너지를 절약하는 데 도움이 되는 옷으로 만들어질 수 있다.)라고 하였다. 이 섬유는 냉방 자체의 효율을 높이는 것이 아니라 냉방에 들어가는 전기 비용을 절약할 수 있으므로 (b)가 정답이다.

오답 분석 (a)는 'efficiency' 혹은 'air conditioning' 등 본문에 자주

나온 단어들을 그대로 활용하여 만들어진 매력적인 오답이다. 본문에 많이 나온 익숙한 단어 한두 개가 쓰여져 있어 눈으로만 보고서 무심코 고를 확률이 높은 선택지인 것이다. 지텔프 리딩 문제를 풀 때, 본문에 나왔던 동일 단어에 현혹되지 말고 의미를 반드시 해석해 보고 이와 유사한 다른 표현으로 패러프레이징된 선택지를 골라야 한다.

정답 Key Paraphrasing

본문에 쓰인 'save energy on air conditioning'과 유사한 표현은 'saving money on electricity use'이다.

어휘 benefit 이점 efficiency 효율 temperature 온도 boost 활성화하다 industry 산업

2. (c)

유형 세부사항(How)

스탠포드 소재는 일반 섬유와 어떻게 다른가?

(a) 체온이 빠져나가지 않도록 한다.
(b) 땀이 쉽게 증발되도록 한다.
(c) 적외선 방사를 차단하지 않는다.
(d) 증발하는 땀을 흡수한다.

해설 본문 2단락에서 "Second, it also allows infrared radiation to escape—a cooling system that is not possible with regular clothing materials."(둘째, 적외선이 방출되도록 허용하는데, 이는 일반 의류 소재로는 불가능한 냉각 시스템이다.)라고 하였다. 이 섬유는 일반 의류 소재와는 달리, 냉각 시스템, 즉 적외선이 빠져나가는 것을 허용한다는 특장점을 가지고 있으므로 (c)가 정답이다.

정답 Key Paraphrasing

본문에 쓰인 'it also allows infrared radiation to escape'와 유사한 표현은 'It does not block infrared radiation.'이다.

어휘 differ from ~와 다르다 evaporate 증발되다 block 막다 infrared 적외선의 radiation 방사 absorb 흡수하다

3. (d)

유형 세부사항(Why)

왜 플라스틱 랩이 의류 소재로 사용될 수 없는가?

(a) 충분히 신축성이 없기 때문에
(b) 안전하지 않은 화학 물질로 제조되므로
(c) 방사선이 빠져나오게 하므로
(d) 속이 들여다 보이기 때문에

해설 본문 3단락에서 "Cling wrap allows infrared radiation to pass through. However, it also traps moisture and is completely transparent."(클링랩은 적외선이 통과할 수 있게 해준다. 하지만, 그것은 또한 습기를 가두고 완전히 투명하다.)라고 하였다. 플라스틱 랩은 완전히 투명해서 그것을 옷감으로 사용하면 속이 들여다 보이는 단점이 있을 것으로 생각되므로 (d)가 정답이다.

정답 Key Paraphrasing

본문에 쓰인 'it also traps moisture and is completely transparent.'와 유사한 표현은 'because it can be seen through'이다.

어휘 clothing material 의류 소재 stretchable 신축성 있는 unsafe 안전하지 않은 chemical 화학 물질 escape 빠져나오다 be seen through 속이 훤히 보이다

4. (a)

유형 사실 관계(True or Not true)

세 겹으로 구성된 버전에 대한 설명으로 옳은 것은?
(a) 신체의 표면을 더 시원하게 유지할 수 있었다.
(b) 사람의 체온을 빠르게 낮췄다.
(c) 일반 면보다 편안하게 느껴졌다.
(d) 정상 체온을 유지할 수 있었다.

해설 본문 4단락에서 "When the new fabric was compared to ordinary cotton; it was found that it kept a person's skin 4°F or 2.3°C cooler."(새 섬유를 일반 면과 비교했을 때, 사람의 피부를 화씨 4도 또는 섭씨 2.3도 더 시원하게 유지한 것으로 확인되었다.)라고 하였다. 새 천이 피부를 더 시원하게 유지했으므로 (a)가 정답이다.

정답 Key Paraphrasing

본문에 쓰인 'it kept a person's skin 4°F or 2.3°C cooler'와 유사한 표현은 'It was able to keep the body's surface cooler.'이다. 특히 'skin'과 'the body's surface'는 같은 것을 나타낸다.

어휘 surface 표면 lower 낮추다 temperature 기온 comfortable 편안한 ordinary 일반적인 maintain 유지하다 normal 정상적인

5. (d)

유형 추론(How)

새 섬유가 에너지 비용을 어떻게 절감할까?
(a) 다른 직물보다 제조하는 것이 더 쉽도록 함으로써
(b) 건물을 더 오랫동안 시원하게 유지함으로써
(c) 착용자의 땀을 줄임으로써
(d) 냉방의 필요성을 줄임으로써

해설 본문 4단락에서 "This drop in temperature would make a nanoPE wearer less inclined to turn on an air conditioner or electric fan."(이러한 체온 하락은 나노PE 착용자를 에어컨이나 선풍기를 덜 켜게 될 것이다.)에서 이 소재의 옷을 입으면 냉방기 사용을 덜하게 된다고 했으므로 (d)가 정답이다.

정답 Key Paraphrasing

본문에 쓰인 'make a nanoPE wearer less inclined to turn on an air conditioner or electric fan'과 유사한 표현은 'by decreasing the need for air-conditioning'이다.

어휘 reduce 줄이다 cost 비용 manufacture 제조하다 decrease 감소시키다

6. (c)

유형 어휘(과거분사: sandwiched)

본문의 맥락에서, sandwiched는 _____를 의미한다.
(a) 냉동된
(b) 분리된
(c) 삽입된
(d) 붐비는

해설 본문 4단락 "a cotton mesh sandwiched between two sheets of treated polyethylene."(처리된 폴리에틸렌 두 장 사이에 끼어 있는 면 망사)에서 과거분사 sandwiched는 '두 장 사이에 낀, 중간에 삽입된'의 의미로 사용되었다. 보기 중 이 의미와 가장 가까운 (c)가 정답이다.

어휘 sandwiched 끼어 있는 frozen 냉동된 separated 분리된 inserted 삽입된 crowded 붐비는

7. (b)

유형 어휘(동명사: refining)

본문의 맥락에서, refining은 _____ 를 의미한다.

(a) 문명화하기
(b) 개선하기
(c) 수리하기
(d) 청결하게 하기

해설 본문 마지막 단락에서 "The researchers are still working on refining the fabric, including adding more cloth-like characteristics and colors, and making the manufacturing process cost-effective."(연구원들은 천과 같은 특징과 색상을 더하는 것을 포함하고 제조 공정을 비용 효율적으로 만들면서 원단을 더 개선하는 일을 여전히 하고 있다.)에서 동명사 refining은 '개선하기, 더 좋게 만들기'의 의미로 사용되었으므로 (b)가 정답이다.

어휘 refining 정제하기, 개선하기 civilizing 문명화하기 improving 개선하기 repairing 수리하기 cleansing 청결하게 하기

[08~14] 네안데르탈인 멸종과 불 사용과의 상관관계

네안데르탈인은 차가운 식사에 비싼 값을 지불했다

08 최근의 고고학적 발견은 네안데르탈인이 멸종하게 된 이유 중 하나가 불을 충분히 이용하지 못했기 때문일지도 모른다는 것을 제시한다. 연구원들은 약 40,000년 전에 멸종한 인간의 아종인 네안데르탈인이 불을 어떻게 조절하는지 알고 있었을지도 모른다고 제안한다. 하지만, 그들은 생존을 보장할 만큼 충분히 효과적으로 그것을 사용하지 못했을지도 모른다. 일부 전문가들은 그들의 음식 준비 방법, 특히 불을 꺼리거나 사용하지 못하는 것이 그들의 종말에 중요한 요인이 되었을 것이라고 믿는다.

네안데르탈인과 가까운 종인 초기 인류는 몇 가지 이유로 불을 사용했다. 그중 하나는 음식을 익히는 것이었다. 09 조리는 우리의 조상들에게 제한된 양의 음식으로부터 더 많은 칼로리를 주었다. 맛을 개선하고 음식을 먹기에 더 안전하게 만드는 것 외에도, 조리할 때 열기는 단백질을 더 간단한 단위로 분해하여 우리 몸이 에너지로 사용하기 쉽게 만든다. 이것은 우리의 조상들에게 음식을 거의 공급하지 않았던 빙하기 서유럽의 추운 기후에서 13 유리함을 주었다.

10 네안데르탈인은 육중한 체격과 높은 체질량 지수(BMI)로 인해 인간보다 더 많은 칼로리가 필요했다. 음식을 조리하는데 불을 사용하지 않음으로써, 그들은 이용할 수 있는 제한된 자원으로부터 더 적은 칼로리를 얻었다. 수학적 모델은 불의 사용이 초기 인간과 네안데르탈인의 생존에 어떻게 영향을 미쳤는지를 보여주었다. 이 모델들은 인간이 식용으로 불을 더 많이 사용할수록, 네안데르탈인에 비해 개체수가 더 증가했다는 것을 나타냈다. 11 이러한 인구 증가는 식량에 대한 더 큰 14 수요로 이어졌다. 그 결과, 그들은 인구가 적은 네안데르탈인을 단순히 능가했을 수도 있고, 이것은 후자의 멸종을 초래할 수도 있었다.

그러나 모든 사람이 그 결과에 동의하는 것은 아니다. 네안데르탈인에 대한 정보가 부족하기 때문에 네안데르탈인의 멸종에 대해 확정적인 결론을 내리기가 어렵다. 네안데르탈인이 실제로 생존을 위해 얼마나 많은 칼로리가 필요했는지는 아직 밝혀지지 않았으며, 과학자들은 네안데르탈인이 식물만 먹었는지, 육류만 먹었는지, 아니면 둘 다 먹었는지에 대해서도 동의하지 않는다. 12 그들의 식단을 아는 것은 불로 요리하는 것이 그들의 생존에 영향을 미쳤을 수도 있는 정도를 결정할 수 있다.

어휘 recent 최근의 archeological 고고학적 propose 제안하다, 제시하다 extinct 멸종된 failure 실패 subspecies 아종, 변종 effectively 효과적으로 ensure 확실히 하다, 보장하다 survival 생존 expert 전문가 method 방법 preparation 준비 particularly 특히 reluctance 꺼려함 inability 무능, ~하지 못함 key factor 핵심 요인 demise 죽음, 종말 closely related to ~와 가까운 동족 관계의 population 인구 break down A into B A를 B로 분해하다 edge 가장자리, 유리함 stocky physique 육중한 체격 affect 영향을 미치다 indicate 나타내다 compared to ~와 비교되는 demand for ~에 대한 수요 outcompete ~보다 경쟁에서 우월하다 populous 인구가 많은 extinction 멸종 findings (조사, 연구의) 결과, 결론 lack 부족 definitive 확정적인 conclusion 결론 disappearance 사라짐 determine 결정하다 extent 정도

8. (a)

주제(What)

> 네안데르탈인이 사라진 이유 중 하나는 무엇일까?
>
> (a) 불을 적절히 사용하지 못함
> (b) 초기 인류의 손에 죽음
> (c) 화재를 통제할 수 없게 하는 경향
> (d) 불의 존재에 대한 그들의 무지

해설 본문 1단락에서 "Recent archeological findings propose that one of the reasons Neanderthals became extinct may have been their failure to make full use of fire."(최근의 고고학적 발견은 네안데르탈인이 멸종하게 된 이유 중 하나가 불을 충분히 이용하지 못했기 때문일지도 모른다는 것을 제시한다.)라고 하였으므로 정답은 (a)이다.

정답 Key Paraphrasing

본문에 쓰인 'their failure to make full use of fire'와 유사한 표현은 'their inability to employ fire properly'이다. 특히 failure와 inability는 문맥상 동의어이고 make use of와 employ는 유사성이 높은 표현이다.

어휘 disappearance 사라짐 inability 무능, ~하지 못함 employ 사용하다 properly 적절하게 tendency 경향 rage 맹위를 떨치다 ignorance 무지 existence 존재

9. (c)

유형 세부사항(How)

> 음식을 익히는 것이 현대인의 조상들에게 어떻게 도움이 되었는가?
>
> (a) 식욕을 증진시킴으로써
> (b) 식품에 영양소를 첨가하여서
> (c) 식품으로부터 더 많은 에너지를 얻도록 도와서
> (d) 식품을 더 오래 보관할 수 있게 함으로써

해설 본문 2단락에서 "Cooking gave our human ancestors more calories from a limited amount of food."(조리하는 것은 우리의 조상들에게 제한된 양의 음식으로부터 더 많은 칼로리를 주었다.)라고 하였다. 불을 사용하여 음식을 요리하는 것이 우리의 조상들에게 더 많은 칼로리를 주어서 인류의 조상들이 더 많은 에너지를 얻도록 도왔다고 할 수 있다. 따라서 정답은 (c)이다.

정답 Key Paraphrasing

본문에 쓰인 'gave our human ancestors more calories from a limited amount of food'와 유사한 표현은 'helping them get more energy from food'이다.

어휘 benefit 이득을 주다 ancestor 조상 improve 향상시키다, 증진시키다 appetite 식욕 add A into B A를 B 속에 추가하다 nutrient 영양소

10. (d)

유형 세부사항(Why)

> 본문에 근거하면, 왜 네안데르탈인은 살아남기 위해 더 많은 칼로리를 필요로 했는가?
>
> (a) 더 자주 이동했다.
> (b) 자원을 채집하기 위해서 더 많은 에너지가 필요했다.
> (c) 인간보다 더 추운 곳에서 살았다.
> (d) 키에 비해 몸무게가 많이 나갔다.

해설 본문 3단락에서 "Neanderthals needed more calories than humans due to their stocky physique and higher Body Mass Index (BMI)."(네안데르탈인은 육중한 체격과 높은 체질량 지수(BMI)로 인해 인간보다 더 많은 칼로리가 필요했다.)라고 하였다. 이 문제는 상당히 고도의 집중력을 요구하는 문제이다. stocky physique는 '키는 작지만, 다부진 체격'이라는 의미를 알아야 하고 'BMI 지수가 높다'는 것은 비만하다는 뜻임을 알아야 (d) They had a greater weight to height ratio.(키보다 몸무게가 더 나갔다)를 정답으로 고를 수 있다. 듣기와 읽기에서 핵심은 본문 내용을 그대로 반복하는(repeat) 것이 아니라 바꾸어 표현하기(paraphrasing)가 정답의 열쇠이다. 평상 시 본문과, 선택지와 질문의 paraphrasing 관계를 학습해야 한다.

정답 Key Paraphrasing

본문에 쓰인 'due to their stocky physique and higher Body Mass Index (BMI)'와 유사한 표현은 'They had a greater weight to height ratio.'이다.

어휘 survive 살아남다 resource 자원 weight 몸무게 height 키 ratio 비율

11. (c)

유형 추론(What)

> 무엇이 네안데르탈인을 멸종시켰을까?
>
> (a) 그들은 안전하게 조리되지 않은 음식을 먹었다.
> (b) 그들은 인구가 적은 지역으로 밀려났다.
> (c) 초기 인류가 식량 공급을 빼앗았다.
> (d) 초기 인류가 경쟁에서 그들을 죽였다.

본문 3단락에서 "This increase in the human population led to a greater demand for food."(이러한 인구 증가는 식량에 대한 더 큰 수요로 이어졌다.)라고 하였다. 여기서도 네안데르탈인과 초기 인류는 식량을 두고 경쟁을 하였고, 초기 인류의 수가 늘어나면서 네안데르탈인의 식량은 줄어 들었을 것이라고 추론할 수 있다. 따라서 정답은 (c)이다.

어휘 drive A to extinction A를 멸종시키다 less populated 인구가 적은 competition 경쟁

12. (a)

유형 세부사항(Which)

> 요리가 네안데르탈인의 생존에 정말로 영향을 미쳤는지 판단하는 데 어떤 요소가 도움이 될 수 있을까?
>
> (a) 정기적으로 먹는 식품의 유형
> (b) 식품 조리에 사용했던 방법
> (c) 인간이 그들에게 남긴 음식의 종류
> (d) 그들이 식량을 위해 재배한 식물의 양

해설 본문 4단락에서 "Knowing their diet could determine the extent to which cooking with fire could have affected their survival."(그들의 식단을 아는 것은 불로 요리하는 것이 그들의 생존에 영향을 미칠 수 있는 정도를 결정할 수 있다.)라고 하였다. 보기 중 이 내용과 일치하는 (a)가 정답이다.

정답 Key Paraphrasing

본문에 쓰인 'their diet'와 유사한 표현은 'the type of food they regularly ate'이다.

어휘 factor 요인 determine 결정하다 affect 영향을 미치다 survival 생존 regularly 정기적으로 method 방법 the amount of ~의 양

13. (d)

유형 어휘(명사: edge)

> 본문의 맥락에서, edge는 _____ 를 의미한다.
>
> (a) 능력
> (b) 요점
> (c) 경계선
> (d) 이점

해설 본문 2단락에서 "This gave our ancestors an edge in the cold climate of Ice Age Western Europe, which supplied little food."(이것은 우리의 조상들에게 음식을 거의 공급하지 않았던 빙하기 서유럽의 추운 기후에서 유리함을 주었다.)라고 하였다. 문맥 상 명사 edge는 이점, 장점의 의미로 사용되었으므로 (d)가 정답이다.

어휘 edge 가장자리, 유리함 ability 능력 point 요점 border 경계선 advantage 이점

14. (b)

유형 어휘(명사: demand)

> 본문의 맥락에서, demand는 _____ 를 의미한다.
>
> (a) 검색
> (b) 요구
> (c) 잉여
> (d) 질서

해설 본문 3단락에서 "This increase in the human population led to a greater demand for food."(이러한 인구 증가는 식량에 대한 더 큰 수요로 이어졌다.)라고 하였다. demand는 문맥에서 '수요, 요구'의 의미로 사용되었으므로 (b)가 정답이다.

어휘 demand 수요 search 검색 requirement 요구 surplus 잉여 order 질서

[15-21] 사진 찍기가 경험 몰입에 미치는 영향

사진을 찍는 것은 사람들이 경험을 더 많이 즐길 수 있게 한다

사람들은 경험을 사진으로 찍는 것이 그 순간을 즐길 수 있는 것을 망칠 수 있다고 생각할지도 모른다. [15]하지만, 새로운 연구는 카메라로 경험을 포착하는 것이 실제로 사람들을 더 행복하게 할 수 있다는 것을 보여준다. 이 연구의 수석 연구원이자 서던 캘리포니아 대학의 부교수인 크리스틴 다일(Kristin Diehl)에 따르면, 사진을 찍는 것은 찍지 않았다면 평범했을 경험에 대한 참여도를 높이고 즐거움을 [20]증진시킬 수 있다고 한다.

'인성과 사회심리학 저널'에 게재된 이번 연구는 사진을 찍는 것이 사건의 즐거움에 어떤 영향을 미치는지에 대한 최초의 광범위한 연구이다. 그 연구는 2,000명이 넘는 사람들을 포함시켰는데 그들은 실제 상황에서 3개, 실험실에서 6개로, 이렇게 총 9개의 실험에 참여했다. 이들은 가상 사파리에 가는 등 더 강렬한 활동뿐만 아니라 버스 투어와 푸드코트에서 식사하는 등 일상적인 체험도 했다. [16]참가자들은 자신의 경험을 사진으로 찍거나 혹은 찍지 말라고 지시받았다. 실험 후 실시된 설문 조사는 거의 모든 경우에 사진을 찍은 사람들이 사진을

찍지 않은 사람들보다 훨씬 더 그 순간을 즐겼다는 것을 보여주었다.

이전의 보도들은 사진 찍기가 순간을 즐기는 것으로부터 주의를 21산만하게 할 수 있다고 주장했지만, 새로운 연구는 사실, 사진 찍기가 사람들로 하여금 그 경험에 더 몰두하게 한다는 것을 보여주었다. 17사진의 구도를 잡을 때 요구되는 디테일에 대한 추가적인 관심은 그들이 경험을 더욱 깊이 감상하게 만든다. 다일에 따르면, 사람을 더욱 몰두하게 만드는 것은 단순히 촬영하는 행위보다는 사진을 찍을 계획을 세울 때 수반되는 정신적 과정이다. 그 예로, 연구원들은 박물관 견학 중에 참가자들이 눈의 움직임을 추적하는 안경을 쓴 실험을 인용했다. 18전시품 사진을 찍은 사람들이 그렇지 않은 사람들보다 전시품들을 더 잘 감상했다.

그 연구는 마찬가지로 사진을 찍는 것에 대한 몇 가지 단점도 언급했다. 사용하기 어려운 카메라는 사람이 이벤트를 즐기는 것을 막을 수 있다. 19또한, 사진을 찍는 것은 나쁜 경험을 훨씬 더 나쁘게 만들 수 있다. 가상 사파리를 포함한 실험실에서의 실험에서 물소를 공격하는 사자 무리의 사진을 찍은 참가자들은 그 불쾌한 장면을 보기만 했던 참가자들보다 그 장면을 덜 즐겼다.

어휘 assume 생각하다, 가정하다 take pictures of ~의 사진을 찍다 ruin 망치다 capture 포착하다 associate professor 부교수 engagement 참여 influence 영향을 미치다 experiment 실험 situation 상황 intense 강렬한 virtual 가상의 instruct 지시하다 survey 설문 조사 argue 주장하다 sidetrack 곁길로 새게 하다, 산만하게 하다 attention 주의, 집중 detail 세부사항 compose (그림, 사진의) 구도를 잡다 appreciate 감사하다, 감상하다 exhibit 전시하다, 전시품 likewise 마찬가지로 note 주목하다, 언급하다 prevent A from B(-ing) A가 B하는 것을 막다 participant 참가자 a pride of (사자) 무리 unpleasant 불쾌한

15. (a)

유형 주제(What)

보고서에는 경험을 사진으로 찍는 것에 대해 뭐라고 쓰여 있는가?

(a) 경험에 즐거움을 더한다는 것
(b) 경험을 회상하기 어렵게 만든다는 것
(c) 경험 자체보다 더 재미있다는 것
(d) 경험을 독특하게 만든다는 것

해설 본문 1단락에서 "However, a new study suggests that capturing experiences on camera can actually make people happier."(하지만, 한 새로운 연구는 카메라로 경험을 포착하는 것이 실제로 사람들을 더 행복하게 할 수 있다는 것을 보여준다.)라고 하였다. 보기 중 이 내용과 일치하는 (a)가 정답이다.

정답 Key Paraphrasing

본문에 쓰인 'capturing experiences on camera can actually make people happier'와 유사한 표현은 'that it adds pleasure to the experience'이다.

어휘 add 더하다 pleasure 즐거움 recall 회상하다 unique 독특한

16. (d)

유형 세부사항(How)

실험 대상자들은 어떻게 분류되었는가?

(a) 기억력이 좋거나 나쁜 사람으로
(b) 실험실 또는 가상 상황의 참여자로
(c) 사진을 좋아하거나 좋아하지 않는 사람으로
(d) 사진을 찍는 사람과 안 찍는 사람으로

해설 본문 2단락에서 "The participants were instructed to either take pictures of their experiences or not."(참가자들은 자신의 경험을 사진으로 찍거나 찍지 말라고 지시받았다.)라고 하였다. 본문 중 이 내용과 일치하는 (d)가 정답이다.

정답 Key Paraphrasing

본문에 쓰인 'The participants were instructed to either take pictures of their experiences or not'과 유사한 표현은 'as either picture-takers or non-picture-takers'이다.

어휘 experiment 실험 participant 참가자 virtual 가상의 picture-taker 사진 찍는 사람

17. (c)

유형 세부사항(What)

사진을 찍을 때 무엇이 이벤트를 더 흥미롭게 느껴지게 하는가?

(a) 사진 촬영 기술
(b) 카메라 사용 편의성
(c) 사진 찍을 준비를 하는 행위
(d) 이벤트의 본질

해설 본문 3단락에서 "The extra attention to detail required by composing a photo makes them appreciate the experience even more. According to Diehl, it is the mental process involved when planning to take the picture rather than just the act of shooting that makes a person more engaged."(사진의 구도를 잡을 때 요구되는 디테일에 대한 추가적인 관심은 그들이 경험을 더욱 깊이 감상하게 만든다. 다엘에 따르면, 사람을 더욱 몰두하게 만드는 것은 단순히 촬영하는 행위보다는 사진을 찍을 계획을 세울 때 수반되는 정신적 과정이다.)라고 하였다. 보기 중 이 내용과 일치하는 (c)가 정답이다.

정답 Key Paraphrasing

본문에 쓰인 'the mental process involved when planning to take the picture'와 의미상 통하는 것은 'the act of preparing the shot'이다.

어휘 engaging 흥미를 느끼게 하는, 참여시키는 ease 용이성 nature 본성, 본

18. (b)

유형 세부사항(Why)

왜 사진을 찍은 사람들이 박물관 전시품에 더 많이 몰두했는가?
(a) 그들의 시선 추적기는 그들이 전시품을 더 잘 볼 수 있게 했다.
(b) 전시품이 그들에게 더 흥미로워졌다.
(c) 그들은 천성적으로 더 관찰력이 강했다.
(d) 그들이 둘러본 박물관은 더 좋은 전시품을 가지고 있었다.

해설 본문 3단락에서 "Those who took photos of the exhibits appreciated them better than those who did not."(전시품 사진을 찍은 사람들이 그렇지 않은 사람들보다 전시품들을 더 잘 감상했다.)라고 하였다. 사람들이 전시품을 더 잘 감상하는 것은 전시품에 더 흥미를 느끼는 것과 같으므로 (b)가 정답이다.

정답 Key Paraphrasing

본문에 쓰인 'Those who took photos of the exhibits appreciated them better'와 유사한 표현은 'The exhibits became more interesting to them.'이다.

어휘 get involved 몰두하다 exhibit 전시품 eye tracker 시선 추적기 naturally 천성적으로 observant 관찰력 있는 tour 견학하다

19. (d)

유형 추론(Why)

왜 사진 찍는 사람들은 사자의 공격을 덜 즐겼을까?
(a) 덜 실제 같은 사파리 장면을 보았기 때문
(b) 부득이하게 그 장면을 보았기 때문
(c) 관람에 집중할 수 없었기 때문
(d) 그 장면에 더 몰두되어 느꼈기 때문

해설 본문 4단락에서 "Also, taking photos can make a bad experience even worse. In a lab experiment involving a virtual safari, participants who took pictures of a pride of lions attacking a water buffalo enjoyed the scene less than those who just watched the unpleasant scene."(또한, 사진을 찍는 것은 나쁜 경험을 훨씬 더 나쁘게 만들 수 있다. 가상 사파리를 수반한 실험실 실험에서 물소를 공격하는 사자 무리의 사진을 찍은 참가자들은 불쾌한 장면을 보기만 했던 참가자들보다 그 장면을 덜 즐겼다.)라고 하였다. 불쾌한 장면의 사진을 찍은 사람은 그냥 그 장면을 본 사람보다 더 몰입되기 때문에 더 불쾌하게 느끼게 되는 것으로 추론되므로 (d)가 정답이다.

어휘 attack 공격하다 less lifelike 덜 실제적인 focus on 초점을 맞추다 involved with ~에 몰두하는

20. (a)

유형 어휘(동사: boost)

본문의 맥락에서, boost는 _____를 의미한다.
(a) 향상시키다
(b) 영향을 주다
(c) 운반하다
(d) 생성하다

해설 본문 1단락 "picture-taking can increase one's engagement in an otherwise ordinary experience and boost one's enjoyment."(사진을 찍는 것은 다른 방식으로는 평범했을 경험에 대한 참여도를 높이고 즐거움을 증진시킬 수 있다.)에서 동사 boost는 '~을 증가시키다, 향상시키다'의 뜻으로 사용되었으므로 (a)가 정답이다.

어휘 boost 증가시키다, 향상시키다 improve 향상시키다 affect 영향을 미치다 carry 운반하다 create 생성하다

21. (b)

유형 어휘(동사: sidetrack)

본문의 맥락에서, sidetrack은 _____ 를 의미한다.

(a) 감소시키다
(b) 산만하게 하다
(c) 혼동시키다
(d) 지시하다

해설 본문 3단락 "picture-taking can sidetrack one's attention from enjoying a moment"(사진 찍는 것은 순간을 즐기는 것으로부터 주의를 산만하게 할 수 있다)에서 동사 sidetrack은 '곁길로 새게 하다, 산만하게 하다'는 뜻으로 사용되어서 '주의를 산만하게 하다, 주의를 딴 데로 돌리다.'의 뜻으로 쓰이는 보기의 동사 distract와 의미가 일치한다. 따라서 (b)가 정답이다. (c) confuse는 '헷갈리게 하다, 혼동시키다'의 뜻이므로 오답이다.

어휘 sidetrack 곁길로 새게 하다, 산만하게 하다 lessen 감소시키다 distract 산만하게 하다 confuse 혼동시키다 direct 지시하다

[22-28] 결심이나 목표를 성취하기 위한 방법

질문하는 것이 결심을 지키는 더 나은 방법이다

한 새로운 연구는 약속을 지키는 더 좋은 방법이 질문을 한 다음 그 질문에 대답하는 것이라고 보여주었다. [22] 미국의 대학 연구원들은 사람들이 선언 대신에 질문의 형태로 목표를 정하면 행동을 변화시키는데 성공할 가능성이 더 높다는 것을 발견했다. 예를 들어 "담배를 끊을거야."라고 스스로에게 말하기 보다는 "담배를 끊을까?"라고 물은 뒤 "그렇다"고 대답함으로써 그 약속을 지킬 가능성이 더 높다.

[23] '소비자 심리학 저널'에 공동으로 발표된 연구에서, 연구원들은 40년에 걸쳐 완성된 104개의 선행 연구 결과를 조사했다. 그 연구는 더 건강한 식단을 따르거나 더 많은 운동을 하는 것과 같은 목표를 달성하기 위해 문답법을 사용하는 것의 효과에 관한 것이었다. 대다수의 연구들이 특히 "예" 또는 "아니요"로 대답할 수 있는 질문들이 선언보다 행동을 [27] 바꿀 가능성이 더 높다는 것을 보여주었다.

그 연구의 공동 저자이자 캘리포니아 대학의 교수인 에릭 스팬젠버그에 따르면, 다양한 유형의 질문이 효과가 있었다고 한다. 대부분의 연구에서, 참가자들은 다른 사람들로부터 그들의 목표에 대한 질문을 받았고, 그들은 그들에게 대답만 하면 되었다. 다른 경우에, 몇몇 참가자들은 그것을 공개적인 선언으로 만들기 위해 목표나 결심을 정할 때 친구와 함께 작업했다. 공개적으로 어떤 것을 다짐하는 것은 사람들이 다른 사람들에게 그들이 성취한 사람이라는 것을 보여주도록 강요하기 때문에 효과가 있다.

[24] 스팬젠버그는 질문이 사람에게 긍정적인 행동을 하지 않는 것에 대한 책임감이나 죄책감을 준다고 믿는다. 이것이 행동 변화를 [28] 장려한다. [25] 연구원들은 "예" 또는 "아니요"로 대답할 수 있는 질문들이 명확하고 정확하기 때문에 더 효과적인 경향이 있다는 것을 알게 되었다. 그러나 태도 변화를 촉진시키기 위해 예, 아니요 질문을 반드시 사용해야 하는 것은 아니다. 이 연구는 또한 자원 봉사나 규칙적으로 운동하는 것과 같이 사회적으로 용인되는 행동과 관련된 질문이 가장 강한 영향을 미친다는 것을 보여주었다. [26] 다른 연구들은 약속을 적게 하고, 일기를 통해 자신의 발전을 관찰하고, 결단력을 갖는 것도 목표를 달성하는 데 도움이 된다는 것을 보여주었다.

어휘 suggest 보여주다, 제시하다 keep a promise 약속을 지키다 discover 발견하다 be more likely to 더 ~할 것 같다 behavior 행동 goal 목표 instead of ~ 대신에 statement 진술, 선언 A rather than B B라기 보다는 A jointly 공동으로 publish 출판하다 complete 완료하다 accomplish 완수하다, 성취하다 majority of 다수의 alter 바꾸다, 영향을 주다 participant 참여자 public statement 공개 성명 commit to ~에 전념하다, 다짐하다 compel 억지로 시키다 encourage 용기를 복돋우다 tend to ~하는 경향이 있다 precise 정밀한 prompt 촉발하다 volunteering 자발적인 work out 운동하다 monitor 추적 관찰하다 determined 결단력 있는, 결의에 찬 fulfill 달성하다

22. (b)

유형 주제(What)

이 연구는 무엇에 관한 것인가?

(a) 실행적 결심을 정하기 위한 전략
(b) 목표 달성을 위한 방법
(c) 보다 효과적인 질문을 하는 방법
(d) 사고방식을 바꾸는 데 성공하는 방법

해설 본문 1단락에서 "Researchers from universities in the United States discovered that people are more likely to succeed in changing their behavior if they put their goals in the form of a question instead of a statement."(미국의 대학 연구원들은 사람들이 그들의 목표를 선언 대신에 질문의 형태로 놓

는다면 그들의 행동을 바꾸는 데 성공할 가능성이 더 높다는 것을 발견했다.)라고 하였다. 연구에서 목표를 선언 대신에 질문의 형태로 말하면 목표 달성 확률이 높다는 것을 발견했고 이러한 발견을 뒷받침해 주는 예시와 근거 문장들이 뒤에 이어지므로 이 글은 목표 달성을 위한 방법에 관한 것이다. 따라서 정답은 (b)이다.

오답 분석 본문 중에 "when setting a goal or resolution"(목표나 결심을 정할 때)라는 구절이 있는데, setting resolution이라는 동일 어구가 그대로 나온 (a) strategies for setting practical resolutions(실행적 결심을 정하기 위한 전략)를 정답으로 오인할 수 있다. 이렇게 본문에 나온 동일한 어휘를 그대로 활용한 선택지는 오답일 확률이 높으므로 유의해야 한다.

어휘 strategy 전략   practical resolution 실행적 결심   achieve one's goal 목표를 달성하다   mindset 사고방식

23. (b)

유형 세부사항(How)

연구원들은 어떻게 그 연구를 위한 자료를 모았는가?

(a) 별도로 수집한 데이터를 공유함으로써
(b) 이전 연구의 모음들을 분석함으로써
(c) 가장 쉽게 이행되는 결심들을 연구함으로써
(d) 104명의 참가자와 인터뷰를 개최함으로써

해설 본문 2단락에서 "In a study jointly published in the *Journal of Consumer Psychology*, researchers examined the results of 104 earlier studies completed over the course of 40 years."('소비자 심리학 저널'에 공동으로 발표된 연구에서, 연구원들은 40년에 걸쳐 완성된 104개의 선행 연구 결과를 조사했다.)라고 하였다. 즉, 연구원들은 이전의 연구 자료들을 조사하고 분석함으로써 자료를 수집한 것이므로 정답은 (b)이다.

정답 Key Paraphrasing

본문에 쓰인 'researchers examined the results of 104 earlier studies completed over the course of 40 years'와 유사한 표현은 'analyzing a collection of previous studies'이다. 특히 'examined the results'는 'analyzing a collection'과 비슷한 말이고 'earlier studies'는 'previous studies'와 비슷한 말임을 알 수 있다.

어휘 gather data 자료를 모으다   separately 별도로   analyze 분석하다   previous 이전의   fulfilled 이행된

24. (c)

유형 세부사항(Which)

다음 중 어떤 것이 사람들이 결심에 따라 행동해야 한다는 압박감을 느끼게 하는가?

(a) 자신의 결심을 자신만 알고 있는 것
(b) 친구에게 자신의 결심에 대해 묻는 것
(c) 자신의 목적에 대해 질문받는 것
(d) 모든 결심을 지키기로 결정하는 것

해설 본문 4단락에서 "Spangenberg believes that questioning gives a person a sense of responsibility or guilt about not doing the positive action."(스팬젠버그는 질문이 사람에게 긍정적인 행동을 하지 않는 것에 대한 책임감이나 죄책감을 준다고 믿는다.)라고 하였다. 그들의 목표나 의도에 대한 질문을 받을 때, 사람들은 그 목표(의도)를 달성하기 위한 책임감이나 압박감을 받으므로 정답은 (c)이다.

어휘 feel pressured 압박감을 느끼다   act on one's resolution 결심에 따라 행동하다   keep ~ to oneself ~를 자신만 알다   intention 의도, 목적

25. (a)

유형 추론(Why)

예/아니오 질문들이 왜 목표를 달성하는 데 더 도움이 될까?

(a) 사람에게 확신감을 준다.
(b) 죄책감을 완화할 수 있다.
(c) 자신의 태도에 도전할 수 있다.
(d) 목표를 이해하도록 도와준다.

해설 본문 4단락에서 "The researchers learned that questions answerable by "yes" or "no" tended to be more effective because they are clear and precise."(연구원들은 "예" 또는 "아니요"로 대답할 수 있는 질문들이 명확하고 정확하기 때문에 더 효과적인 경향이 있다는 것을 배웠다.)라고 하였다. Yes/no 질문은 명확하고 정확해서 사람들에게 확신감을 주기 때문에 목표를 달성하는 데 더 효과적이고 도움을 준다고 추론할 수 있으므로 정답은 (a)이다.

오답 분석 목표에 대한 Yes/no 질문들은 명확성을 가지고 있기 때문에 확실하다는 느낌을 줄 수 있다. 그러나 이러한 질문 자체가 목표를 이해하도록 도와주지는 않으므로 (d) They help one understand the goal.은 오답이다.

정답 Key Paraphrasing

본문에 쓰인 'they are clear and precise'와 유사한 표현은

'They give one a sense of certainty.'이다. 특히, 'clear and precise'와 'a sense of certainty'가 내용상 유사한 부분이다.

어휘 meet one's goal 목표를 달성하다   sense of certainty 확신감   relieve 완화하다   guilty feeling 죄책감   attitude 태도

26. (d)

유형 사실 관계(True or Not true)

결심을 성취하기 위한 방법이 아닌 것은 무엇인가?
(a) 경과를 계속 파악하기
(b) 자신의 의지에 대한 강한 힘을 유지하기
(c) 너무 많은 결심들을 설정하지 않기
(d) 자신의 결함을 계속 찾기

해설 본문 4단락에서 "Other research showed that making fewer promises, monitoring one's improvement through a diary, and being determined can also help in fulfilling goals."(다른 연구들은 약속을 적게 하고, 일기를 통해 자신의 발전을 관찰하고, 결단력을 갖는 것도 목표를 달성하는 데 도움이 된다는 것을 보여주었다.)라고 하였다. 결심이나 목표를 성취하기 위해 '일기를 통해 자신의 발전을 관찰하는 것'은 (a) 경과를 계속 파악하는 것과 같다. 그리고 결단력을 가지는 것은 (b) 자신의 의지에 대한 강한 힘을 유지하는 것과 의미상 통한다. 또한 위 본문 문장에서 '약속을 적게 하는 것'은 (c) 너무 많은 결심을 정하지 않기와 의미가 같다. 따라서 본문의 내용과 일치하지 않는 (d)가 정답이다.

정답 Key Paraphrasing
본문에 나온 'making fewer promises'는 (c) avoiding setting too many resolutions와 유사하고 'monitoring one's improvement through a diary'는 (a) keeping track of one's progress와 비슷하며 'being determined'는 (b) maintaining a strong power over one's will과 유사한 표현이다.

어휘 achieve a resolution 결심을 성취하다   keep track of ~을 계속 파악하다   progress 경과   maintain 유지하다   avoid 피하다   continue 계속하다   find fault with 결점을 찾다, 흠 잡다

27. (c)

유형 어휘(동사: alter)

본문의 맥락에서, alter는 _____를 의미한다.
(a) 규제하다
(b) 발전하다
(c) 영향을 주다
(d) 변환하다

해설 본문 2단락 "The majority of the studies showed that questions, specifically those that could be answered by "yes" or "no," are more likely to alter one's behavior than statements."(대부분의 연구들은, 특히 "예" 또는 "아니요"로 대답할 수 있는 질문들이 선언보다 행동을 바꿀 가능성이 더 높다는 것을 보여주었다.)에서 alter의 문맥상 의미는 '바꾸다, 고치다' 보다는 '소폭 바꾸다' 즉 '영향을 주다'가 더 적합한 의미이므로 정답은 (c)이다.

오답 분석 convert는 '개조하다', '전환하다', '변환하다' 등의 뜻으로 쓰이므로 (d) convert를 답으로 오인하기 쉽다. 그러나 convert는 주로 'convert A into B'의 형태로 많이 쓰인다. 즉, convert는 목적어 A를 B인 상태로 바꾸다는 의미가 강하므로 뒤에 목적어 하나만 쓰인 위의 문장에서는 적절하지 않다. 그러므로 (d) convert는 오답이다.

어휘 alter 바꾸다   regulate 규제하다   develop 발전시키다   influence 영향을 주다   convert 개조하다, 변환하다

28. (a)

유형 어휘(동사: encourage)

본문의 맥락에서, encourages는 _____를 의미한다.
(a) 동기를 부여하다
(b) 관련하다
(c) 압박하다
(d) 칭찬하다

해설 본문 4단락 "This encourages behavioral changes."(이것이 행동 변화를 장려한다.)에서 동사 encourages의 의미는 '격려하다/동기를 부여하다'이다. 보기 중 이 의미와 가장 가까운 (a)가 정답이다.

어휘 encourage 장려하다   motivate 동기를 부여하다   involve 관련하다   pressure 압박하다   praise 칭찬하다

PART 3

지식 백과

01. (d)	02. (b)	03. (a)	04. (d)
05. (c)	06. (a)	07. (c)	
08. (d)	09. (c)	10. (b)	11. (a)
12. (b)	13. (a)	14. (d)	
15. (d)	16. (c)	17. (a)	18. (b)
19. (a)	20. (b)	21. (c)	
22. (d)	23. (c)	24. (b)	25. (c)
26. (d)	27. (b)	28. (a)	

[01-07] 테트리스 게임의 시작과 시장에서의 성공

테트리스

〈테트리스(Tetris)〉는 러시아의 게임 디자이너이자 컴퓨터 엔지니어인 알렉세이 파지트노프가 만든 비디오 게임이다. 그것은 역대 가장 성공한 비디오 게임 중 하나이다.

01 〈테트리스〉에 대한 아이디어는 1984년 가장 좋아하는 퍼즐 게임인 〈펜토미노스(Pentominos)〉를 하는 동안 파지트노프에게 떠올랐는데, 이것은 직사각형 판을 채우기 위해 같은 크기의 다섯 개의 정사각형 조각들을 재배열하는 것을 수반한다. 그는 그 조각들이 우물 속으로 떨어졌다가 쌓이는 것을 상상했다. 그 후 그는 소련 과학 아카데미에서 일하는 동안 여가시간에 이 아이디어로 전자 게임을 개발하였다. 그 결과가 테트리스였다.

〈테트리스〉라는 이름은 그리스어로 '4'를 뜻하는 테트라(tetra)와 파지트노프가 가장 좋아하는 스포츠인 테니스에서 유래한다. 화면의 바닥을 향해 증가하는 속도로 조각들이 떨어질 때, 그 게임은 선수들이 여러 조합으로 된, 네 개의 큐브 조각들을 회전시키거나 움직이도록 요구한다. 02 목표는 스크린의 한쪽 가장자리에서 다른 쪽 가장자리까지의 연속 수평선을 형성하도록 조각을 배열하는 것이다. 이렇게 하면 선이 지워지고 포인트가 적립되며 새로운 떨어지는 조각들이 비워진 공간으로 이동한다. 02 조각들이 제대로 배열되지 않고 화면을 가득 채우면 게임이 끝난다.

파지트노프는 테트리스를 그의 친구들에게 공유했고, 그것은 빠르게 퍼져나갔다. 이 게임은 이미 미국과 유럽에 배포되었음에도 불구하고 2년 후에도 아직 특허를 받지 못했다. 03 소련 정부가 비디오 게임 회사인 아타리(Atari) 사에게 아케이드 버전에 대한 06 독점적인 권리를 그리고 다른 비디오 게임 회사인 닌텐도(Nintendo) 사에게 콘솔과 손에 드는 버전에 대한 권리를 주기 전까지 다른 여러 외국 회사들이 테트리스에 대한 권리를 주장하였다. 〈테트리스〉는 결국 닌텐도의 손에 드는 시스템인 게임보이(GameBoy)에 번들로 제공되었고, 결과적으로 수백만 본이 팔렸다.

04 이 게임의 단순한 개념과 제어가 성공의 큰 요인이다. 그것은 배우기엔 충분히 쉽지만 어떻게 그 조각을 배열할 것인지 빨리 결정해야 하기 때문에 대단히 매력적이다. 이 게임의 성공에도 불구하고, 05 1996년 소련이 해체된 후에야 파지트노프는 그의 창작에 대한 권리를 받아서 테트리스 회사를 07 설립했다.

〈테트리스〉는 전 세계에서 2억 본 이상이 팔렸고 65개 이상의 다른 플랫폼에서 출시되었다. 그것은 역대 가장 잘 팔리는 비디오 게임 중 하나이다.

어휘 involve 수반하다, 포함하다   rearrange 재배열하다   equally-sized 같은 크기의   square 정사각형   rectangular 직사각형의   pile up 쌓이다   require 요구하다   consist of ~로 구성되다   combination 결합, 조합   continuous 연속적인   horizontal line 수평선   edge 가장자리   cleared-out 정리된, 비워진   properly 알맞게   exclusive 독점적인, 배타적인   arcade version 아케이드 버전(오락실 버전)   console 게기판   handheld 손에 드는   eventually 결국, 마침내   be bundled with 묶음으로 묶이다   as a result 결과적으로   concept 개념   control 제어   huge 거대한   factor 요인   engaging 매력적인   be dissolved 해체되다   be released 출시되다   found 설립하다

1. (d)

유형 세부사항(How)

어떻게 파지트노프가 〈테트리스〉의 컨셉을 생각해냈는가?

(a) 먼저 비슷한 보드게임을 만들었다.
(b) 테니스 컴퓨터 게임을 했다.
(c) 정부로부터 의뢰를 받았다.
(d) 한 퍼즐 게임에서 영감을 얻었다.

해설 본문 2단락에서 "The idea for Tetris came to Pajitnov in 1984 while playing Pentominoes, his favorite puzzle game,"(테트리스에 대한 아이디어는 1984년 그가 가장 좋아하는 퍼즐 게임인 펜토미노스를 하는 동안 파지트노프에게 떠올랐다.)라고 하였다. 보기 중 이 내용과 일치하는 (d)가 정답이다.

정답 Key Paraphrasing

본문에 쓰인 'The idea for Tetris came to Pajitnov in 1984 while playing Pentominoes, his favorite puzzle game'와 유사한 표현은 'He took inspiration from a puzzle game.'이다.

어휘 come up with 생각해내다   concept 개념
commission 의뢰   inspiration 영감

2. (b)

유형 주제(What)

〈테트리스〉의 목표는 무엇인가?
(a) 가장 낮은 수의 벌점 얻기
(b) 조각이 너무 높게 쌓이지 않도록 하기
(c) 조각이 넘어지는 것을 방지하기
(d) 위에서 아래로 연속선을 만들기

해설 본문 3단락에서 "The goal is to arrange the pieces to form a continuous horizontal line from one edge of the screen to the other."(목표는 스크린의 한쪽 가장자리에서 다른 쪽 가장자리까지의 연속 수평선을 형성하도록 조각을 배열하는 것이다.)와 "When the pieces are not arranged properly and fill up the screen, the game ends."(조각들이 제대로 배열되지 않고 화면을 가득 채우면 게임이 끝난다.) 라고 하였다. 테트리스 게임에서 조각을 잘 배열해서 화면을 가득 채우지 않도록 해야 게임을 이어나갈 수 있으므로 (b)가 정답이다.

오답분석 (d)에서 'continuous line'이라는 어휘를 사용했는데 이는 본문에 나온 단어여서, 선택지 (d)를 매력적으로 느껴지게 만든다. 그러나 바로 뒤에 이어지는 'from top to bottom'이라는 표현은 상하로 뻗은 선을 의미하게 되어서, 좌우 수평선일 때 조각이 소거되는 테트리스의 원리와 다르므로 오답이 된다. 본문에 나온 익숙한 단어 한두 개만 보고 성급하게 정답을 판단하지 말고 동일 단어가 쓰인 선택지는 끝까지 읽으면서 오답인지 정답인지를 가려내야 한다.

어휘 goal 목표   lowest 가장 낮은   penalty point 벌점
keep A from B(= prevent A from B) A가 B하는 것을 막다
stack up 쌓아 올리다   continuous line 연속되는 선   from top to bottom 위에서 아래로

3. (a)

유형 추론(Which factor)

어느 것이 그 게임의 '게임보이' 버전의 성공에 기여했을까?
(a) 닌텐도 사에 의한 게임 소유권
(b) 아타리 사의 아케이드 버전의 실패
(c) 미국의 게임 제조
(d) 게임의 특허권 취득 지연

해설 본문 4단락에서 "Different foreign companies claimed the rights to Tetris, until the Soviet government gave Atari, a video game company, exclusive rights to the arcade version, and to another video game company, Nintendo, the rights to the console and handheld versions."(소련 정부가 비디오 게임 회사인 아타리 사에 아케이드 버전에 대한 독점권을, 그리고 다른 비디오 게임 회사인 닌텐도사에 콘솔과 손에 드는 버전에 대한 권리를 줄 때까지 다른 여러 외국 회사들이 테트리스에 대한 권리를 주장했다.)라고 하였다. 이 문장 바로 다음에 닌텐도 사의 GameBoy가 시장에서 성공했다는 내용이 따라오므로, 손에 드는 버전인 GameBoy의 성공은 닌텐도 사가 이에 대한 독점적 권리를 얻었기 때문인 것으로 추론된다. 따라서 (a)가 정답이다.

어휘 factor 요인   probably 아마도   contribute to ~에 기여하다   ownership 소유권   failure 실패   manufacture 제조하다   delay 지연   patent 특허, 특허를 획득하다

4. (d)

유형 세부사항(What)

〈테트리스〉의 인기의 이유는 주로 무엇인가?
(a) 다양한 제어
(b) 특이한 게임 플레이 개념
(c) 배우기가 어려움
(d) 복잡성의 결여

해설 본문 5단락에서 "The game's simple concept and controls are huge factors in its success. It is easy enough to learn"(게임의 단순한 개념과 제어가 성공의 큰 요인이다. 그것은 배우기에 충분히 쉽다.)라고 하였다. 이 게임의 단순한 개념과 제어로 배우기 쉽다는 점이 게임의 성공 요인이라고 말했으므로 게임의 단순성을 강조한 (d)가 정답이다.

정답 Key Paraphrasing

본문에 쓰인 'The game's simple concept and controls'와 유사한 표현은 'its lack of complexity'이다.

5. (c)

유형 세부사항(When)

> 파지트노프는 언제 마침내 〈테트리스〉에 대한 권리를 가졌
> 는가?
>
> (a) 닌텐도 사가 그에게 팔았을 때
> (b) 그가 정부를 고소했을 때
> (c) 소련이 해체되었을 때
> (d) 그것이 잘 팔리는 게임이 되었을 때

해설 본문 5단락에서 "it was only in 1996 after the Soviet
Union was dissolved that Pajitnov received the rights to
his creation and founded The Tetris Company."(1996년 소련
이 해체된 후에야 파지트노프는 그의 창작에 대한 권리를 획득하고 테
트리스 회사를 설립했다.)라고 하였다. 보기 중 이 내용과 일치하는
(c)가 정답이다.

정답 Key Paraphrasing

본문에 쓰인 'after the Soviet Union was dissolved' 와 유사한
표현은 'when the Soviet Union broke up'이다.

어휘 own 소유하다   sue 고소하다   break up 해체되다

6. (a)

유형 어휘(형용사: exclusive)

> 본문의 맥락에서, exclusive는 _____을 의미한다.
>
> (a) 단독의
> (b) 원본의
> (c) 우월한
> (d) 공유된

해설 본문 4단락에서 "the Soviet government gave Atari, a
video game company, exclusive rights to the arcade
version,"(소련 정부는 비디오 게임 회사인 아타리에게 아케이드 버전
에 대한 독점권을 주었고)에서 형용사 exclusive의 의미는 '배타적
인, 독점적인'의 의미로 사용되었다. 보기 중 이 의미와 가장 가까
운 (a)가 정답이다.

어휘 exclusive 독점적인   sole 단독의   original 원본의
superior 우월한   shared 공유된

7. (c)

유형 어휘(동사: found)

> 본문의 맥락에서, founded는 _____을 의미한다.
>
> (a) 발견했다
> (b) 제공했다
> (c) 형성했다
> (d) 구입했다

해설 본문 5단락 "Pajitnov received the rights to his
creation and founded The Tetris Company."(파지트노프는 그
의 창작에 대한 권리를 획득하고 테트리스 회사를 설립했다.)에서 동사
founded의 의미는 '설립했다'이다. 보기 중 이 의미와 가장 가까
운 (c)가 정답이다.

어휘 found 설립하다   discover 발견하다   provide 제공하
다   form 형성하다   bought (buy의 과거) 샀다

[08~14] 수분을 통해 식물의 씨앗 생산을 돕는 꿀벌

꿀벌

꿀벌 아피스멜리페라는 세계에서 가장 존중받는 곤충 중 하나
이다. 그것은 수분 작용이라고 불리는 과정을 통해 식물 씨앗
의 생산을 보장하는 중요한 역할을 한다. ⁰⁸ 하지만, 이 꿀벌은
사람들이 가장 좋아하는 음식 중 하나인 꿀을 생산하는 것으
로 가장 잘 알려져 있다.

꿀벌은 머리, 흉부, 복부의 세 부분으로 ¹³ 나누어진 털이 있는
몸을 가지고 있다. 머리는 두 개의 큰 눈과 한 쌍의 더듬이를
가지고 있다. ⁰⁹ 이 곤충의 몸의 중간 부분인 흉부에는 두 쌍
의 날개와 세 쌍의 다리가 있다. 복부는 밀랍과 꿀이 만들어지
는 곳이다. 꿀벌은 연한 갈색에서 금빛 노란색이며 길이는 약
12mm까지 자란다.

꿀벌은 8만 마리나 되는 꿀벌 군락에 살고 있다. ¹⁰ 그것들은
벌집이라고 불리는 집을 자신들의 먹이인 꿀과 꽃가루를 생산
하는 꽃들이 풍부하게 제공되는 곳 가까이에 짓는다. 벌집은
보통 속이 빈 나무나 바위 틈새 안에 지어진다. 꿀벌에는 세 가
지 종류가 있다: 여왕벌, 일벌, 수벌이다. 여왕은 알을 낳고 다
른 벌들에게 지시한다. 일벌은 알을 낳지 않고 대신 먹이를 찾
고 꿀을 만들고 벌집을 보호하는 암벌이다. 수벌은 여왕과 짝
짓기를 하는 수컷 벌이다.

그들의 의사소통 형태는 매우 독특하다. 일벌은 먹이를 발견하
면, 특별한 춤을 통해 다른 벌들에게 먹이의 위치를 전달한다.

'원형춤'을 추는 벌, 즉 빠르고 둥근 동작으로 날고 있는 벌은 먹이 공급원을 찾았다고 말하고 있다. ¹¹꼬리의 빠른 좌우 운동인 '와글댄스'는 먹이의 거리와 방향을 ¹⁴전달한다. 이 꿀벌의 몸은 또한 여왕벌의 짝을 찾고 일벌들이 벌집으로 돌아오는 것을 돕고 서식지가 공격을 받을 때 다른 벌들에게 경고하기 위해 화학 신호를 보낸다.

¹²꿀벌은 씨앗을 생산하기 위해 꽃의 수술에서 암술로 꽃가루를 옮기기 때문에 농업에 중요하다. 게다가, 그것들은 꿀, 로얄 젤리, 왁스, 실란트를 포함한 중요한 소비재를 제공함으로써 대규모 양봉 산업을 창출하는데 도움을 준다.

> **어휘** well-respected 존중받는 ensure 보장하다 production 생산 pollination 수분 hairy 털이 난 be divided into ~로 나누어지다 thorax 흉부 abdomen 복부 antennae 더듬이 midsection 중간 부분 wax 밀랍 colony 군락, 군집, 식민지 hive 벌집 abundant 풍부한 nectar 꿀 pollen 꽃가루 hollow 속이 빈 drone 수컷 벌 location 위치 waggle dance 흔드는 춤 convey 전달하다, 운반하다 distance 거리 give off 내보내다, 내뿜다 chemical signal 화학 신호 warn 경고하다 agriculture 농업 sealant 밀봉제, 방수제

8. (d)

> **유형** 주제(What)

꿀벌은 무엇으로 가장 많이 알려져 있는가?

(a) 꽃에서 꿀을 채취하기
(b) 식물의 씨앗 전달하기
(c) 꽃가루의 확산을 막기
(d) 단 음식 품목 만들기

> **해설** 본문 1단락에서 "However, the honeybee is best known for producing one of people's favorite food items: honey."(하지만, 이 꿀벌은 사람들이 가장 좋아하는 음식 중 하나인 꿀을 생산하는 것으로 가장 잘 알려져 있습니다.)라고 하였다. 여기서 honey를 풀어서 쓴 것이 'a sweet food item'이므로 꿀벌은 단 음식 품목인 꿀을 만드는 것으로 가장 잘 알려져 있다고 할 수 있다. 따라서 정답은 (d)이다.

> **정답 Key** Paraphrasing
>
> 본문에 쓰인 'producing one of people's favorite food items: honey'와 유사한 표현은 'making a sweet food item'이다.

> **어휘** popularly 일반적으로, 널리 transfer 옮기다, 전달하다

seed 씨앗 spread 확산 pollen 꽃가루

9. (c)

> **유형** 사실 관계(True or Not true)

꿀벌의 신체적 생김새에 대해 사실이 아닌 것은?

(a) 대체로 밝은 색이다.
(b) 몸체는 털로 덮여 있다.
(c) 두 쌍의 다리가 있다.
(d) 날개 달린 곤충이다.

> **해설** 본문 2단락에서 "The thorax, which is the midsection of the insect's body, carries two pairs of wings and three pairs of legs."(이 곤충의 몸의 중간 부분인 흉곽에는 두 쌍의 날개와 세 쌍의 다리가 있다.)라고 하였다. 꿀벌은 세 쌍의 다리가 있는데 선택지 (c)에서 두 쌍의 다리로 쓰여 있으므로 내용과 일치하지 않는 (c)가 정답이다.

> **어휘** appearance 외모, 생김새 generally 일반적으로 winged 날개 달린

10. (b)

> **유형** 세부사항(Why)

꿀벌은 왜 근처에서 많은 꽃들이 발견되는 곳에만 살까?

(a) 여왕벌이 꽃에 알을 낳기 때문
(b) 꽃이 그들에게 먹이를 제공하기 때문
(c) 꽃 사이에 벌집을 짓는 것이 더 쉽기 때문
(d) 꽃이 그들의 주요 먹이이기 때문

> **해설** 본문 3단락에서 "They build their homes, called hives, close to an abundant supply of flowers that produce their food, namely nectar and pollen."(그것들은 벌집이라고 불리는 집을 자신들의 먹이인 꿀과 꽃가루를 생산하는 꽃들이 풍부하게 제공되는 곳 가까이에 짓는다.)라고 하였다. 꿀벌의 먹이는 꽃 자체가 아니라 꽃이 만드는 꽃가루와 꿀이므로 (b)가 정답이다.

> **정답 Key** Paraphrasing
>
> 본문에 쓰인 'flowers that produce their food'와 유사한 표현은 'because flowers provide them with food'이다.

> **어휘** plenty of 많은, 풍부한 nearby 근처에 lay eggs 알을 낳다 provide A with B A에게 B를 공급하다 hive 벌집

11. (a)

유형 세부사항(How)

꿀벌들은 다른 벌들에게 먹이가 어디에 있는지를 어떻게 알리는가?

(a) 꼬리를 재빨리 흔들어서
(b) 그것을 원으로 표시하여
(c) 안테나를 좌우로 움직여서
(d) 먹이에까지 냄새 흔적을 남겨서

해설 본문 4단락에서 "The "waggle dance," or the rapid side-to-side movement of the tail, conveys the distance and direction of the food."(꼬리의 빠른 좌우운동인 '와글댄스'는 먹이의 거리와 방향을 전달한다.)라고 하였다. 먹이의 거리와 방향을 알려주는 것은 먹이의 위치를 알려주는 것과 같다. 이를 알려주기 위해 꼬리를 좌우로 움직이는 동작을 하므로 (a)가 정답이다.

정답 Key Paraphrasing

본문에 쓰인 'The "waggle dance," or 'the rapid side-to-side movement of the tail'과 유사한 표현은 'by shaking their tails quickly'이다.

어휘 shake 흔들다 antennae 더듬이 side-to-side 좌우로 trail 흔적

12. (b)

유형 추론(What)

꿀벌이 농업에서 어떤 역할을 할 것 같은가?

(a) 한 정원에서 다른 정원으로 꽃을 옮긴다.
(b) 새로운 식물이 자라도록 돕는다.
(c) 꽃에게 음식을 제공한다.
(d) 해충으로부터 꽃을 지킨다.

해설 본문 마지막 단락에서 "Honeybees are important in agriculture as they transfer pollen from the male to the female parts of a flower to produce seeds."(꿀벌은 씨앗을 생산하기 위해 꽃의 수컷에서 암컷으로 꽃가루를 옮기기 때문에 농업에 중요하다.)라고 하였다. 꿀벌이 수술의 꽃가루를 암술에 옮기는 수분을 행함으로써 씨앗을 생산하는데, 이것은 자손 번식을 의미하며 바로 새 식물이 자라게 하는 것이다. 따라서 정답은 (b)이다.

어휘 agriculture 농업 guard 지키다 pests 해충

13. (a)

유형 어휘(동사: divide)

본문의 맥락에서, divided는 _____를 의미한다.

(a) 분리된
(b) 찢어진
(c) 감소된
(d) 용해된

해설 본문 1단락에서 "Honeybees have hairy bodies that are divided into three parts."(꿀벌은 세 부분으로 나뉜 털이 많은 몸을 가지고 있다.)라고 하였다. divided는 '분리된'의 의미로 사용되었으므로 (a)가 정답이다.

어휘 divided 분리된 separated 분할된 torn 찢어진 reduced 감소된 dissolved 용해된

14. (d)

유형 어휘(동사: convey)

본문의 맥락에서, conveys는 _____를 의미한다.

(a) 이끌다
(b) 운반하다
(c) 보내다
(d) 표현하다

해설 본문 4단락에서 "The "waggle dance," or the rapid side-to-side movement of the tail, conveys the distance and direction of the food."(꼬리의 빠른 좌우운동인 '와글댄스'는 먹이의 거리와 방향을 전달한다.)라고 하였다. 이때 동사 conveys는 먹이와의 거리 및 방향을 '전달한다' 혹은 '표현한다'의 의미로 사용되었으므로 (d)가 정답이다.

어휘 convey 전달하다 lead 이끌다 carry 나르다 send 보내다 express (의미를) 표현하다

[15–21] 성 엘모의 불 생성 원인과 기록 속에서의 등장

성 엘모의 불

¹⁵성 엘모의 불(St. Elmo's fire)은 날카롭거나 뾰족한 물체의 가장자리에서 은은하게 빛나는 밝은 청색 또는 보라색 불꽃으로 가장 흔하게 목격되는 기상 현상이다. 세계 여러 곳에서 관찰되는, 성 엘모의 불은 밤에 가장 잘 보인다. 그것은 몇 분 동안 지속되고 때때로 춤추는 공, 별들의 무리, 또는 불꽃놀이처

럼 보인다. 비록 "불"이라고 묘사되지만, 이 현상은 실제로 열이 없고 그것이 닿는 물체를 태우지 않는다.

성 엘모의 불은 보통 지상과 구름 사이에 높은 전하의 차이가 있는 뇌우 때 나타난다. 그것은 공기 중 기체에 작용하여 그 분자를 분해하는 전기 에너지를 만들어내고, 그 결과 "플라즈마"라고 불리는 이온화된 가스를 만들어낸다. 다른 종류의 기체는 플라즈마의 형태로 다른 색깔을 발산한다. [16]성 엘모의 불은 보통 파란색인데 그 이유는 대기에는 서로 결합했을 때 푸른 빛을 내는 질소와 산소가 [20]풍부하기 때문이다. 불꽃은 보통 특유의 쉿쉿, 탁탁, 윙윙거리는 소리와 함께 온다.

성 엘모의 불은 흔히 피뢰침, 교회 탑, 배의 돛대와 같은 뾰족한 물체에서 일어난다. 그것은 가끔 폭풍 중 하늘에서 번쩍이는 번개와 구상 번개와 혼동되기도 한다. [17]하지만 성 엘모의 불은 광고에 쓰이는 네온 조명과 더 유사하다. 네온도 또한 부드러운 빛을 내기 위해 플라즈마를 사용한다.

'St. Elmo's fire'라는 이름은 St. Erasmus의 이름에서 유래했는데 그는 지중해 선원들의 수호신인 St. Elmo라고도 불린다. 초창기 선원들은 때때로 밤에 배의 돛대 꼭대기에서 빛나는 것을 보았는데, 그것은 불타고 있는 것처럼 보였지만 타지 않았다. [18]성 엘모의 불은 보통 격렬한 뇌우가 끝날 무렵에 나타났기 때문에 선원들은 그것을 그들의 성자가 폭풍을 헤쳐나갈 수 있도록 자신들을 돕고 있다는 좋은 신호로 받아들였다.

[19]성 엘모의 불은 로마 병사들의 창끝에 형성된 '별들'이라고 여러 역사적 기록에 [21]언급되어 있다. 그것은 또한 줄리어스 시저, 크리스토퍼 콜럼버스, 찰스 다윈을 포함한 유명한 인물들의 글에도 등장했다.

- -

어휘 weather event 기상 사건 witness 목격하다 glow 은은하게 빛나다 flame 불꽃 edge 가장자리 pointed object 뾰족한 물체 observe 관찰하다 last 지속되다 cluster 무리 describe 묘사하다 phenomenon 현상 thunderstorm 뇌우 electric charge 전하 molecule 분자 result in 결과적으로 ~가 되다 ionized 이온화된 rich in ~이 풍부한 nitrogen 질소 combine 결합한 distinct 구별되는, 특유의 hissing 쉿쉿거리는 crackling 쨍그랑거리는 buzzing 윙윙 울리는 occur 일어나다, 발생하다 lightning rod 피뢰침 mast 돛대 be confused with ~와 혼동되다 be similar to ~와 비슷하다 patron saint 수호 성인 mention 언급하다 historical account 역사적 기록 notable figure 유명한 인물

15. (d)

유형 ▶ 주제(What)

성 엘모의 불은 무엇인가?

(a) 자연적으로 발생하는 불꽃
(b) 초기 불꽃놀이의 한 종류
(c) 극한의 기상 조건
(d) 날씨와 관련된 현상

해설 본문 1단락에서 "St. Elmo's fire is a weather event most commonly witnessed as a glowing bright-blue or violet flame on the edge of sharp or pointed objects."(성 엘모의 불은 날카롭거나 뾰족한 물체의 가장자리에서 은은하게 빛나는 밝은 청색 또는 보라색 불꽃으로 가장 흔하게 목격되는 기상 현상이다.)라고 하였다. 보기 중 이 내용과 일치하는 (d)가 정답이다.

정답 Key Paraphrasing

본문에 쓰인 'a weather event'와 유사한 표현은 'a weather-related occurrence'이다.

어휘 occur 일어나다, 발생하다 flame 불꽃 variety 종류 extreme 극한의 occurrence 사건, 현상

16. (c)

유형 ▶ 세부사항(Why)

왜 성 엘모의 불이 푸른 빛을 내는가?

(a) 그것의 강한 열기 때문에
(b) 푸른 폭풍 구름을 반사하기 때문에
(c) 기체들의 혼합 때문에
(d) 전류를 결합하기 때문에

해설 본문 2단락에서 "St. Elmo's fire is usually blue because the air is rich in nitrogen and oxygen that glow blue when combined." (성 엘모의 불은 보통 파란색인데 그 이유는 대기에는 서로 결합했을 때 푸른 빛을 내는 질소와 산소가 풍부하기 때문이다.)라고 하였다. 질소와 산소가 결합해서 푸른 빛을 내므로 (c)가 정답이다.

어휘 glow 빛 intense 강렬한 reflect 반사하다, 반영하다 mixture 혼합, 혼합물 combine 결합하다 electric current 전류

17. (a)

네온 불빛과 성 엘모의 불은 어떻게 비슷한가?

(a) 그들은 같은 광원을 사용한다.
(b) 둘 다 뾰족한 물체 위에 나타난다.
(c) 둘 다 폭풍우 때 발생한다.
(d) 같은 빛깔을 낸다.

해설 본문 3단락에서 "However, St. Elmo's fire is more similar to the neon lighting used in advertising. Neon also uses plasma to produce a soft glow."(하지만, 세인트 엘모의 불은 광고에 사용되는 네온 조명과 더 비슷하다. 네온도 또한 부드러운 빛을 내기 위해 플라즈마를 사용한다.)라고 하였다. 성 엘모의 불은 네온과 비슷하다고 했고 네온도 플라즈마를 사용해서 빛을 낸다고 했으므로 둘 다 플라즈마를 광원으로 사용한다. 따라서 (a)가 정답이다.

어휘 similar 비슷한 appear 나타나다 pointed object 뾰족한 물체 occur 발생하다

18. (b)

유형 추론(What)

본문에 근거하면, 초기 선원들은 성 엘모의 불에 대해 무엇을 믿었을까?

(a) 격렬한 폭풍의 시작을 알린다는 것
(b) 그들의 안전을 보장한다는 것
(c) 배의 돛대를 더 튼튼하게 해준다는 것
(d) 그들을 번영의 땅으로 이끈다는 것

해설 본문에서 "St. Elmo's fire usually appeared toward the end of a violent thunderstorm, so the sailors took it as a good sign that their saint was helping them get through the storm."(성 엘모의 불은 보통 격렬한 뇌우가 끝날 무렵에 나타났기 때문에 선원들은 그들의 성자가 폭풍을 헤쳐나갈 수 있도록 자신들을 돕고 있다는 좋은 신호로 받아들였다.)라고 하였다. 선원들이 폭풍을 헤쳐 나가도록 돕는 것은 그들의 안전을 보장해 주는 것으로 추론되므로 (b)가 정답이다.

정답 Key Paraphrasing

본문에 쓰인 'a good sign that their saint was helping them get through the storm'과 의미상 통하는 것은 'that it was an assurance of their safety'이다.

어휘 sailor 선원 signal 신호하다, 알려주다 violent 격렬한

assurance 보장 safety 안전 mast 돛대 prosperity 번영

19. (a)

유형 세부사항(What)

역사 기록은 성 엘모의 불에 대해 무엇을 시사하는가?

(a) 그것은 기록된 역사 도처에서 목격된다.
(b) 로마인들이 그것을 처음으로 발견했다.
(c) 그것은 전쟁 중에 군인들을 도왔다.
(d) 유명 인물들이 그것을 위험하다고 묘사했다.

해설 본문 5단락에서 "St. Elmo's fire is mentioned in several historical accounts as "stars" that formed on the points of the spears of Roman soldiers. It also appeared in the writing of notable figures including Julius Caesar, Christopher Columbus, and Charles Darwin."(성 엘모의 불은 로마 병사들의 창끝에 형성된 '별들'이라고 여러 역사적 기록에 언급되어 있다. 그것은 또한 줄리어스 시저, 크리스토퍼 콜럼버스, 찰스 다윈을 포함한 유명한 인물들의 글에도 등장한다.)라고 하였다. 성 엘모의 불은 여러 역사 기록에 언급되고 있고 유명 인물들의 글에도 등장하므로 성 엘모의 불은 기록된 역사의 도처에서 보여지고 있다. 따라서 (a)가 정답이다.

어휘 account 기록 suggest 시사하다 sight 목격하다 throughout 도처에, 기간 내내 discover 발견하다 notable figure 유명한 인물 portray 묘사하다

20. (b)

유형 어휘(형용사: rich)

본문의 맥락에서, rich는 _____를 의미한다.

(a) 호화로운
(b) 풍부한
(c) 멋진
(d) 비싼

해설 본문 2단락 "because the air is rich in nitrogen and oxygen that glow blue when combined"(대기에는 서로 결합했을 때 푸른 빛을 내는 질소와 산소가 풍부하기 때문에)에서 형용사 rich는 전치사 in과 같이 '~에 있어서 풍부한'의 의미로 사용되었으므로 (b)가 정답이다.

어휘 luxurious 호화로운 plentiful 풍부한 gorgeous 멋진 expensive 비싼

21. (c)

어휘(동사: mention)

본문의 맥락에서, mentioned는 _____ 를 의미한다.

(a) 도달한
(b) 만들어진
(c) 지적된, 언급된
(d) 칭송받는

해설 본문 5단락 "St. Elmo's fire is <u>mentioned</u> in several historical accounts as "stars" that formed on the points of the spears of Roman soldiers."(성 엘모의 불은 로마 병사들의 창 끝에 형성된 "별들"이라고 여러 역사적 기록에 언급되어 있다.)에서 동사 mention의 과거분사인 mentioned는 '~이 언급되는, 지적되는'의 의미로 사용되었으므로 (c)가 정답이다.

어휘 mentioned 언급된 reached 도달한 created 만들어진 noted 언급된, 지적된 praised 칭송받는

[22-28] 바다의 유니콘, 일각돌고래

일각돌고래

일각돌고래는 노르웨이, 그린란드, 러시아, 캐나다의 북극해에 사는 중간 크기의 고래이다. ²²그 고래는 얼굴에서 뻗은 곧은 나선형 어금니 때문에 다른 고래들과 구별된다. 이 뿔처럼 생긴 어금니는 일각돌고래에게 "바다의 유니콘"이라는 별명을 붙여준다.

수컷과 암컷 모두 길이가 4에서 5.5미터까지 자란다. 다 자란 일각돌고래는 800에서 1,600 킬로그램의 무게가 나갈 수 있다. 오징어, 물고기, 새우를 먹이로 먹으면서, 일각돌고래는 50년까지 살 수 있다. ²³그들의 색깔은 나이에 따라 다르다; 갓 태어난 일각돌고래는 청회색이고, 청소년기 일각돌고래는 남색이고, 성체는 얼룩덜룩한 회색이다. 늙은 일각돌고래는 대부분 흰색이다. 암컷은 6~8세 때부터 새끼를 낳기 시작한다. 다른 해양 포유동물들과 마찬가지로, 그들은 한 번에 한 마리의 새끼를 낳고 젖으로 새끼를 키운다. 일각돌고래는 보통 5마리에서 10마리 정도의 무리를 지어 산다. 몇몇 작은 그룹들은 때때로 ²⁷모여서 최대 1,000마리로 구성된 더 큰 그룹을 형성하기도 한다.

그 고래의 독특한 특징인 어금니는 수컷에게서 흔히 발견되며 3미터 이상까지 자랄 수 있다. ²⁴곧은 생김새와 머리에 두드러진 위치에도 불구하고, 어금니는 뿔이 아니라 실제로는 위턱 왼쪽에서 자라는 확대된 치아이다. 이 어금니에는 수백만 개의

신경 말단들이 있는데, 이 신경 말단들은 일각돌고래가 물속을 더듬고 다른 고래들과 소통할 수 있게 해준다. 수컷들이 어금니를 서로 문지르는 것은 이제는 경쟁심을 드러낸다기보다는 정보를 교환하는 방법으로 여겨지고 있다.

²⁵"Narwhal"은 '시체'를 뜻하는 고대 노르드어 nar와 '고래'를 뜻하는 hvalr에서 ²⁸유래했는데, 이는 이 동물의 회색 얼룩무늬가 마치 시체의 색처럼 보이기 때문이다. 중세 유럽 사람들은 이 고래의 뒤틀린 어금니가 유니콘이라고 불리는 신화 속의 말과 같은 생물의 뿔이라고 믿었다. 이 매우 귀한 뿔들은 힘을 가지고 있다고 믿어졌다.

²⁶오늘날 약 7만 5,000마리의 일각돌고래들이 생존해 있다. 인간이 그것들을 심하게 사냥하는 동안, 북극곰, 범고래, 상어와 같은 다른 포식 동물들도 역시 그 동물의 개체 수 감소에 기여하고 있다.

어휘 distinct 구별되는 straight 곧은 spiral 나선형의 tusk 어금니 extend from ~부터 뻗어 있다 weigh 무게가 나가다 feed on ~을 먹고 살다 squid 오징어 vary 다양하다 juvenile 청소년 mottled 얼룩덜룩한 start bearing 출산을 시작하다 calves (calf의 복수형) (코끼리, 고래, 물소) 새끼 marine mammal 해양 포유류 give birth to 새끼를 낳다 at a time 한 번에 nurse it on milk 젖을 먹여서 키우다 occasionally 가끔 congregate 모이다 individual 각각의 unique feature 독특한 특징 commonly 공통적으로 despite ~에도 불구하고 prominent 눈에 잘 띄는, 현저한 horn 뿔 enlarged 확대된 jaw 턱 nerve ending 신경 말단 communicate with ~와 소통하다 rub 문지르다, 비비다 display 전시하다 rivalry 경쟁 be derived from ~로부터 유래하다 grayish 회색이 도는 mythical 신화의 highly-prized 매우 귀하게 여겨지는 existence 실재, 존재 predator 포식자 decrease 감소하다

22. (d)

주제(What)

무엇이 일각돌고래를 다른 고래들과 구별되게 만드는가?

(a) 유별나게 큰 크기
(b) 북극해에 사는 능력
(c) 머리 위의 곡선 뿔
(d) 얼굴에 난 뼈 부착물

해설 본문 1단락에서 "The whale is distinct from other whales because of a straight <u>spiral tusk that extends from</u>

its face. This horn-like tusk gives the narwhal the nickname "unicorn of the sea."(고래는 얼굴에서 뻗은 곧은 나선형 어금니 때문에 다른 고래들과 구별된다. 뿔처럼 생긴 이 어금니는 일각돌고래에게 '바다의 유니콘'이라는 별명을 붙여준다.)라고 하였다. 일각돌고래가 다른 고래와 구분되는 특징은 '얼굴에서 뻗은 어금니'인데 이것은 뿔(horn)처럼 생겼지만 실제로는 어금니(tusk)이므로 (c) '곡선 뿔'은 정답이 될 수 없다. 보기 중 '얼굴에서 뻗은 어금니'와 가장 유사한 것은 (d) '얼굴에 난 뼈 부착물'이므로 정답은 (d)이다.

🔑 **정답 Key** Paraphrasing

본문에 쓰인 'a straight spiral tusk that extends from its face'와 의미상 유사한 표현은 'a bony attachment to its face'이다.

어휘 unusually 유별나게   curved 곡선의   bony 뼈로 된 attachment 부착물

23. (c)

유형 세부사항(How)

일각돌고래가 몇 살인지 어떻게 판단할 수 있는가?

(a) 무게를 알아냄으로써
(b) 눈 색깔을 봄으로써
(c) 피부 톤을 분석하여
(d) 선택하는 먹이를 연구하여

해설 본문 2단락에서 "Their color varies according to age; newborn narwhals are blue-gray, juveniles are blue-black, and adults, a mottled gray. Old narwhals are mostly white."(그들의 색깔은 나이에 따라 다르다; 갓 태어난 일각돌고래는 청회색이고, 청소년은 남색이고, 성체는 얼룩덜룩한 회색이다. 늙은 일각돌고래는 대부분 흰색이다.)라고 하였다. 일각돌고래의 연령대는 피부 색깔 즉, 피부 톤을 보고 판단할 수 있으므로 정답은 (c)이다.

어휘 determine 결정하다   weight 무게   analyze 분석하다 select 선택하다

24. (b)

유형 추론(Why)

왜 일각돌고래 머리에서 자라는 것이 뿔이 아니라 어금니라고 불릴까?

(a) 뿔은 일직선으로 자라지 않기 때문에
(b) 어금니가 입에서 자라기 때문에
(c) 뿔에는 신경 말단들이 없기 때문에
(d) 어금니는 바다 포유류에서만 자라기 때문에

해설 본문 3단락에서 "Despite its straight appearance and prominent position on the head, the tusk is not a horn but is actually an enlarged tooth that grows from the left side of its upper jaw."(곧은 생김새와 머리에 두드러진 위치에도 불구하고, 어금니는 뿔이 아니라 실제로는 위턱 왼쪽에서 자라는 확대된 치아이다.)라고 하였다. 일각돌고래의 머리에서 자라고 있는 것이 어금니인 이유는 위턱, 즉 입에서 자라고 있기 때문이므로 정답은 (b)이다.

🔑 **정답 Key** Paraphrasing

본문에 쓰인 'grows from the left side of its upper jaw'와 유사한 표현은 'growing from the mouth'이다.

어휘 nerve ending 신경 말단   mammal 포유류

25. (c)

유형 세부사항(How)

일각돌고래는 어떻게 이름을 얻었는가?

(a) 어금니의 뒤틀린 모양으로
(b) 사체가 변색하는 색깔로
(c) 시체 같은 피부 외관을 통해
(d) 유니콘과 유사성을 통해

해설 본문 4단락에서 ""Narwhal" is derived from the Old Norse word *nár*, meaning "corpse" and *hvalr*, meaning "whale," because the animals' grayish spotted color looks like that of a dead body."('Narwhal'은 '시체'를 뜻하는 고대 노르드어 'nár'와 '고래'를 뜻하는 'hvalr'에서 유래한 것으로, 이 동물의 회색 얼룩무늬가 시체의 색처럼 보이기 때문이다.)라고 하였다. Narwhal이라는 이름이 생긴 것은 시체의 색깔과 비슷한 이 동물의 피부색 때문인데, 여기서 시체의 색깔과 비슷한 피부색은 시체와 비슷한 피부 외관과 의미상 통하므로 정답은 (c)이다.

오답 분석 color와 corpse 두 단어가 쓰인 것을 보고 (b) through the color its corpse turns to를 답으로 고르면 안 된다. (b)는 '일각돌고래의 사체가 변색하는 색깔을 통해서'라는 의미로, '시체 색과 비슷한 이 고래의 피부색'을 통해서 이런 이름을 얻었다는 본문의 내용과 거리가 멀다. 이렇게 본문에 쓰인 단어(color, corpse)를 그대로 사용하는 선택지는 오답일 가능성이 높다는 점에 유의해야 한다. 정답지에 사용되는 단어들은 본문에 주어진 단어와 같은 뜻을 가진 다른 단어, 즉, 동의어나 유의어일 경우가 많다.

🔑 **정답 Key** Paraphrasing

본문에 쓰인 'the animals' grayish spotted color looks like that of a dead body'와 유사한 표현은 'the deathly appearance of its skin'이다.

어휘 twisted shape 뒤틀린 모양   corpse 시체   deathly
시체 같은   appearance 외관, 외모   similarity 유사성

26. (d)

유형 사실 관계(True or Not true)

기사에 근거하면, 일각돌고래의 개체 수에 대한 위협과 관련
하여 옳은 것은?

(a) 그것들은 육지 포유류로부터 안전하다.
(b) 그것들의 수는 거의 멸종 단계에 있다.
(c) 그것들은 여전히 미신 때문에 사냥 당하고 있다.
(d) 인간이 그것들의 주된 위협이다.

해설 본문 5단락에서 "There are about 75,000 narwhals in
existence today. While humans hunt them heavily, other
predators, such as polar bears, killer whales, and sharks
also contribute to the decrease in the animals'
population."(오늘날 약 7만 5,000마리의 일각돌고래가 존재한다. 인
간이 그것들을 심하게 사냥하는 동안, 북극곰, 범고래, 상어와 같은 다
른 포식동물들도 그 동물의 개체 수 감소에 기여한다.)라고 하였다. 일
각돌고래의 개체 수에 위협을 주는 것은 인간과 육지 포유류인 북
극곰, 범고래나 상어 등 바다 포식동물 등이 있는데, 특히 인간이
심하게 사냥하므로 인간이 주된 위협이 되고 있다. 따라서 정답은
(d)이다.

정답 Key Paraphrasing

본문에 쓰인 'humans hunt them heavily'와 유사한 표현은
'Humans are their main threat.'이다.

어휘 regarding ~에 관하여   threat 위협   land mammal
육지 포유류   near-extinction level 거의 멸종 단계   out of
superstition 미신 때문에

27. (b)

유형 어휘(동사: congregate)

본문의 맥락에서, congregate는 _____를 의미한다.

(a) 결집하다
(b) 모이다/집합하다
(c) 섞이다
(d) 수집하다

해설 본문 2단락 "Several small groups occasionally
congregate to form larger groups of up to 1,000
individuals."(몇몇 작은 그룹들은 때때로 모여서 최대 1,000마리로
구성된 더 큰 그룹을 형성하기도 한다.)에서 동사 congregate의 주

어는 '일각돌고래이다. (a) rally는 주로 사람을 주어로 하며 정치적
목적으로 '집합하다'이다. 동물과 사람을 주어로 모두 사용할 수 있
는 (b) gather가 정답이다. 어휘 문제는 의미뿐만 아니라 품사(동
사:자동사/타동사, 형용사, 명사, 부사)와 문장에서의 쓰임새를 통해
정답을 유추할 수 있으므로 이러한 요인들을 확인해야 한다.

어휘 congregate (사람, 동물이) 모이다   rally (사람이) 결집하
다. 집합하다   gather (사람, 동물이) 모이다   mingle 섞다. 섞이
다   collect 수집하다

28. (a)

유형 어휘(동사: derive)

본문의 맥락에서, derived는 _____를 의미한다.

(a) 파생된
(b) 도용된
(c) 수신된
(d) 가정된

해설 본문 4단락 "Narwhal" is derived from the Old Norse
word nár, meaning "corpse" and hvalr, meaning "whale,"
because the animals' grayish spotted color looks like that
of a dead body."('Narwhal'은 '시체'를 뜻하는 고대 노르드어 'nár'
와 '고래'를 뜻하는 'hvalr'에서 유래했는데, 이는 이 동물의 회색 얼룩
무늬가 죽은 사람의 몸처럼 생겼기 때문이다.)에서 derived는 '유래
된/파생된'의 의미이므로 '파생된'의 의미로 쓰이는 taken이 적합
하다. 따라서 정답은 (a)이다.

어휘 be derived from ~로부터 유래되다   assumed 가정되
는

PART 4

비즈니스 레터

01. (b)	02. (a)	03. (a)	04. (c)
05. (c)	06. (b)	07. (d)	
08. (b)	09. (a)	10. (d)	11. (c)
12. (a)	13. (c)	14. (b)	
15. (b)	16. (c)	17. (a)	18. (a)
19. (d)	20. (c)	21. (d)	
22. (c)	23. (b)	24. (a)	25. (b)
26. (a)	27. (d)	28. (c)	

[01–07] 건물 관리에 대한 불만을 제기하고 개선을 요구하는 편지

헨리 모건 씨
빌딩 관리자
원케네디 플레이스

모건 씨에게:

저는 거의 15년 동안 원케네디 플레이스(One Kennedy Place)의 아파트 한 채를 소유하고 있습니다. 저는 매우 최근까지 아파트가 관리되는 방법에 만족해 왔습니다. 01 관리진이 즉시 06 다뤄야 할 건물과 관련된 몇 가지 중요한 문제들이 생겼습니다.

02 지난 몇 주 동안, 로비는 평상시의 청결 기준으로 유지되어 오지 않았습니다. 건물 입구에서 엘리베이터 복도까지의 바닥은 항상 더럽습니다. 주민들 대부분이 출근길에 로비를 통과하고 있는 평일 아침 8시부터 청소원들이 로비 바닥을 닦기 시작한 것도 하나의 문제입니다.

또한, 03 건물 1층에 있는 여행사 직원들이 건물 앞 계단에서 휴식을 취하기 시작했다는 것을 알게 되었습니다. 이건 멈춰야 합니다. 07 방해가 되는 소음을 내는 것 외에도, 그들 대부분은 담배를 피워, 건물 안으로 들어오는 모든 사람들이 어쩔 수 없이 연기를 들이마시게 됩니다.

04 마지막으로, 7개의 주차 공간 중 3개가 여행사에 갑자기 배

정되었기 때문에 건물 앞에는 더 이상 충분한 주차 공간이 없습니다. 이로 인해 건물 주민들은 방문객을 위한 주차 공간을 4개밖에 갖지 못하고 있습니다.

저는 당신이 이 문제들을 빨리 해결할 수 있기를 바랍니다. 05 다른 호실 주인들과 저는 항상 월 회비를 제때 납부합니다. 그래서 우리가 과거에 받았던 것과 같은 품질의 서비스를 받는 것이 합리적입니다. 만약 그렇지 않다면, 저는 저의 불만을 주택 소유주 위원회에 제기할 것입니다. 당신의 시간과 배려에 감사 드립니다.

존경을 다하여,

일레인 반스
1602호

어휘 residential unit 주거 단위   satisfied 만족한   condominium 아파트   maintain 유지하다   recently 최근에   address 처리하다   promptly 신속하게   cleanliness 청결   entrance 입구   hallway 복도   mop 걸레질하다   resident 거주자   aside from ~이외에도   disruptive 방해하는   force 강요하다   inhale 들이 쉬다   fume 연기   in front of ~앞에   be allotted to ~에 배정되다, 할당되다   travel agency 여행사   dues 회비   on time 시간에 맞춰, 제때에   reasonable 합리적인   complaint 불만   consideration 고려, 배려   respectfully 존경하여

---

1. (b)

유형 주제(Why)

일레인 반스가 왜 건물 관리인에게 편지를 썼는가?

(a) 안전에 관한 문제를 제기하려고
(b) 건물에 대해 불만을 제기하려고
(c) 아파트에 대해 문의하려고
(d) 그녀의 주거 공간의 문제를 설명하려고

해설 본문 1단락에서 "Some important issues with the building have come up that management should address promptly."(관리진이 즉시 다뤄야 할 그 건물과 관련된 몇 가지 중요한 문제들이 생겼습니다.)라고 하였다. 건물과 관련된 문제를 관리인에게 제기하면서 이후 여러 가지 불편한 점들을 나열하고 있으므로 (b)가 정답이다.

어휘 administrator 관리인   raise 제기하다   safety 안전   complain about ~에 대해 불평하다   explain 설명하다

2. (a)

유형 세부사항(What)

반스가 건물 로비에 대해 무엇이 문제라고 말했는가?

(a) 예전처럼 깨끗하지 않다.
(b) 엘리베이터는 항상 더럽다.
(c) 평일 아침에는 사람이 너무 많다.
(d) 청소 도우미가 더 이상 일하지 않는다.

해설 본문 2단락에서 "For the past several weeks, the lobby has not been kept at its usual standard of cleanliness."(지난 몇 주 동안, 로비는 평상시의 청결 기준으로 유지되어 오지 않았습니다.)라고 하였다. 보기 중 이 내용과 일치하는 (a)가 정답이다.

오답분석 (b)에서 본문에 쓰인 'always dirty'란 어구만 보고서 성급하게 (b)를 정답으로 고르지 않도록 해야 한다. 본문에서는 입구에서 엘리베이터 복도까지 바닥이 더럽다고 했는데 (b)에서는 엘리베이터가 더럽다고 했으므로 (b)는 오답이다. 이렇게 본문에서 쓰인 동일한 어구가 그대로 쓰인 선택지는 오답일 가능성이 있으니 유의해야 한다.

정답 Key Paraphrasing

본문에 쓰인 'the lobby has not been kept at its usual standard of cleanliness'와 유사한 표현은 'It is not as clean as it used to be.'이다.

어휘 used to be (전에는) ~였었다   crowded 붐비는   workday 평일

3. (a)

유형 추론(What)

반스는 아마도 건물 앞 계단에 대해 관리인이 무엇을 하길 요청하고 있을까?

(a) 사람들이 거기에 머무르는 것을 금지하기
(b) 비흡연자에게 건물 앞 계단을 피하도록 요청하기
(c) 지정된 흡연 구역을 제공하기
(d) 담배꽁초를 청소하기

해설 본문 3단락에서 "the employees of the travel agency on the building's ground floor have started taking their breaks on the front steps of the building. This should stop."(건물 1층에 있는 여행사 직원들이 건물 앞 계단에서 휴식을 취하기 시작했습니다 이건 멈춰야 합니다.)라고 하였다. 건물 앞 계단에서 여행사 직원들이 휴식을 취하는 것을 멈춰달라고 요청하였으

므로 건물 앞 계단에 사람들이 머물러 있는 것을 금지시켜 달라는 것으로 추론된다. 따라서 (a)가 정답이다.

어휘 request 요청하다   management 관리진, 경영진   front step 앞 계단   prohibit A from B   A가 B하는 것을 금지하다   linger 머무르다   designated 지정된   butt 꽁초

4. (c)

유형 세부사항(When)

언제 원케네디 플레이스 건물 앞에 더 많은 주차 공간에 대한 요구가 일어났는가?

(a) 거주자가 더 많은 방문객이 생기기 시작했을 때
(b) 주차장이 사무 공간으로 바뀐 후
(c) 한 업체에게 더 많은 주차 공간이 주어진 후
(d) 여행사에 고객이 많아지기 시작했을 때

해설 본문 4단락에서 "Lastly, there are no longer enough parking spaces in front of the building because three of the seven parking spaces were suddenly allotted to the travel agency."(마지막으로, 7개의 주차 공간 중 3개가 여행사에 갑자기 배정되었기 때문에 건물 앞에는 더 이상 충분한 주차 공간이 없습니다.)라고 하였다. 여행사, 즉 한 업체에게 더 많은 주차 공간이 할당되면서 주차 공간 부족 사태가 생겼으므로 (c)가 정답이다.

정답 Key Paraphrasing

본문에 쓰인 'because three of the seven parking spaces were suddenly allotted to the travel agency'와 유사한 표현은 'after a business was given more parking spaces'이다.

어휘 arise 일어나다   resident 거주자   be turned into ~로 바뀌다   client 고객

5. (c)

유형 세부사항(Why)

반스는 왜 아파트의 주인들이 높은 품질의 서비스를 요구할 수 있다고 생각하는가?

(a) 이사회와 강한 연대가 있기 때문에
(b) 장기 거주자이기 때문에
(c) 회비를 신속히 납부해 오고 있으므로
(d) 여행사보다 높은 임대료를 지불하고 있으므로

해설 본문 마지막 단락에서 "The other unit owners and I always pay our monthly dues on time, so it is only reasonable that we receive the same quality of services that we did in the past."(다른 호실 주인들과 저는 항상 월 회비를 제때 납부하기 때문에, 우리가 과거에 받았던 것과 같은 품질의 서비스를 받는 것이 합리적입니다.)라고 하였다. 보기 중 이 내용과 일치하는 (c)가 정답이다.

🔑 정답 Key Paraphrasing

본문에 쓰인 'The other unit owners and I always pay our monthly dues on time'과 유사한 표현은 'because they have been paying their dues promptly'이다.

어휘 demand 요구하다   quality 품질   strong tie 강한 연대   board 이사회   resident 거주자   dues 회비   promptly 신속하게   rent 임대료

6. (b)

유형 어휘(동사: address)

> 본문의 문맥에서, address는 _____를 의미한다.
>
> (a) 라벨을 붙이다
> (b) 처리하다
> (c) 인사하다
> (d) 전달하다

해설 본문 1단락 "Some important issues with the building have come up that management should address promptly."(관리진이 즉시 다뤄야 할 건물에 관한 주요 문제들이 생겼습니다.)에서 동사 address는 '다루다, 처리하다'의 의미로 사용되었다. 보기 중 이 의미와 가장 가까운 (b)가 정답이다.

어휘 address 다루다   label 라벨을 붙이다   handle 처리하다   greet 인사하다   convey 전달하다

7. (d)

유형 어휘(형용사: disruptive)

> 본문의 맥락에서, disruptive는 _____를 의미한다.
>
> (a) 혼란스러운
> (b) 흐트러진
> (c) 지저분한
> (d) 방해하는

해설 본문 "Aside from creating disruptive noise, most of them smoke cigarettes, forcing anyone who enters the building to inhale their fumes."(방해하는 소음을 내는 것 외에도, 그들 대부분은 담배를 피워, 건물 안으로 들어오는 모든 사람들이 어쩔 수 없이 연기를 들이마시게 됩니다.)에서 형용사 disruptive의 의미

는 '지장을 주는, 방해하는'이다. 보기 중 이 의미와 가장 가까운 (d)가 정답이다.

어휘 disruptive 지장을 주는   chaotic 혼란스러운, 무질서한   disorganized 체계적이지 못한   messy 지저분한   disturbing 방해하는

[08-14] 문의한 제품 안내와 구매를 권하는 편지

존 데이비스
데이비스 건설사
동아파치 789번지
아리조나주 투싼

데이비스 씨께:

⁰⁸ 이 편지는 1월 8일 당신이 건식벽 제품의 구입 가능 여부에 관해 문의하신 것에 대한 답변입니다. 4×8피트 사이즈의 건식벽 재고가 있음을 알려드립니다.

인테리어 벽 용도의 벽보드는 오크포레스트에 있는 저희 창고나 크레스트우드에 있는 저희 매장에서 배송 가능합니다. 한 장당 38달러이고, 포장비로 19달러의 추가 요금이 있습니다. ⁰⁹ 하지만 20장 이상 주문하시면 할인해 드리겠습니다.

당신은 베이직 배지 건식벽 15장 구매에 관심이 있다고 적으셨네요. ¹⁰ 이 정도 크기의 주문은 2~3일 이내에 배달이 가능합니다. ¹¹ 또한 고객의 주문을 배송하는 믿을 수 있는 파트너인 골든시즈 화물 사가 이번 달 운임에서 50% 할인을 제공한다는 점을 말씀 드립니다. 건식벽 15장의 배송비는 보통 200달러이지만, 가격 인하로 100달러만 지불하시면 됩니다. 이를 통해 당신은 ¹³ 상당한 절약을 할 수 있습니다.

저희의 제안을 생각해 보시고, 주문하실 건식 벽지의 개수에 대해 최종 결정을 내리셨다면 555-9999로 제 사무실에 연락 주십시오. ¹² 저희 회사의 최신 방음 및 내화성 스탠드패스트 건식벽지를 포함한 다른 제품에 대한 컬러 안내 책자를 ¹⁴ 추가적인 수요가 있을 경우에 대비하여, 동봉해 드렸습니다.

저희는 당신과 거래하기를 고대하고 있습니다. 문의해 주셔서 대단히 감사합니다.

진심으로 당신께,
수잔 파커
고객 서비스 담당자
빌더스 디포(Builders' Depot)

어휘 in response to ~에 답변하여 inquiry 문의 availability 이용 가능성, 구입 가능성 drywall product 건식 벽 제품 inform 알려주다, 통보하다 in stock 재고가 있는 warehouse 창고 deliver 배송하다 mention 언급하다, 말하다 reliable 믿을 만한 client 고객 freight charge 화물 운임 markdown 가격 인하 sizeable 상당한, 꽤 큰 saving 절약 offer 제안, 제안하다, 제공하다 soundproof 방음의 fire-resistant 내화성의 query 문의

---

8. (b)

유형 주제(Why)

왜 수잔 파커는 존 데이비스에게 편지를 썼는가?

(a) 건설 자재에 대해 문의하려고
(b) 제품이 구입 가능하다는 것을 알려 주려고
(c) 그들의 회사에 대해 그에게 더 많은 것을 말하려고
(d) 제품이 어디에서 배송될 것인지를 조언해 주려고

해설 본문 1단락에서 "This letter is in response to your inquiry on January 8 about the availability of our drywall products. I am pleased to inform you that we do have 4- by 8-foot sheets of drywall in stock."(이 편지는 1월 8일 건식벽 제품의 구입 가능 여부에 대한 귀하의 문의에 대한 답변입니다. 4×8피트 사이즈의 건식벽 재고가 있음을 알려드립니다.)라고 하였다. 보기 중 이 내용과 일치하는 (b)가 정답이다.

정답 Key Paraphrasing

본문에 쓰인 'to inform you that we do have 4- by 8-foot sheets of drywall in stock.'과 유사한 표현은 'to inform him that a product is available'이다.

어휘 inquire 문의하다 material 자재 available 이용 가능한, 구입 가능한

---

9. (a)

유형 세부사항(What)

데이비스가 파커로부터 건식벽을 더 주문하면 무엇을 얻을 수 있을까?

(a) 장당 더 낮은 가격
(b) 무료 나무 판자
(c) 포장 비용 없음
(d) 무료 야간 배송

해설 본문 2단락에서 "However, we will give you a discount

---

if you order 20 sheets or more."(하지만 20장 이상 주문하시면 할인해드리겠습니다.)라고 하였다. 보기 중 이 내용과 일치하는 (a)가 정답이다.

정답 Key Paraphrasing

본문에 쓰인 'we will give you a discount'와 유사한 표현은 'a lower price for each sheet'이다.

어휘 drywall sheet 건식 벽지 charge on packing 포장 비용 over night shipping 야간 배송

---

10. (d)

유형 세부사항(What)

파커가 데이비스에게 주문에 대해 무엇을 보장했는가?

(a) 그들은 그 주문을 배송할 회사를 찾을 것이다.
(b) 소량 주문의 배송을 허용하지 않는다.
(c) 그가 전액 지불해야만 배달해 줄 것이다.
(d) 3일 이내에 배달할 수 있다.

해설 본문 3단락에서 "We can deliver an order that size within two to three days."(저희는 2일에서 3일 이내에 그 정도 크기의 주문을 배달할 수 있습니다.)라고 하였다. 보기 중 이 내용과 일치하는 (d)가 정답이다.

정답 Key Paraphrasing

본문에 쓰인 'We can deliver an order that size within two to three days.'와 유사한 표현은 'They can deliver it in three days or less.'이다.

어휘 assure 보장하다, 확신을 주다 look for 찾아 헤매다 ship 배송하다 pay in full 완불하다, 전액 지불하다

---

11. (c)

유형 세부사항(How)

데이비스가 어떻게 배송비의 절반만 지불할 수 있을까?

(a) 15장 이상 구매하여
(b) 선적 비용을 미리 지불하여
(c) 당월 안에 구매하여
(d) 다른 배송 서비스를 선택하여

해설 본문 3단락에서 "Golden Seas Freight, Inc., our reliable partner in shipping our clients' orders, is providing a 50% discount on freight charges this month."(고객의 주문을 배송하는 믿을 수 있는 파트너인 골든시즈 화물 사는 이번 달에 운

임을 50% 할인해 드립니다.)라고 하였다. 보기 중 이 내용과 일치하는 (c)가 정답이다.

어휘 shipping rate 배송비 in advance 미리 purchase 구매 select 선택하다

12. (a)

유형 추론(Why)

왜 파커는 편지와 함께 안내 책자를 넣었을까?

(a) 그에게 더 많은 상품을 주문하도록 권하려고
(b) 그의 건물이 화재로부터 보호되도록 하려고
(c) 다른 색의 건식벽을 선택할 수 있도록 하려고
(d) 그가 그 회사에 투자하도록 설득하려고

해설 본문 4단락에서 "I have included a full-color brochure of our other products, including our latest range of soundproof and fire-resistant StandFast drywall, in case you have further needs."(추가로 필요한 경우에 대비하여, 우리의 최신 방음 및 내화성 스탠드패스트 건식벽 등 다른 제품에 대한 컬러 안내 책자를 동봉했습니다.)라고 하였다. 상대방이 주문을 위해 문의했던 제품 외에 다른 제품도 추가로 더 필요로 할까해서 다른 제품도 수록된 전체 상품 안내 책자를 보내는 것으로 보아 더 많은 상품을 주문하도록 권하는 의도로 보인다. 따라서 정답은 (a)이다.

어휘 include 포함하다 brochure 상품 안내 책자 encourage 격려하다, 권하다 merchandise 상품 ensure 확신을 주다, 보장하다 be protected from ~로부터 보호받다 persuade 설득하다 invest 투자하다

13. (c)

유형 어휘(형용사: sizeable)

본문의 맥락에서, sizeable은 _____를 의미한다.

(a) 중요한
(b) 무거운
(c) 상당한
(d) 웅장한

해설 본문 3단락 "This will give you sizeable savings."(이렇게 하면 상당한 비용을 절감할 수 있습니다.)에서 문맥상 sizeable은 savings를 수식하면서 '상당한, 꽤 큰'의 의미로 사용되었다. 보기 중 이 의미와 가장 가까운 (c)가 정답이다.

어휘 sizeable 상당한 heavy 무거운 significant 상당한, 의미심장한 grand 웅장한

14. (b)

유형 어휘(형용사: further)

본문의 맥락에서, further는 _____를 의미한다.

(a) 증가된
(b) 추가적인
(c) 초과된
(d) 강화된

해설 본문 4단락 "I have included a full-color brochure of our other products, including our latest range of soundproof and fire-resistant StandFast drywall, in case you have further needs."(추가로 필요한 경우에 대비하여, 우리의 최신 방음 및 내화성 스탠드패스트 건식벽 등 다른 제품에 대한 컬러 안내 책자를 동봉했습니다.)에서 further는 far의 비교급으로 needs를 수식한다. further는 '추가적인'이라는 의미로 사용되었으므로 (b)가 정답이다.

어휘 further 심화된, 추가적인 increased 증가된 additional 추가적인 excess 초과된 enhanced 강화된

[15-21] 회사 감사를 위한 기술전문가 일에 지원하기 위한 자기소개서

마이클 리드
인사부
리드 인증 서비스사

리드 씨께:

15 저는 유타주 해리스빌에 있는 렉시콘 출판사(Lexicon Publications) 감사를 위한 독립 기술 전문가(TE)로서 서비스를 제공하고 싶습니다. 저는 현재 노스 오그든에 본사를 둔 출판사 조나단 멜런 출판사(Jonathan Mellen Press)에서 편집장으로 일하고 있습니다. 16 저는 거의 11년 동안 그 회사에 근무해 왔습니다. 저는 편집 보조로 시작해서, 나중에 부편집자가 되었고, 몇 년 지나서 편집장으로 승진했습니다.

17 리드 인증 서비스(LEAD Certification Services) 사는 기업들이 국제 표준화 기구(ISO)의 인증을 안전하게 확보하여 업계 내 명성을 높일 수 있도록 지원하는 감사 회사라고 알고 있습니다. 귀사는 고객사가 ISO에 의해 설정된 엄격한 표준을 20 준수하는지 확인하기 위해 감사를 진행합니다. 특히 렉시콘 출판사의 감사에는 편집부와 인쇄부가 ISO 지침에 따라 운영되는지 여부를 결정하는 것을 포함합니다.

조나단 멜런 출판사에서 얻은 전문 지식은 저에게 해당 감사

에 대한 기술 전문가로서 자격을 부여합니다. 편집장으로서 ISO의 품질 관리 표준을 잘 알고 있습니다. 사실, 저희는 편집 과정에서 효율적인 작업 흐름을 보장하기 위해 동일한 시스템을 사용합니다. ¹⁸ 저는 또한 저희 인쇄부서와 긴밀히 협력하여 저희 원고가 양질의 인쇄 제품이 되도록 합니다.

제가 감사 동안에 기여할 수 있는 전문가의 조언은 다른 기술 전문가들과 감사들의 의견을 ²¹ 보완할 수 있을 것입니다. 이는 신뢰할 수 있는 전반적인 감사가 될 것입니다. 당신과 인터뷰를 하게 되면 대단히 감사하겠습니다. ¹⁹ 귀하의 검토를 위해 제 이력서와 추천인 목록을 동봉했습니다.

진심으로

빅토리아 위담
조나단 멜런 프레스

어휘 offer 제공하다 independent 독립적인 technical expert 기술 전문가 audit 감사 currently 최근에 editor-in-chief 편집장 editorial assistant 편집 보조 assistant editor 부편집자 elevate 승진시키다 secure 안전하게 보장하다 certification 인증, 증명서 reputation 평판 industry 산업 observe 준수하다, 따르다 determine 결정하다 expertise 전문 지식 qualify 자격을 부여하다 ensure 확실히 하다 manuscript 원고 contribute 기여하다 complement 보충하다, 보완하다 reliable 믿을 만한 overall 전반적인 enclose 동봉하다 resume 이력서 reference 추천인, 참고

15. (b)

유형 주제(What)

빅토리아 위담은 마이클 리드의 회사에서 어떤 역할을 맡으려고 하는가?

(a) 편집장
(b) 출판 전문가
(c) 감사 보조
(d) 인쇄 감독자

해설 본문 1단락에서 "I would like to offer my services as an independent technical expert (TE) for the audit of Lexicon Publications in Harrisville, Utah."(저는 유타주 해리스빌의 렉시콘 출판사 감사를 위한 독립적인 기술 전문가(TE)로서 서비스를 제공하고 싶습니다.)라고 하였다. 빅토리아는 마이클의 회사가 렉시콘 출판사를 감사하는 일에 기술 전문가(TE)로 참여하고 싶다고 했으므로 (b)가 정답이다.

본문에 쓰인 'as an independent technical expert (TE)'와 유사한 표현은 'as a publishing expert'이다.

어휘 be looking to+동사원형 ~하려고 하다 fill (직책을) 맡다 editor-in-chief 편집장 expert 전문가 auditing assistant 감사 보조 printing supervisor 인쇄 감독자

16. (c)

유형 세부사항(How)

위담의 조나단 멜런 출판사에서의 경력을 어떻게 설명할 수 있는가?

(a) 그녀의 승진은 갑작스러웠다.
(b) 문학 소설을 전문으로 한다.
(c) 직급들을 거쳐 승진했다
(d) 감사 부서에서 시작했다.

해설 본문 1단락에서 "I have been with the company for almost 11 years. I started as an editorial assistant, became an assistant editor, and was elevated to editor-in-chief within a few years."(저는 거의 11년 동안 그 회사에 근무해 왔습니다. 저는 편집 보조로 시작해서, 편집자가 되었고, 몇 년 안에 편집장으로 승진했습니다.)라고 하였다. 보기 중 이 의미와 가장 가까운 (c)가 정답이다.

본문에 쓰인 'I started as an editorial assistant, became an assistant editor, and was elevated to editor-in-chief within a few years'를 간략하게 요약한 표현이 'She rose through the ranks.'이다.

어휘 describe 묘사하다 promotion 승진 sudden 갑작스러운 specialize in ~을 전문으로 하다 literary fiction 문학 소설 auditing department 감사부서

17. (a)

유형 추론(Why)

기업들은 왜 리드(LEAD) 인증 서비스 사를 채택할까?

(a) 높은 표준을 가진 기업으로서 인증받기 위해
(b) 품질 좋은 제품 생산에 대한 조언을 받기 위해
(c) ISO 인증서를 인쇄하는 방법을 알아내기 위해
(d) 감사 비즈니스에 대해 알기 위해

해설 본문 2단락에서 "LEAD Certification Services is an

auditing firm that <u>helps companies secure certifications from the International Organization for Standardization (ISO) to raise their reputation within their industries.</u>"(리드 인증 서비스 사는 기업들이 국제 표준화 기구(ISO)의 인증을 확보하여 업계에서 명성을 높일 수 있도록 지원하는 감사 기업입니다.)라고 하였다. 기업들은 이 감사 회사로부터 ISO 인증을 안전하게 확보하도록 도움을 받는다고 했으므로 기업들이 높은 표준을 가진 회사라는 인증 즉, ISO 인증을 확보하기 위해 이 감사 회사를 택해서 감사를 받는 것으로 추론된다. 따라서 (a)가 정답이다.

어휘 certification 인증 standard 표준 quality product 품질 좋은 제품 find out 알아내다 ISO certificate ISO 인증서 auditing business 감사 회사

18. (a)

유형 세부사항(How)

위담은 어떻게 원고가 적절하게 인쇄되었는지 확인하는가?

(a) 인쇄 부서와 협의하여
(b) 자신의 개인화된 시스템을 활용하여
(c) 원고 인쇄를 감독하여
(d) 인쇄 전문 회사를 고용하여

해설 본문 3단락에서 "I also work closely with our printing department to make sure that our manuscripts become quality print products."(저는 또한 저희 인쇄부서와 긴밀히 협력하여 저희 원고가 양질의 인쇄 제품이 되도록 합니다.)라고 하였다. 보기 중 이 내용과 일치하는 (a)가 정답이다.

정답 Key Paraphrasing

본문에 쓰인 'I also work closely with our printing department'와 유사한 표현은 'by coordinating with the printing department.'이다.

어휘 ensure 확실히 하다 manuscript 원고 properly 적절하게 coordinate with ~와 협의하다 utilize 이용하다 oversee 감독하다 hire 고용하다

19. (d)

유형 세부사항(How)

리드는 어떻게 위담의 자격에 대해 더 알 수 있는가?

(a) 다른 기술 전문가들과 상의할 수 있다.
(b) 그녀의 추천인들에게 그녀의 이력서를 요청해야 한다.
(c) 그녀가 팀에 기여하는 것을 지켜볼 수 있다.
(d) 첨부된 문서를 검토해야 한다.

해설 본문 4단락에서 "I have enclosed my resume for your review, along with a list of references."(귀하의 검토를 위해 제 이력서와 추천인 목록을 동봉했습니다.)라고 하였다. 보기 중 이 내용과 일치하는 (d)가 정답이다.

오답분석 위담이 이미 리드에게 보내는 편지에 이력서와 추천인 목록을 동봉한다고 했으므로 (b)는 오답이다.

정답 Key Paraphrasing

본문에 쓰인 'I have enclosed my resume for your review, along with a list of references.'에서 'my resume'와 'a list of references'와 유사한 표현은 'the attached documents'이다.

어휘 qualification 자격 discuss 상의하다 reference 추천인, 참고 resume 이력서 contribution 기여 attached document 첨부된 서류

20. (c)

유형 어휘(동사: observe)

본문의 맥락에서, observes는 _____를 의미한다.

(a) 보다
(b) 주목하다
(c) 따르다
(d) 축하하다

해설 본문 2단락 "if a client <u>observes</u> the strict standards set by the ISO."(고객사가 ISO에 의해 설정된 엄격한 표준을 <u>준수하는지</u>)에서 동사 observes는 '관찰하다'의 의미가 아니라 뒤에 오는 목적어 'the strict standards'를 '준수하다'의 의미로 사용되었다. 어휘 문제는 문장에서 타겟 단어의 기능과 앞뒤 문맥을 보아서 그 문맥에 맞는 적절한 의미를 찾아야 한다. 따라서 (c)가 정답이다.

어휘 observe 준수하다, 따르다 watch 보다 notice 주목하다 follow 따르다 celebrate 축하하다

21. (d)

유형 어휘(동사: complement)

본문의 맥락에서, complement는 _____를 의미한다.

(a) 능가하다
(b) 아첨하다
(c) 친구가 되다
(d) 강화하다

해설 본문 4단락 "The expert input I could contribute during the audit should <u>complement</u> that of the other TEs and auditors."(제가 감사 동안에 기여할 수 있는 전문가의 조언은 다른 기술 전문가들과 감사들의 의견을 보완할 수 있을 것입니다.)에서 동사 complement의 의미는 '보충하다, 강화하다'의 뜻으로 사용되었다. 보기 중 이 의미와 가장 가까운 (d)가 정답이다.

> **어휘** complement 보완하다 surpass 능가하다 flatter 아첨하다 befriend 친구가 되다 enhance 강화하다

[22-28] 건설 계약 승인을 통보하는 편지

윌리엄 톰슨

회장

임페리얼 건설 서비스

뉴욕주 올버니시

톰슨 씨께:

곧 있을 우리의 건설 프로젝트에 관심을 가져주셔서 감사합니다. ²² 귀사의 제안에 깊은 인상을 받아서 심사숙고 끝에 계약을 귀사에 ²⁷ 주기로 결정하였음을 알려드리게 되어 기쁩니다.

당사는 귀사가 고객에게 제공하는 "설계 – 시공 일괄 체계"를 높이 평가합니다. 우리는 이 시스템이 귀사의 서비스를 원활하고 효율적으로 제공하는 결과를 가져올 수 있다는 데 동의합니다. ²³ 프로젝트 초기에 두 회사의 설계 및 건설 전문가를 모으면 그 팀은 공정 초기에 예상 비용에 대해 합의할 수 있을 것입니다.

²⁴ 설계 – 시공 일괄 체계 하에서, 당신이 건물의 설계 팀장을 맡고 건축을 위한 서류를 준비하겠다고 제안하고 있군요. 게다가, 귀사는 실제 공사도 하겠군요. 이렇게 하면 당사가 단일 연락처인 임페리얼 건설 서비스사와 조정할 수 있습니다. ²⁵ 이 단일 연락 방식이 적용되면 우리에게 더 빠른 서비스, 감소된 리스크, 큰 절감 효과로 인해 더 나은 결과를 줄 수 있습니다.

귀사의 제안서에 대한 자세한 사항을 귀하와 상의하고 싶습니다. ²⁶ 당사는 마감일 또는 마감일 전에 건물 공사를 마무리하는 데 ²⁸ 집중하고 있기 때문에 귀하 또는 귀하의 대리인을 조속히 초대하여 만나 뵙고 싶습니다. 회의 일정을 잡기 위해 417 – 555 – 8203으로 전화 부탁 드립니다.

당신의 소식을 고대하고 있겠습니다. 대단히 감사합니다.

진심을 다하여

로자 쿠퍼

신사업부

홀앤무어 문고

> **어휘** imperial 제국의, 황제의 upcoming 곧 있을 construction 건설 inform 통지하다 be impressed with ~에 감동을 받다 consideration 고려, 숙고 award (계약을) 주다 contract 계약 admire 높이 평가하다 delivery 배달 offer 제안하다 client 고객 result in ~한 결과가 되다 smooth 매끄러운 efficient 효과적인 expert 전문가 document 문서 actual 실제의 coordinate with ~와 조정하다, 조직화하다 put ~ into practice 실행하다 arrangement 방식, 체계 due to ~ 때문에 saving 저축, 절약 detail 세부사항 intent 몰두하는, 열중하는 representative 대표하는, 대리인

22. (c)

> **유형** 주제(What)

로자 쿠퍼의 편지의 주된 목적은 무엇인가?

(a) 회사 요금을 문의하려고

(b) 프로젝트 제안을 요청하려고

(c) 제안의 승인에 대해 통보하려고

(d) 새로운 건설 프로젝트를 발표하려고

> **해설** 본문 1단락에서 "I am pleased to inform you that <u>we are impressed with your proposal</u> and, after careful consideration, <u>have decided to award the contract to your company.</u>"(귀사의 제안에 깊은 인상을 받아서 심사숙고 끝에 귀사에 계약을 주기로 결정했음을 알려드리게 되어 기쁩니다.)라고 하였다. 이 글의 목적은 '계약 체결의 결정을 통보'하는 것이므로 (c)가 정답이다.

> **정답 Key** Paraphrasing

본문에 쓰인 'to inform you that we are impressed with your proposal and, after careful consideration, have decided to award the contract to your company'와 의미상 통하는 것은 'to inform about the approval of a proposal'이다.

> **어휘** inquire about ~에 대해 문의하다 inform 통보하다 approval 승인 proposal 제안 announce 발표하다

23. (b)

> **유형** 세부사항(What)

두 회사의 전문가를 모은 회의의 결과는 무엇일까?

(a) 더 나은 건물 설계

(b) 추산된 사업 비용

(c) 더 저렴한 건축 재료

(d) 더 나은 작업 관계

본문 2단락에서 "Bringing together both of our companies' design and construction experts at the beginning of the project could <u>allow the team to agree on a projected cost early in the process</u>."(프로젝트 초기에 두 회사의 설계 전문가들과 건설 전문가들을 모으면 <u>그 팀은 공정 초기에 예상 비용에 대해 합의할 수 있을 것이다</u>.)라고 하였다. 양사의 전문가들이 모인 목적은 예상 비용에 대해 견적을 내고 협의하기 위해서이므로 정답은 (b)이다.

정답 Key Paraphrasing

본문에 쓰인 'a projected cost early in the process'와 의미상 유사한 표현은 'an estimated project cost'이다.

어휘 result 결과 gathering 모임, 회의 expert 전문가 estimated 추산된 material 재료 relationship 관계

24. (a)

유형 세부사항(What)

윌리엄 톰슨의 설계-시공 일괄 체계 하에서 협정 조항 중 하나는 무엇인가?

(a) 그의 회사가 설계를 담당할 것
(b) 쿠퍼가 실제 공사를 수행해야 함
(c) 제3자가 공사를 감독할 것
(d) 필요한 서류가 일찍 준비되어야 함

해설 본문 3단락에서 "Under the design-build delivery system, <u>you are offering to head the design team for the building</u> and prepare the documents for construction. Moreover, you will also do the actual construction."(설계-시공 일괄 체계 하에서, <u>당신은 건물의 설계 팀장을 맡아서</u> 건축을 위한 서류를 준비하겠다고 제안하고 있군요. 게다가, 실제 공사도 하게 될 것입니다.)라고 하였다. 이 내용에서 보면 윌리엄 토마스가 설계를 담당하게 될 것임을 알 수 있으므로 정답은 (a)이다.

정답 Key Paraphrasing

본문에 쓰인 'you are offering to head the design team for the building'과 유사한 표현은 'that his company will take charge of the design'이다.

어휘 provision (협정의) 조항, 규정 take charge of ~을 맡다 actual construction 실제 공사 third party 제3자 oversee 감독하다

25. (b)

유형 추론(How)

여러 연락처가 있는 경우 쿠퍼의 프로젝트에 어떤 영향을 미칠 수 있을까?

(a) 그녀의 회사는 더 적은 위험을 감수할 것이다.
(b) 진행 속도가 느려질 수 있다.
(c) 그녀의 회사는 더 많은 돈을 절약할 수 있다.
(d) 공정이 조정되지 않은 것처럼 느껴질 수 있다.

해설 본문 3단락에서 "If put into practice, <u>this single-contact arrangement</u> can give us better results due to <u>faster services, reduced risks, and great savings</u>."(이 <u>단일 연락 방식</u>을 적용하면 <u>서비스 속도 향상, 위험 감소 및 비용 절감</u> 효과로 인해 더 나은 결과를 얻을 수 있습니다.)라고 하였다. 단일 연락 방식은 속도 향상, 위험 감소, 비용 절감의 효과가 있지만 다간간 연락 방식을 택하면 이 세 가지 효과를 취할 수 없을 것으로 추론되므로 정답은 (b)이다. 이렇게 본문에서의 내용을 상세히 이해해야 풀 수 있는 문제는 난이도 있는 문제가 된다. 즉, 본문에 나온 내용과 반대되는 상황을 질문으로 만들어 물어 볼 때 당황하지 말고 단일 방식 대 다자 방식을 비교하여 추론하여 문제를 풀어야 한다.

어휘 multiple contacts 다수의 연락처 affect 영향을 미치다 take on risks 위험을 떠안다 uncoordinated 조정되지 않은

26. (a)

유형 세부사항(Why)

왜 쿠퍼가 톰슨에게 즉각적인 미팅을 요청하는가?

(a) 프로젝트를 제때에 끝내고 싶어서
(b) 이미 예정보다 늦었기 때문에
(c) 제안에 대한 약간의 변경이 필요하기 때문에
(d) 함께 일할 사람들을 만나고 싶어서

해설 본문 4단락에서 "As <u>we are intent on finishing the building's construction on or before the deadline</u>, I would like to invite you or your representative to meet with us as soon as possible."(당사는 <u>마감일 또는 마감일 전에 건물 공사를 마무리하는 데 집중하고 있기 때문에</u> 귀하 또는 귀하의 대리인을 조속히 초대하여 만나 뵙고 싶습니다.)라고 하였다. 쿠퍼가 톰슨에게 즉각적인 미팅을 요청하는 이유는 마감일 내에 프로젝트를 끝내고 싶어서이므로 정답은 (a)이다.

정답 Key Paraphrasing

본문에 쓰인 'we are intent on finishing the building's

construction on or before the deadline'과 유사한 표현은
'because she wants to get the project done in time'이다.

어휘 immediate 즉각적인 get the project done 프로젝트
를 마치다 fall behind 늦어지다

27. (d)

유형 어휘(동사: award)

본문의 맥락에서, award는 _____를 의미한다.

(a) 존경하다
(b) 공유하다
(c) 기부하다
(d) 주다

해설 본문 1단락 "I am pleased to inform you that we are
impressed with your proposal and, after careful
consideration, have decided to <u>award</u> the contract to your
company."(귀사의 제안에 깊은 인상을 받아서 심사숙고 끝에 계약을
귀사에 <u>주기</u>로 결정하였음을 알려드리게 되어 기쁩니다.)에서 award
는 to부정사의 원형으로 사용되었고 '수여하다', '주다' 의 의미를
가지므로, 보기 중 이 의미와 가장 가까운 (d)가 정답이다. '수여하
다'라는 뜻을 가진 다른 동사에는 bestow, present, grant,
confer 등이 있다.

어휘 award 수여하다 honor 존경하다 share 공유하다
donate 기부하다

28. (c)

유형 어휘(형용사: intent)

본문의 맥락에서, intent는 _____를 의미한다.

(a) 명확한
(b) 바쁜/참여 중인
(c) 집중하는
(d) 고착된/막힌

해설 본문 4단락 "As we are <u>intent</u> on finishing the
building's construction on or before the deadline, I would
like to invite you or your representative to meet with us as
soon as possible."(당사는 마감일 또는 마감일 전에 건물 공사를 마
무리하는 데 <u>집중하고</u> 있기 때문에 귀하 또는 귀하의 대리인을 조속히
초대하여 만나 뵙고 싶습니다.)에서 intent는 be동사 뒤에서 형용사
로 '몰두하는, 열중하는'의 의미로 사용되었다. 보기 중 '열중하는'
의 의미와 가장 가까운 것은 '집중하는'이므로 정답은 (c)이다.

어휘 intent 열중하는 engaged 바쁜, 참여 중인 focused
집중된 stuck 고착된, 막힌

기출 실전테스트 1

01. (a)	02. (d)	03. (c)	04. (b)
05. (c)	06. (d)	07. (a)	
08. (c)	09. (a)	10. (b)	11. (b)
12. (d)	13. (c)	14. (d)	
15. (a)	16. (b)	17. (c)	18. (a)
19. (d)	20. (b)	21. (c)	
22. (b)	23. (d)	24. (b)	25. (a)
26. (a)	27. (c)	28. (d)	

[01-07] 독일 철학자 프리드리히 니체의 생애

프리드리히 니체

프리드리히 니체는 종교와 도덕에 관한 저술과 "초인"의 개념을 발전시킨 것으로 유명한 독일의 대표적인 철학자이다. 니체의 글은 20세기의 많은 중요한 사상가들에게 영향을 주었다. [01]그는 활동 기간 동안 수많은 작품을 발표했는데, 그중 많은 작품들은 반기독교적인 발상으로 비판을 받았고 오늘날까지도 논란이 되고 있다.

프리드리히 빌헬름 니체는 1844년 10월 15일에 지금은 독일 땅이지만 예전엔 프러시아 지역의 한 조그만 마을이었던 뢰켄 베이 뤼첸에서 태어났다. 그의 아버지는 니체가 4살 때 죽은 개신교 목사였다. 그 가족은 1850년에 나움부르크로 이사했다. 그는 독일 최고의 기숙 학교인 슐프포르타에서 고전 교육을 받았다. [02]그 후 그는 문헌학, 문학, 역사를 공부하기 위해 라이프치히 대학에 갔다. 그곳에서 그는 철학자 아서 쇼펜하우어의 저술에 강한 영향을 받았다.

24세 때, 니체는 스위스의 바젤 대학에서 교수로 일하기 시작했다. 28세에, 그는 첫 번째 책인 "비극의 탄생"을 출간했는데, 이 작품은 고전적인 학문에서 벗어나 그의 이후 작품에서 두드러지게 나타날 일종의 대담하고 시적인 표현을 보여주었다. [03]그 책은 학문적 규율이 부족하고 추측에 지나치게 의존한다고 느낀 동료들에게 잘 받아들여지지 않았으며, 학과 내에서 니체의 위상을 약화시켰다.

[04]니체는 1879년 여러 가지 질병으로 직장을 그만두었다. 이로 인해 오랜 기간 고립되어, 결과적으로 그의 가장 [06]결실이 많은 집필 기간이 되었다. 그의 가장 중요한 작품인 〈차라투스트라는 이렇게 말했다〉, 〈선과 악〉, 〈우상의 황혼〉 등이 출간된 것은 바로 이 시기였다. 그 속에서 니체는 자신의 가치를 창조하는 개인인 초인을 포함한 그의 철학의 중심 주제들을 생각해 냈다.

그의 연구가 유럽에서 존중을 받고 있을 때, 니체는 1889년 신경쇠약으로 병원에 입원했다. 그는 어머니와 누이동생의 보살핌 아래 여생을 보냈다. 일부 사람들은 그의 철학이 그의 광기를 초래했다고 주장하지만, 그의 정신병의 본질은 여전히 알려지지 않았다. 그는 나중에 폐렴에 걸렸고 1900년에 죽었다.

니체의 사상은 칼 융, 지그문트 프로이트, 장 폴 사르트르를 포함한 20세기의 많은 지식인들에게 영감을 주었다. [05]나치당은 그의 연구를 그들의 범죄 행위의 구실로 이용했다. 히틀러 정당과의 이러한 연관성은 니체의 작품이 일부 독자들에게 [07]불미스러운 인상을 남기게 했다.

어휘 leading 선도적인, 대표적인 philosopher 철학자 known for ~로 알려진 religion 종교 morality 도덕성 influence 영향을 주다 numerous 많은 remain ~인 채 남아 있다 controversial 논란이 많은 philology 문헌학 be criticized for ~로 비난받다 stray from ~에서 빗나가다, ~에서 벗어나다 demonstrate 나타내다 feature 특징으로 나타나다 prominently 두드러지게, 현저하게 lack 부족하다 discipline 훈육, 규율 rely on 의존하다 speculation 추측, 짐작 diminish 약화시키다 status 지위, 위상 resign from ~에서 물러나다, 사직하다 due to ~때문에 illness 질병 isolation 고립 result in 결과적으로 ~되다, ~한 결과를 낳다 fruitful 결실이 많은 come up with ~를 생각해 내다 central theme 중심 주제 individual 개인 mental breakdown 신경쇠약 pneumonia 폐렴 inspire 영감을 주다 intellectual 지식인 excuse 변명, 핑계, 구실 criminal 범죄적인 unsavory 불쾌한 impression 인상

1. (a)

세부사항(What)

> 무엇이 프리드리히 니체의 작품을 그렇게 논란이 되게 만들었는가?
>
> (a) 주요 종교에 대한 그의 견해
> (b) 그의 도발적인 반독 정서
> (c) 기독교 도덕에 대한 그의 가르침
> (d) 다른 철학자에 대한 그의 비판

해설 본문 1단락에서 "He published numerous works during his career, many of which were criticized for their anti-Christian ideas and remain controversial to this day."(그는 활동 기간 동안 수많은 작품을 발표했는데, 그중 많은 작품들은 반기독교적인 사상으로 비판을 받았고 오늘날까지도 논란이 되고 있다.) 라고 하였다. 니체의 작품들이 반기독교적 사상을 담고 있다고 하여 비판받았으므로 작품 속에 드러난 종교관이 그의 작품을 논란거리로 만들었다고 풀이된다. 따라서 (a)가 정답이다.

정답 Key Paraphrasing

본문에 쓰인 'anti-Christian ideas'와 유사한 표현은 'his perspective on a major religion'이다.

어휘 controversial 논란이 되는 perspective 견해 major 주요한 religion 종교 provocative 도발적인, 자극적인 sentiment 감정, 정서 morality 도덕 criticism 비판 philosopher 철학자

2. (d)

유형 세부사항(When)

> 니체는 언제부터 철학에 관심을 보이기 시작했는가?
>
> (a) 고전 문학을 읽는 동안
> (b) 아버지의 설교를 들을 때
> (c) 스위스에서 근무하고 있을 동안
> (d) 대학에서 한 작가의 작품을 공부할 때

해설 본문 2단락에서 "He then went to the University of Leipzig to study philology, literature, and history. There, he was strongly influenced by the writings of philosopher Arthur Schopenhauer."(그 후 그는 문헌학, 문학, 역사를 공부하기 위해 라이프치히 대학에 갔다. 그곳에서 그는 철학자 아서 쇼펜하우어의 저술에 강한 영향을 받았다.)라고 하였다. 니체가 라이프치히 대학에서 공부할 때, 철학자 쇼펜하우어의 저술에 영향을 받았으므로 이때부터 철학에 관심을 보인 것으로 추정되므로 (d)가 정답이다.

어휘 philosophy 철학 classical literature 고전 문학 sermon 설교

3. (c)

유형 추론(What)

> 니체의 동료들이 그의 첫 번째 책을 인정하지 않은 이유는 무엇이었을까?
>
> (a) 그것이 그의 학생들에게 시를 장려해서
> (b) 그것이 그들의 규율 부족을 비판했기 때문에
> (c) 그것이 학문적 전통에 어긋났기 때문에
> (d) 그것이 고전에 너무 치중해서

해설 본문 3단락에서 "The book was not well received by his colleagues, who felt that it lacked discipline and relied too much on speculation, and it diminished Nietzsche's status within his department."(그 책은 학문적 규율이 부족하고 추측에 지나치게 의존한다고 느낀 동료들에게 잘 받아들여지지 않았으며, 그의 부서 내에서 니체의 위상을 약화시켰다.)라고 하였다. 니체의 첫 책이 규율이 부족하고 추측에 의존했다는 평가를 받았는데 이는 당시의 학문적 흐름에서 벗어나 있다는 뜻으로 추론될 수 있으므로 (c)가 정답이다.

오답
분석 (b)는 본문에 나오는 표현인 'lacked discipline'과 거의 동일한 'lack of discipline'이라는 표현을 사용하여 매력적인 오답 역할을 하고 있다. 유사한 어휘만 보고 (b)를 정답으로 속단하면 안 된다. 본문에서는 니체의 첫 작품이 규율이 부족하다는 평가를 동료로부터 받았다는 뜻이고 선택지 (b)에서는 니체의 첫 작품이 동료들의 규율 부족을 비판했다는 뜻이므로 완전히 다른 뜻을 나타낸다. 표면적으로 한두 개의 동일한 단어를 사용했다고 해서 정답이 되는 것이 아니라 의미가 서로 통해야 정답이 될 수 있다.

어휘 approve of ~을 승인하다 promote 장려하다, 홍보하다 poetry 시 criticize 비판하다 lack 부족 discipline 규율 academic 학문적 tradition 전통 classic 고전

4. (b)

유형 세부사항(Why)

> 니체는 왜 바젤 대학의 교직을 그만두었는가?
>
> (a) 그는 글쓰기에 시간을 쏟고 싶었다.
> (b) 그는 건강 쇠약을 경험했다.
> (c) 그는 자신의 철학을 발전시키느라 바빴다.
> (d) 그는 정신병원에 입원했다.

해설 본문 4단락에서 "Nietzsche resigned from his job in

1879 due to various illnesses."(니체는 1879년에 여러 가지 질병으로 직장을 그만두었다.)라고 하였으므로 (b)가 정답이다.

정답 Key Paraphrasing

본문에 쓰인 'due to various illnesses'와 유사한 표현은 'He experienced a decline in health.'이다.

어휘 quit 그만두다   devote A to B A를 B에 바치다   experience 경험하다   decline 쇠퇴, 쇠약   be busy -ing ~하느라 바쁘다   mental hospital 정신병원

5. (c)

유형 세부사항(What)

니체의 철학적인 신념들에 대해 뭐라고 말할 수 있는가?

(a) 광기에 대한 명확한 설명을 제공했다.
(b) 20세기 사상가들에게 전혀 인기를 끌지 않았다.
(c) 범죄를 저지르는 핑계로 사용되었다.
(d) 사람들이 우월한 존재가 되도록 영감을 주었다.

해설 본문 6단락에서 "The Nazi Party used his work as an excuse for its criminal activities."(나치당은 그의 연구를 범죄 행위의 구실로 이용했다.)라고 하였다. 니체의 사상이 나치당의 범죄적 행위에 대한 핑계나 구실로 이용되었으므로 (c)가 정답이다.

정답 Key Paraphrasing

본문에 쓰인 'The Nazi Party used his work as an excuse for its criminal activities.'와 유사한 표현은 'They were used as a reason to commit crime.'이다.

어휘 philosophical belief 철학적 신념   provide 제공하다   description 묘사   catch on 인기를 끌다   thinker 사상가   commit crime 범죄를 저지르다   inspire 영감을 주다   superior being 우월한 존재

6. (d)

유형 어휘(형용사: fruitful)

본문의 맥락에서, fruitful은 _____를 의미한다.

(a) 피어나   (b) 중요한
(c) 유효한   (d) 생산적인

해설 본문 4단락에서 "that resulted in his most fruitful period of writing."(이로 인해 결과적으로 그의 가장 결실이 많은 집필 기간이 되었다.)라고 하였다. 저술에서 결실이 많았다는 것은 저술 활동이 활발하여 작품이 많이 생산되었음을 의미하므로 문맥상 '생산적인'

이라는 뜻을 가진 (d)가 정답이다.

어휘 fruitful 결실이 많은   blooming 꽃 피는   effective 효과적인, 유효한   productive 생산적인

7. (a)

유형 어휘(형용사: unsavory)

본문의 맥락에서, unsavory는 _____를 의미한다.

(a) 불쾌한   (b) 싱거운
(c) 흥미롭지 않은   (d) 먹을 수 없는

해설 본문 6단락에서 "This connection to Hitler's party has caused Nietzsche's work to leave unsavory impressions on some readers."(히틀러 정당과의 이러한 연관성은 니체의 작품을 일부 독자들에게 불미스러운 인상을 남기게 했다.)라고 하였다. 문맥상 unsavory는 '불미스러운, 불쾌한'이라는 뜻으로 쓰였으므로 이 의미와 가장 가까운 (a)가 정답이다.

어휘 unsavory 불미스러운, 불쾌한   unpleasant 불쾌한   bland 싱거운   uninteresting 흥미롭지 않은   inedible 먹을 수 없는

[08-14] 중국 백만장자들의 해외 이주 실태와 이유

중국 백만장자들이 중국을 떠나고 있다

현재 중국 본토에는 백만장자가 백만 명 정도 있다. ⁰⁸점점 더 많은 백만장자들이 자신과 가족들을 해외로 이주시키기 위해 그들의 부를 사용하고 있다. 그들은 "투자 비자"를 이용해 다른 나라로 이주하는데, 이 투자 비자는 외국인이 다른 나라에 투자하는 것을 기반으로 다른 나라에 살도록 허락해 주는 비자이다.

많은 나라들이 부유한 사람들을 위해 위에서 언급한 입국 수단을 제공하고 있다. 미국에서는 ⁰⁹외국인이 최소 10명의 직원을 고용하는 업체를 만들기 위해 100만 달러(미국 달러)를 투자하면 자신과 배우자, 21세 이하 자녀를 위한 거주권 즉, 영주권을 받을 수 있다.

스페인, 호주, 영국에서는 66만 2,000달러에서 465만 달러 규모의 ⁰⁹금융이나 부동산에 투자하면 영주권 비자를 신청할 수 있다.

중국에서 신흥부자들, 즉 최근에 부를 얻은 사람들의 수가 처음 ¹³증가한 이후로, 전 세계의 투자자 비자 프로그램은 해외로 이주를 원하는 부유한 중국 사람들에 의해 지배되어 왔다.

2013년과 2014년 미국에서 발급된 전체 투자자 비자의 80% 이상이 중국인 이민자에게 발급되었다. 영국 정부도 중국 투자자들의 입국을 더 용이하게 할 계획이다.

그러나 모든 나라가 중국의 백만장자를 받는 것은 아니다. ¹⁰ 캐나다는 너무 많은 중국인 신청자를 받은 후, 2015년 초에 투자 비자를 취소했다. 이 비자는 이전에 5년간 캐나다 어느 지방이든 최소 72만 6,720달러를 무이자로 빌려 줄 외국인들에게 거주권을 주었다. 그러나 캐나다 정부는 이 비자가 중국을 떠나는 값싼 ¹⁴방법으로 크게 저평가되고 있으며 부유한 이민자들이 부동산 가치를 부풀려 현지인들을 화나게 했다고 말했다.

¹¹많은 부유한 중국인들은 경제적 기회뿐만 아니라 그들의 가족에게 더 나은 삶을 제공하기 위해 이주한다. ¹²중국 부모들에게 이것은 안전한 음식과 깨끗한 공기와 물을 가진 환경에서 그들의 아이들을 기르는 것을 의미한다. 많은 사람들은 또한 자녀들이 수준 높은 서구식 교육을 받기를 원한다. 게다가, 부모들은 아직 태어나지 않은 자녀들의 외국인 시민권을 얻기 위해 투자자 비자를 이용하여 나중에 그들이 해외 여행을 하고 대학에 다니는 걸 더 쉽게 만든다.

어휘 millionaire 백만장자 mainland China 중국 본토 wealth 부, 부유함 abroad 해외로 relocate to ~로 이주하다 investment visa 투자 비자 said 위에서 언급한 means of entry 입국 수단 green card 영주권 apply for 지원하다 permanent residency visa 영주권 비자 finance 금융 property 재산, 부동산 amount 액수 range from A to B A에서 B에 이르는 범위에 있다 hike 증가 population 인구 nouveau rich 신흥 부자 recently 최근에 acquire 습득하다, 얻다 dominate 지배하다 be issued 발행되다 immigrant 이민자 entry 들어옴, 진입 investor 투자자 applicant 신청자 previously 전에는 province 지방 undervalued 저평가된 inflate 부풀리다 provide 제공하다 yet-to-be-born 아직 태어나지 않은

08. (c)

유형 ▶ 세부사항(What)

중국의 백만장자들은 주로 투자 비자를 무엇을 위해 사용하는가?

(a) 국가를 위해 더 많은 부를 창출하는 것
(b) 외국 정부에 투자하는 것
(c) 가족을 중국 밖으로 이주시키는 것
(d) 다른 나라로 여행하는 것

해설 ▶ 본문 1단락에서 "More and more of these millionaires are using their wealth to move themselves and their families abroad. They relocate to other countries using "investment visas,"(점점 더 많은 백만장자들이 자신과 가족들을 해외로 이주시키기 위해 그들의 부를 사용하고 있다. 그들은 투자 비자를 이용하여 다른 나라로 이주한다.)라고 하였다. 보기 중 이 내용과 일치하는 (c)가 정답이다.

정답 Key Paraphrasing
본문에 쓰인 'to move themselves and their families abroad.'와 유사한 표현은 'moving their families out of China'이다.

어휘 millionaire 백만장자 investment visa 투자 비자 generate 창출하다, 생성하다 wealth 부 foreign 외국의 government 정부

09. (a)

유형 ▶ 추론(Why)

왜 정부들이 중국의 백만장자들을 자기 나라에서 살도록 허용하고 있을까?

(a) 지역 경제로 돈을 들여 오기 위해
(b) 자국의 인구를 증가시키기 위해
(c) 자국 내 노동 인구를 증가시키기 위해
(d) 중국의 인구 문제 해결을 돕기 위해

해설 ▶ 본문 2단락에서 "if they invest one million US dollars (USD) to create a business that employs at least 10 workers"(외국인이 최소 10명의 직원을 고용하는 업체를 만들기 위해 100만 달러(미국 달러)를 투자하면)와 "by investing in finances or property"(금융 또는 부동산에 투자함으로써)라고 하였다. 정부들이 그 지역에 사업체를 만들거나 금융이나 부동산 등에 투자하는 조건으로 외국인 즉, 중국 부자들에게 영주권을 허용해 주는 것으로 보아, 지역 경제에 자본을 들여 오려는 의도로 추론된다. 따라서 (a)가 정답이다.

어휘 bring 가지고 오다 local economy 지역 경제 increase 증가시키다 population 인구 workforce 노동 인구

10. (b)

유형 세부사항(What)

> 캐나다 정부는 2015년 투자 비자 정책으로 무엇을 했는가?
>
> (a) 비자 취득 비용을 인상시켰다.
> (b) 정책 시행을 중단하였다.
> (c) 중국인 신청자들에 대한 정책을 종결했다.
> (d) 그 정책을 더 많은 국적에 개방했다.

해설 본문 4단락에서 "Canada canceled its investment visa in early 2015 after receiving too many Chinese applicants."(캐나다는 중국인 신청자를 너무 많이 받고 난 후, 2015년 초에 투자 비자를 취소했다.)라고 하였다. 2015년 초 전까지 캐나다가 너무 많은 중국인 투자 비자 신청자를 받았고 그 후로는 투자 비자 정책을 취소시켰다고 했으므로 2015년에 이 정책 시행을 중단하였다. 따라서 (b)가 정답이다.

정답 Key Paraphrasing

본문에 쓰인 'Canada canceled its investment visa'와 유사한 표현은 'It stopped implementing the policy.'이다. 특히 'canceled'와 'stopped implementing'은 같은 의미를 가지며, 'investment visa'와 'the policy'는 같은 것을 나타낸다.

어휘 policy 정책   obtain 획득하다, 취득하다   implement 시행하다   applicant 신청자   nationality 국적

11. (b)

유형 주제(Why)

> 기사에 따르면, 부유한 중국인들 중 많은 수가 왜 이주하는가?
>
> (a) 해외로 친척을 따라갈 수 있도록
> (b) 가족의 삶을 개선할 수 있도록
> (c) 사업을 확장할 수 있도록
> (d) 해외 부동산을 소유할 수 있도록

해설 본문 5단락에서 "Many of the wealthy Chinese move not only for economic opportunities but for providing a better life for their families."(많은 부유한 중국인들은 경제적 기회뿐만 아니라 그들의 가족에게 더 나은 삶을 제공하기 위해 이주한다.)라고 하였다. 보기 중 이 내용과 일치하는 (b)가 정답이다.

정답 Key Paraphrasing

본문에 쓰인 'for providing a better life for their families'와 유사한 표현은 'so they can improve the life of their families'이다.

어휘 follow 따라가다   relative 친척   abroad 해외로   expand 확장하다   own 소유하다   property 부동산

12. (d)

유형 추론(What)

> 기사에 근거하면 중국 부모들이 중국을 바라보는 시각에 대해 옳은 것은 무엇일까?
>
> (a) 그곳은 출산하기 좋은 곳이 아니다.
> (b) 교육 기관이 거의 없다.
> (c) 투자 기회가 없다.
> (d) 자녀들에게 불리한 조건이 있다.

해설 본문 5단락에서 "To Chinese parents, this means raising their kids in an environment that has safe food and clean air and water. Many also want their children to get a high-quality Western education."(중국 부모들에게 이것은 안전한 음식과 깨끗한 공기와 물이 있는 환경에서 아이들을 기르는 것을 의미한다. 많은 사람들은 또한 자녀들이 수준 높은 서구식 교육을 받기를 원한다.)라고 하였다. 중국인 부모들이 아이들에게 더 나은 음식, 공기, 물과 교육을 제공하고 싶어서 외국으로 이주한다고 했으므로 중국인 부모들은 중국 본토에서 이러한 삶의 조건들이 자녀들을 키우기에 상대적으로 불리하다고 생각하는 것으로 추론된다. 따라서 (d)가 정답이다.

어휘 probably 아마도   educational institution 교육 기관   opportunity 기회   unfavorable 비우호적인, 불리한

13. (c)

유형 어휘(명사: hike)

> 본문의 맥락에서, hike는 _____를 의미한다.
>
> (a) 여행   (b) 변화
> (c) 상승   (d) 수집

해설 본문 3단락에서 "Since China first saw a hike in its population of *nouveau rich*, or those who only recently acquired wealth, investor visa programs around the world have been dominated by rich Chinese citizens who want to move abroad."(중국이 최근에 부를 얻은 신흥 부자들이 증가한 이후로, 전 세계 투자자 비자 프로그램은 해외 이주를 원하는 부유한 중국인에 의해 지배되어 왔다.)라고 하였다. 문맥상 명사 hike는 '상승'의 의미로 사용되었으므로 (c)가 정답이다.

어휘 hike 인상   trip 여행   change 변화   rise 상승   gathering 모임, 수집

14. (d)

유형 어휘(명사: route)

본문의 맥락에서, route는 _____를 의미한다.

(a) 주소   (b) 오솔길

(c) 지도   (d) 방법

해설 본문 4단락에서 "However, the Canadian government said the visa had become greatly undervalued as a cheap <u>route</u> out of China and had also made locals angry as wealthy immigrants inflated property values."(그러나 캐나다 정부는 이 비자가 중국을 떠나는 값싼 방법으로서 크게 저평가되고 있으며 부유한 이민자들이 부동산 가치를 부풀려 현지인들을 화나게 했다고 말했다.)라고 하였다. 이때 명사 route는 '경로, 방법'의 의미로 사용되었다. 보기 중 이 의미와 가장 가까운 (d)가 정답이다.

어휘 route 경로, 방법   address 주소   trail 오솔길, 흔적 map 지도   way 방법

[15-21] 육포의 기원과 조리 및 보관 방법

육포

육포는 길고 얇은 조각으로 잘라서 말린 고기이다. 무게가 가볍고 냉장 보관할 필요가 없어 여행객, 캠핑족, 야외활동 애호가들이 즐겨 찾는 음식이다. 육포는 거의 어떤 고기로도 만들 수 있지만, 보통 쇠고기, 돼지고기, 또는 칠면조로 만들어진다. [15]'jerky'라는 단어는 '말린 고기'를 의미하는 퀘추아어 단어 차르키(ch'arki)에서 유래되었다.

퀘추아어를 사용하는 잉카인들은 1500년대 초반부터 육포를 만들었다. 그러나 이 음식은 북아메리카에서 유럽인들이 서부 개척을 하던 시기가 되어서야 비로소 인기를 끌게 되었는데, 이때 무역상들과 탐험가들은 이 음식을 그들의 여행 동안 이상적인 영양 공급원으로 보기 시작했다. [16]18세기 후반 산업 시대에 미국 회사들은 육포를 대량 생산하기 시작했다. 오늘날 육포는 [20]어디에나 있는 식품이다. 다양한 브랜드와 맛으로 출시되며, 전 세계적으로 슈퍼마켓, 편의점, 특산품 전문점, 심지어 주유소에서도 구입할 수 있다. 그것은 집에서도 만들 수 있다.

육포를 만들기 위해 고기를 약간 얼려서 자르기 쉽도록 한다. [17]지방은 마르지 않고 쉽게 상하기 때문에 제거된다. 고기는 얇게 썰어 박테리아 성장을 [21]억제하기 위해 소금에 절여진다. 그리고 나서 그것은 보통 기름, 소금, 향신료, 레몬 주스, 간장과 와인을 포함할 수 있는 다양한 재료들로 재워진다. 고기 조

각은 몇 시간 동안 냉장 보관된다. 그런 다음 그것들은 깨끗한 수건으로 물을 빼고, 너무 오래 익히는 것을 피하기 위해 건조기나 오븐에서 낮은 온도로 말린다. [18]육포는 건조하고 색이 진하며 구부러뜨릴 때 살짝 부러지면 준비된 것이다.

육포는 밀폐 용기나 다시 밀봉 가능한 비닐 봉지에 보관해야 한다. [19]잘 말린 육포는 냉장 보관하지 않고 2~3개월 지속되는 반면, 가게에서 산 가공 육포는 최대 2년까지 지속할 수 있다. 육포는 살코기로 만들어졌기 때문에 단백질이 풍부하다. 그리고 그것은 가볍고, 영양이 풍부하고, 조리하지 않고 먹을 수 있고, 유통기한이 길기 때문에, 그것은 보통 군대에서 제공된다. 육포는 우주 비행 동안 우주 비행사들에 의해서도 이용되어 왔다.

어휘 jerky 육포   strip 조각   enthusiast 애호가 refrigerate 냉장 보관하다   originate from ~로부터 유래되다 expansion 확장   trader 무역상   explorer 탐험가   ideal 이상적인   nutrition 영양   ubiquitous 어디에나 있는   available 이용 가능한, 구입 가능한   flavor 맛, 풍미   convenience store 편의점   specialty 특산품   remove 제거하다   spoil 상하다   inhibit 억제하다   bacterial growth 박테리아의 성장 be marinated with ~로 재워지다   varying 다양한 ingredient 재료   spice 향신료   be drained 물이 빠지다, 배수되다   dehydrator 탈수기, 건조기   temperature 온도 avoid 피하다   overcook 너무 오래 익히다   gently 부드럽게 be stored 보관되다   airtight container 밀폐 용기 resealable 다시 밀봉 가능한   processed 가공된   last 오래 가다, 지속되다   lean meat 살코기   lightweight 무게가 가벼운   highly nutritious 영양이 풍부한   shelf life 유통 기한 astronaut 우주 비행사   flight 비행

15. (a)

유형 주제(What)

"jerky"라는 단어의 기원은 무엇이었을까?

(a) 그것을 만들기 위해 사용되는 과정

(b) 그것이 처음 만들어진 장소

(c) 그것을 만드는 데 사용되는 고기 종류

(d) 특징적인 질감

해설 본문 1단락에 "The word "jerky" originated from the Quechua word *ch'arki*, which means "<u>dried meat</u>."(jerky라는 단어는 "말린 고기"를 의미하는 퀘추아어 단어 차르키에서 유래되었다.)라고 하였다. 즉, jerky는 '말린 고기'의 의미로 육포를 만드는

과정이나 방법에서 그 단어의 기원을 찾을 수 있는 것으로 추론되므로 (a)가 정답이다.

어휘 origin 기원 jerky 육포 process 과정 characteristic 특징적인 texture 질감

16. (b)

유형 세부사항(When)

육포는 언제부터 대량으로 생산되기 시작했는가?

(a) 미국이 탐험되었을 때
(b) 산업 혁명 동안
(c) 유럽에서 서쪽으로 확장하는 동안
(d) 사람들이 집에서 만드는 법을 배웠을 때

해설 본문 2단락에서 "During the Industrial Age in the late 18th century, American companies began mass-producing jerky."(18세기 후반 산업 시대에 미국 회사들은 육포를 대량 생산하기 시작했다.)라고 하였으므로 (b)가 정답이다.

정답 Key Paraphrasing

본문에 쓰인 'During the Industrial Age in the late 18th century'와 유사한 표현은 'during the Industrial Revolution'이다.

어휘 produce 생산하다 in large amounts 대량으로 explore 탐험하다 Industrial Revolution 산업 혁명 expansion 확장

17. (c)

유형 세부사항(Why)

왜 육포에서 지방이 제거되었는가?

(a) 좀 더 풍미 있게 하기 위해
(b) 영양을 높이기 위해
(c) 상하는 것을 막기 위해
(d) 더 쉽게 잘라지도록 준비하기 위해

해설 본문 3단락에서 "The fat is then removed since it does not dry and spoils easily."(지방은 마르지 않고 쉽게 상하기 때문에 제거된다.)라고 하였다. 지방은 쉽게 상하기 때문에 제거된다고 했으므로 지방을 제거하는 이유는 상하는 것을 방지하기 위해서이다. 따라서 (c)가 정답이다.

어휘 fat 지방 be removed from ~로부터 제거되다 flavorful 풍미가 있는, 맛있는 nutritious 영양이 있는 prevent A from B A가 B하는 것을 막다 spoil 상하다

18. (a)

유형 세부사항(How)

육포가 먹을 준비가 되었음을 어떻게 확인할 수 있는가?

(a) 더 이상 촉촉하지 않은지 확인하여
(b) 잘게 부수어 봄으로써
(c) 만졌을 때 뜨거운지 느껴 봄으로써
(d) 색이 밝은 상태로 남아 있는지 확인하여

해설 본문 3단락에서 "The jerky is ready when it is dry and darker in color and breaks gently when bent."(육포는 건조하고 색이 진하며 구부러뜨릴 때 살짝 부러지면 준비된 것이다.)라고 하였다. 육포가 완전히 말라서 수분이 없을 때 먹을 준비가 된다고 했으므로 (a)가 정답이다.

정답 Key Paraphrasing

본문에 쓰인 'it is dry'와 유사한 표현은 'it is no longer moist'이다.

어휘 confirm 확인하다 be ready for ~할 준비가 되다 no longer 더 이상 ~않은 moist 촉촉한 to the touch 만져서 ~한 remain ~인 상태로 남아 있다

19. (d)

유형 추론(Why)

왜 가게에서 산 육포가 병사들에게 이상적일까?

(a) 가장 영양가가 높은 건조 식품이다.
(b) 어디에서나 준비하기가 쉽다.
(c) 다른 식품과 교환될 수 있다.
(d) 장기간 보관될 수 있다.

해설 본문 4단락에서 "Well-dried jerky will last for two to three months without refrigeration, while store-bought processed jerky can last for up to two years."(잘 말린 육포는 냉장 보관하지 않고 2~3개월 지속되는 반면, 가게에서 산 가공 육포는 최대 2년까지 지속할 수 있다.)라고 하였다. 가게에서 산 육포의 장기간 보관 가능한 특성 때문에 병사들의 식량으로 적합할 것으로 추론되므로 (d)가 정답이다.

정답 Key Paraphrasing

본문에 쓰인 'store-bought processed jerky can last for up to two years'와 유사한 표현은 'It can be kept for long periods.'이다.

어휘 store-bought 가게에서 산 ideal 이상적인 soldier 병사 be traded for ~와 교환되다

20. (b)

> 본문의 맥락에서, ubiquitous는 _____를 의미한다.
>
> (a) 좋아하는 (b) 널리 퍼져 있는
>
> (c) 이상한 (d) 급속히 퍼지는

해설 본문 2단락 "Today, jerky is a <u>ubiquitous</u> food product." (오늘날 육포는 <u>어디서나 볼 수 있는</u> 식품이다.)에서 형용사 ubiquitous는 '어디서나 볼 수 있는'의 의미로 사용되었다. 보기 중 이 의미와 가장 가까운 (b)가 정답이다.

어휘 ubiquitous 어디에나 있는 favorite 좋아하는 widespread 널리 퍼져 있는 strange 이상한 invasive 급속히 퍼지는, 침습하는

21. (c)

> 본문의 맥락에서, inhibit은 _____를 의미한다.
>
> (a) 겁을 주다 (b) 금지하다
>
> (c) 막다 (d) 가장하다

해설 본문 3단락 "The meat is sliced into thin strips and salted to <u>inhibit</u> bacterial growth."(그 고기는 얇게 썰어 박테리아의 성장을 <u>억제하기</u> 위해 소금에 절여진다.)에서 inhibit은 '억제하다, 막다'의 의미로 사용되었다. 보기 중 이 의미와 가장 가까운 (c)가 정답이다.

어휘 inhibit 억제하다, 막다 frighten 겁을 주다 forbid 금지하다 prevent 막다 simulate 가장하다, 모의 실험하다

[22-28] 우수고객 전용 파티에 초대하는 편지

레이첼 허드슨
팜 스트리트 234번지
폴로리다주 비치 파크 구

허드슨 씨께:

즐거운 하루 되세요!

저희 기록에 의하면, 저희가 작년에 매장을 개점했을 때부터 당신은 스킨 홀리데이 제품의 고객이십니다. [22]당신의 [27]거래에 감사하기 위해 다음주 금요일 8월 14일에 열리는 초대고객 전용 영업시간 이후 파티에 초대합니다.

[23]금요일 정상 매장 시간 이후 스킨 홀리데이에서 저희의 우수 고객들만 쇼핑할 수 있도록 초대하고 있습니다. 감사를 표하는 방법으로, 여러분을 위해 신나는 것들을 준비했습니다. [24]무료 칵테일과 저녁 식사가 제공됩니다. 게다가, 우리의 유명한 지역 밴드인 비치코머스(Beachcombers)가 행사 동안 매장 한 쪽 코너에 자리잡고 우리에게 공연을 해줄 예정입니다.

모든 재고 품목이 40~70% 할인되어 표시될 것이기 때문에, 여러분은 틀림없이 영업 시간 이후 쇼핑 경험을 즐길 수 있을 거예요. 또한 당신은 다음 달에 대중에게 출시될 최신 향수 컬렉션을 처음 보는 고객 중 한 분이 되실 것입니다.

저희는 다른 작은 선물들과 함께 샤워젤과 바디로션들을 나눠 드릴 것입니다. [25]그리고 이 행사를 더욱 기억에 남게 하기 위해 매장에는 손님들이 무료로 이용할 수 있는 포토 부스가 마련될 예정입니다.

[26]저희 매장에서 100달러 이상 구매 시 사용할 수 있는 25달러 상품권을 동봉하여 드리니 받아 주시기 바랍니다.

금요일 밤에 저희의 초대고객 [28]전용 파티가 열리는 스킨 홀리데이에서 당신을 뵙기를 고대합니다. 이 초대장을 가지고 오셔서 문 앞에서 제시해 주세요.

진심으로,

L. 우즈
루이스 우즈
스토어 매니저

어휘 business 사업, 거래 invitation-only 초대 전용 after-hours party 영업시간 이후 파티 be held 열리다, 개최되다 preferred customer 우수 고객 prepare 준비하다 in addition 게다가 set up 설치하다, 마련하다 entertain 즐겁게 해주다 item in stock 재고 품목 launch to the public 일반에 출시하다 along with ~와 함께 unforgettable 잊지 못할, 기억에 남는 accept 받아주다 enclosed 동봉된 gift certificate 상품권 purchase 구매하다 exclusive party 단독 파티 present 제시하다

22. (b)

루이스 우즈가 왜 레이첼 허드슨에게 편지를 썼는가?

(a) 특별 로열티 프로그램을 발표하려고

(b) 그녀에게 행사에 와달라고 부탁하려고

(c) 스킨 홀리데이에서 쇼핑한 것에 대해 그녀에게 감사하려고

(d) 상점의 기념일 파티에 그녀를 초대하려고

해설 본문 1단락에서 "To thank you for your business, we are inviting you to an invitation-only after-hours party to be held next Friday, August 14."(당신의 성원에 감사 드리기 위해, 다음주 금요일 8월 14일에 열리는 초대고객 전용 영업시간 이후 파티에 당신을 초대합니다.)라고 하였다. 여기서 편지의 목적이 영업시간 이후 파티에 참석하도록 알리는 것이므로 (b)가 정답이다.

오답 분석 (d)에서 파티에 초대한다는 표현만 보고 성급하게 (d)를 정답으로 골라서는 안된다. 이 편지에서 파티에 고객을 초대하고는 있지만, 그 파티가 매장 영업시간 이후 우수고객 판촉 파티이며 매장 기념일 파티가 아니므로 (d)는 오답이다. 지텔프 리딩에서는 본문에 나온 동일 단어 한두 개를 활용하여 오답이면서도 매력적으로 보이는 선택지를 포함하는 문제들이 많이 출제된다. 이런 선택지는 오답일 확률이 높고 오히려 동일 어휘를 반복하지 않고 패러프레이징한 선택지가 정답이 되는 경우가 대부분이니 유의해야 한다.

정답 Key Paraphrasing

본문에 쓰인 'we are inviting you to an invitation-only after-hours party'와 유사한 표현은 'to ask her to come to an event'이다.

어휘 announce 발표하다 anniversary 기념일 invite 초대하다

23. (d)

우즈의 말에 따르면, 금요일 정상 영업시간 이후 누가 그 매장을 방문할 수 있는가?

(a) 특별 행사 입장권을 구입한 사람

(b) 신규 고객을 매장에 데려온 사람

(c) 정상 시간에 방문하기에 너무 바쁜 사람

(d) 그 매장에서 자주 쇼핑하는 사람

해설 본문 2단락에서 "We are inviting only our preferred customers to shop at Skin Holiday after the normal store hours on Friday."(금요일 정상 매장 시간 이후 스킨 홀리데이에서 우수 고객만 쇼핑할 수 있도록 초대하고 있습니다.)라고 하였다. 초대 대상은 매장에서 선호하는 우수 고객인데 이는 자주 쇼핑하러 오는 고객을 의미하므로 (d)가 정답이다.

정답 Key Paraphrasing

본문에 쓰인 'our preferred customers'와 유사한 표현은 'those who are frequent shoppers at the store'이다.

어휘 too busy to visit 너무 바빠서 방문할 수 없는 normal hour 정상 영업시간 frequent shopper 자주 오는 쇼핑객

24. (b)

파티에서 손님들은 무엇을 할 수 없을까?

(a) 무료 칵테일을 마신다

(b) 희극단이 제공하는 공연을 즐긴다

(c) 음악 그룹의 연주를 듣는다

(d) 추가 비용 없이 음식을 즐긴다

해설 본문 3단락에서 "Free cocktails and dinner will be served. In addition, our famous local band, the Beachcombers, will be setting up in a corner of the store to entertain us during the event."(무료 칵테일과 저녁 식사가 제공됩니다. 게다가, 우리의 유명한 지역 밴드인 비치코머스가 행사 기간 동안 우리를 즐겁게 해주기 위해 가게 한 코너에 자리잡을 예정입니다.)라고 하였다. 본문에서는 지역 음악 밴드가 공연한다고 하였고 희극단이 공연하는 것이 아니므로 (b)가 정답이다.

정답 Key Paraphrasing

본문에 쓰인 'Free cocktails and dinner will be served'와 유사한 표현은 (a) consume complimentary mixed drinks와 (d) enjoy food at no additional cost이다. 또 본문에 쓰인 'our famous local band, the Beachcombers, will be setting up in a corner of the store'와 유사한 표현은 (c) listen to the work of a musical group이다.

어휘 consume 먹다, 마시다 complimentary 무료의 mixed drink 혼합 음료, 칵테일 be entertained 오락을 즐기다 comedy troupe 희극단 additional 추가적인

25. (a)

파티에서 더 기억에 남도록 손님들은 무엇을 할 수 있는가?

(a) 그들의 사진이 찍히도록 할 수 있다.
(b) 최신 스킨 홀리데이 향수를 뿌려 볼 수 있다.
(c) 부스에서 그들의 선물을 받아갈 수 있다.
(d) 비누와 로션을 직접 만들 수 있다.

해설 본문 4단락에서 "And to make the event even more unforgettable, a photo booth, which our guests can use for free, will be set up at the store."(그리고 이 행사를 더욱 기억에 남게 하기 위해 매장에는 손님들이 무료로 이용할 수 있는 포토 부스가 마련될 예정입니다.)라고 하였다. 보기 중 이 내용과 일치하는 (a)가 정답이다.

어휘 memorable 기억에 남는 try on perfume 향수를 뿌려 보다 claim (자신의 것임을 밝히고) ~을 찾아가다

26. (a)

유형 추론(Why)

편지에 따르면, 우즈가 왜 편지에 상품권을 동봉했을까?

(a) 허드슨이 그 상점에서 더 많은 돈을 쓸 수 있도록
(b) 허드슨이 어느 가게에서나 물건을 살 수 있도록
(c) 허드슨이 다른 사람을 위한 선물로 사용할 수 있도록
(d) 허드슨이 파티에 더 오래 머물 수 있도록

해설 본문 5단락에서 "Please accept the enclosed $25 gift certificate that you can use when you purchase $100 or more from our store."(저희 매장에서 100달러 이상 구매 시 사용할 수 있는 25달러 상품권을 동봉하여 드리니 받아주시기 바랍니다.)라고 하였다. 100달러 이상 구매하면 25달러 상품권을 사용하여 할인을 받도록 하는 방식은 전형적인 판촉 기법으로서 고객이 더 많은 구매를 하도록 유도하려는 의도로 보이므로 (a)가 정답이다.

어휘 include 포함하다, 동봉하다 gift certificate 상품권

27. (c)

유형 어휘(명사: business)

본문의 맥락에서, business는 _____을 의미한다.

(a) 도움   (b) 상황
(c) 성원   (d) 경쟁

해설 본문 1단락에서 "To thank you for your business, we are inviting you to an invitation-only after-hours party to be held next Friday, August 14."(당신의 거래에 감사 드리기 위해, 저희는 당신을 다음주 금요일인 8월 14일에 열리는 초대고객 전용 영업 시간 이후 파티에 초대합니다.)라고 하였다. 이때 명사 business의 의미는 '그 동안의 거래/성원'이라는 의미로 사용되었다. 보기 중 이 의미와 문맥상 가장 가까운 (c)가 정답이다.

어휘 business 거래, 성원 assistance 원조, 도움 matter 문제, 상황 support 후원, 성원 competition 경쟁

28. (d)

유형 어휘(형용사: exclusive)

본문의 맥락에서, exclusive는 _____을 의미한다.

(a) 허가받은   (b) 유행을 따른
(c) 비밀스러운   (d) 전용의

해설 본문 6단락 "We are looking forward to seeing you at Skin Holiday for our exclusive party on Friday night."(금요일 밤 저희 초대고객 전용 파티로 스킨 홀리데이에서 뵙기를 고대하고 있습니다.)에서 형용사 exclusive의 의미는 '독점적인, 전용의'라는 의미로 사용되었다. 보기 중 이 의미와 가장 가까운 (d)가 정답이다.

어휘 exclusive 독점적인, 전용의 licensed 허가받은 stylish 유행을 따르는 secretive 비밀스러운 private 사적인, 전용의

기출 실전테스트 2

01. (c)	02. (b)	03. (a)	04. (b)
05. (d)	06. (a)	07. (c)	
08. (d)	09. (b)	10. (c)	11. (d)
12. (a)	13. (c)	14. (b)	
15. (a)	16. (c)	17. (c)	18. (c)
19. (b)	20. (d)	21. (a)	
22. (b)	23. (d)	24. (a)	25. (d)
26. (c)	27. (b)	28. (a)	

[01-07] 체로키어의 문자를 창조한 세코야

세코야

01 세코야(Sequoyah)는 체로키어의 문자 형태를 발명한 것으로 가장 잘 알려진 북미 원주민 금속 세공인, 학자, 그리고 언어학자였다. 그의 문자 표기 시스템은 체로키인들이 읽고 쓰는 법을 배우는데 도움을 주었는데, 이것은 문자 사용 이전의 사람들 중 한 구성원이 효과적인 문자 체계를 창조할 수 있었던 역사 속에서 드문 사례들 중 하나이다.

세코야는 유럽인들이 북미의 지역에 처음 정착하고 있었던 시기에 대략 1770년경쯤 테네시 동부에서 태어났다. 그는 아마도 나다니엘 지스트라는 이름의 백인 무역상이었을 자신의 아버지를 전혀 알지 못했고 체로키족 어머니 우테와 함께 자랐다. 비록 그는 학교에 다니지는 않았지만, 타고난 지능이 있었고 성공적인 금속 세공사가 되었다.

02 금속 세공사로서 세코야는 종종 백인과 거래를 했는데, 03 백인들이 잎 위에 상징을 그림으로써 먼 거리를 넘나들며 소통한다는 것을 알아차렸다. 그는 백인들이 지식을 더 효율적으로 주고받을 수 있기 때문에 말하는 종이가 백인들을 성공하도록 만든다고 믿었다. 그러한 관행이 체로키인들의 독립을 유지하는데 도움이 될 것이라고 확신하고, 세코야는 체로키어를 쓰는 방법을 개발하기로 결심했다.

그는 각각의 체로키 단어에 대한 기호를 만드는 것으로 시작

했지만 곧 단어들이 너무 많아서 이 체계가 유용한 것이 될 수 없다는 것을 깨달았다. 부득이하게 그는 대신 언어의 각 음절에 대한 기호를 그렸다. 세코야는 마침내 86개의 기호로 구성된 음절 문자 체계를 완성했을 때 12년 동안 이 기호들을 연구해 오고 있었다.

처음에, 체로키 부족은 그의 발명이 효과가 있을지 의심했다. 그는 체로키 지도자들에게 그 체계를 배운 딸의 도움으로 그 유용성을 보여주었다. 지도자들은 그녀를 목소리가 들리지 않게 멀리 보냈고 세코야가 받아 쓰도록 단어들을 06 말해 주었다. 그리고 나서 그들은 그 소녀에게 적혀진 메시지를 주었고, 그녀는 그것을 한 단어 한 단어 다시 읽었다.

04 얼마 후, 세코야의 문자 체계는 체로키 학교에서 교육되었다. 체로키 부족은 그것이 간단했기 때문에 그것을 빨리 배웠다. 05 세코야는 나중에 그의 문자 체계를 아칸소 체로키 부족에게 가져갔고 그리고 나서 오클라호마로 이주했다. 그는 1843년 멕시코 산 페르난도에서 거기로 이주했었던 체로키족들을 찾다가 사망했다.

그의 발명은 체로키족들이 책과 신문을 그들 자신의 언어로 인쇄하고 역사와 문화를 07 보존할 수 있게 해주었다. 오늘날, 세코야의 동상이 미국 국회 의사당에 서 있다. 오클라호마에 있는 그의 예전 집 또한 역사적인 랜드마크가 되었다.

여휘 metalworker 금속 세공사 scholar 학자 linguist 언어학자 best known for ~로 가장 잘 알려진 invent 발명하다 rare instance 드문 사례 pre-literate 문자 이전의 be born 태어나다 settle in 정착하다 probably 아마도 trader 무역상 grow up 자라다 attend 출석하다 intelligent 총명한 do business with ~와 거래하다 across great distances 먼 거리를 넘나들며 knowledge 지식 efficiently 효율적으로 convince 확신시키다, 납득시키다 practice 관행 maintain 유지하다 independence 독립 useful 유용한 resort to (부득이하게) ~에 의존하다, 기대다 syllable 음절 instead 대신에 syllabary 음절 문자 체계 consist of ~로 구성되다 doubt 의심하다 invention 발명, 발명품 usefulness 유용성 out of earshot 목소리가 들리지 않을 만큼 멀리 dictate 받아쓰게 하다, 말하다 preserve 보존하다 statue 동상 Capitol 국회 의사당

1. (c)

유형 주제(What)

세코야는 체로키족을 위해 무엇을 했는가?

(a) 그는 그들을 하나의 국가로 통합했다.
(b) 그는 그들의 알파벳을 간소화했다.
(c) 그는 그들의 쓰기 체계를 발명했다.
(d) 그는 유럽인들로부터 그들을 방어했다.

해설 본문 1단락에서 "Sequoyah was a Native American metalworker, scholar, and linguist best known for inventing the written form of the Cherokee language."(세코야는 체로키어의 문자 형태를 발명한 것으로 가장 잘 알려진 북미 원주민 금속 세공인, 학자, 언어학자였다.)라고 하였으므로 (c)가 정답이다.

정답 Key Paraphrasing

본문에 쓰인 'inventing the written form of the Cherokee language'와 유사한 표현은 'He invented their system of writing.'이다.

어휘 unite 통합하다   streamline 간소화하다   invent 발명하다   defend 방어하다

2. (b)

유형 세부사항(How)

세코야는 어떻게 유럽인들과 알게 되었는가?

(a) 아버지의 사업을 통해
(b) 그들과 함께 일하면서
(c) 그의 금속 세공 수업을 통해
(d) 그들과 함께 자라면서

해설 본문 3단락에서 "As a metalworker, Sequoyah often did business with white people"(금속 세공인으로서, 세코야는 종종 백인과 거래했다.)라고 하였다. 금속 세공 일을 통해 백인과 거래하면서 백인을 알게 되었으므로 (b)가 정답이다.

어휘 be acquainted with ~와 알고 지내다, 친분이 있다   grow up 자라다

3. (a)

유형 세부사항(What)

무엇이 세코야를 자신의 상징 기호를 만들도록 촉진시켰는가?

(a) 백인이 문자를 사용하는 것을 봄
(b) 기존 쓰기 체계를 개선할 필요성
(c) 체로키어 음절 문자 체계의 어려움
(d) 백인과 의사소통하려는 욕구

해설 본문 3단락에서 "noticed that they communicated across great distances by "drawing symbols on leaves." He believed that the "talking" paper made whites successful, because they could send and receive knowledge more efficiently."(그들이 "잎 위에 상징들을 그림으로써 먼 거리에 걸쳐 의사소통을 한다는 것을 알아챘다. 그는 백인들이 지식을 더 효율적으로 주고받을 수 있기 때문에 말하는 종이가 백인들을 성공으로 이끈다고 믿었다.)라고 하였다. 백인들이 문자로 의사소통하는 것을 보고 그 효용성을 알게 되어 자신의 문자를 창조하게 되었으므로 (a)가 정답이다.

정답 Key Paraphrasing

본문에 쓰인 'noticed that they communicated across great distances by 'drawing symbols on leaves'와 유사한 표현은 'seeing white people use a written language'이다. 특히 'drawing symbols on leaves'와 'a written language'는 같은 것을 의미한다.

어휘 prompt 촉진시키다, 고취하다   create 창조하다   improve 개선하다   existing 기존의   syllabary 음절 문자 체계   desire 욕구

4. (b)

유형 추론(What)

이 기사에 따르면, 세코야가 체로키 지도자들과 회담한 후 무슨 일이 일어났을까?

(a) 지도자들은 그의 발명을 단순화해 달라고 요청했다.
(b) 지도자들은 그의 문자 체계 사용을 승인했다.
(c) 지도자들은 즉시 글 쓰는 법을 배우기 시작했다.
(d) 지도자들은 그의 발명을 거부했다.

해설 본문 6단락에서 "Soon, Sequoyah's writing system was being taught in Cherokee schools. The Cherokees quickly learned it because it was simple."(얼마 후, 세코야의 문자 체계는 체로키 학교에서 가르쳐지고 있었다. 체로키 부족은 그것

이 간단했기 때문에 그것을 빨리 배웠다.)라고 하였다. 체로키 학교에서도 세코야의 문자 체계가 가르쳐지게 된 것으로 보아 지도자들이 이 문자 체계를 공식적으로 인정한 것으로 추론되므로 (b)가 정답이다.

어휘 simplify 단순화하다　approve 승인하다　immediately 즉시　reject 거부하다

5. (d)

유형 세부사항(Why)

세코야는 왜 아칸소로 이동했는가?

(a) 부족을 안전한 곳으로 인도하려고
(b) 백인들에게 체로키어를 가르치려고
(c) 거기로 이주한 체로키 부족을 찾으려고
(d) 그의 민족에게 읽고 쓰는 법을 가르치려고

해설 본문 6단락에서 "Sequoyah later took his writing system to the Cherokees in Arkansas, and then moved to Oklahoma." (세코야는 나중에 그의 문자 체계를 아칸소 체로키 부족에게 가져갔고 다시 오클라호마로 이사했다.)라고 하였다. 보기 중 이 내용과 일치하는 (d)가 정답이다.

정답 Key Paraphrasing

본문에 쓰인 'Sequoyah later took his writing system to the Cherokees in Arkansas'와 유사한 표현은 'to teach his people how to read and write'이다.

어휘 lead 이끌다　tribe 부족　safer 더 안전한

6. (a)

유형 어휘(동사: dictate)

본문의 맥락에서, dictated는 ＿＿＿＿＿를 의미한다.

(a) 말했다　　　　(b) 압도했다
(c) 그렸다　　　　(d) 명령했다

해설 본문 5단락 "The leaders sent her out of earshot and dictated words for Sequoyah to write."(지도자들은 그녀를 목소리가 들리지 않게 멀리 보냈고 세코야가 받아 쓰도록 단어들을 말해 주었다.)에서 동사 'dictated'는 '말했다'의 의미로 사용되었다. 보기 중 이 의미와 가장 가까운 (a) spoke가 정답이다.

어휘 dictate 받아 적게 하다, 말하다　overpower 압도하다　draw 그리다　command 명령하다

7. (c)

유형 어휘(동사: preserve)

본문의 맥락에서, preserve는 ＿＿＿＿＿를 의미한다.

(a) 저장하다　　　　(b) 치료하다
(c) 보호하다　　　　(d) 처리하다

해설 본문 7단락 "His invention allowed the Cherokees to print books and newspapers in their own language and to preserve their history and culture."(그의 발명은 체로키족들이 책과 신문을 그들 자신의 언어로 인쇄하고 역사와 문화를 보존할 수 있게 해주었다.)에서 preserve는 '보호하다, 지키다'의 의미로 사용되었다. 보기 중 이 의미와 가장 가까운 (c)가 정답이다.

어휘 preserve 보존하다　store 저장하다　cure 치료하다　protect 보호하다　process 처리하다

[08-14] 밀레니얼 세대의 근무 환경에 대한 선호

밀레니얼 세대의 작업장 선호

전 세계 설문 조사에 따르면 1980년대와 2000년대 초반에 태어난 사람들의 세대인 밀레니얼 세대는 업무 환경과 관련하여 특별한 선호를 가지고 있다. 직장 인테리어 장식과 편의시설을 덜 강조하는 고령 근로자들과 달리 밀레니얼 세대는 작업장 자체를 취업을 결정할 때 핵심 요소로 여긴다.

09 존슨 컨트롤스(Johnson Controls)에 의해 수행된 이 연구는 고용주들이 현재 노동력의 가장 큰 부분인 밀레니얼 세대의 근로자들을 성공적으로 채용하고 보유할 수 있도록 돕기 위해 설계되었다. 특히, 연구원들은 밀레니얼 세대들이 직장의 어떤 물리적 요소를 가장 중요시하는지 알고 싶어 했다. 이를 위해, 그들은 아시아, 유럽과 미국내 5천 명의 밀레니얼 세대 근로자들을 조사했다.

08 연구원들은 밀레니얼 세대가 현대적이고 심미적으로 즐겁게 하는 디자인을 가진 직장을 선호한다는 것을 알게 되었다. 그들은 또한 사무실이 환경 친화적이고 기술적으로 최첨단이기를 원한다. 밀레니얼 세대에게 직장 내 기술적 편의 시설은 단지 13 사치가 아닌 필수이다. 이들은 다양한 기기와 온라인 플랫폼 사용에 정통하며 이러한 지식이 업무에 효과적이기 위해 중요하다고 믿고 있다.

밀레니얼 세대들은 또한 그들이 더 유연하게 행동할 수 있는 사무실을 원한다. 이들은 작업 공간의 장식을 개인화할 수 있고 동료와 협업하고 친목을 도모할 수 있는 영역을 갖

추는 것을 좋아한다. ¹⁰ 게다가, 그들은 쇼핑 센터나 유흥 시설과 가까운 보행자 친화적인 도시 지역에서 일하고 대중교통을 쉽게 이용할 수 있는 곳에서 일하는 것을 선호한다.

직장에 대한 밀레니얼 세대의 기대에 부응하여 경쟁력을 갖추기를 원하는 기업들은 밀레니얼 세대들에게 친화적인 공간에 투자했다. ¹¹점점 더 많은 기업들이 근로자들의 협업을 장려하기 위해 열린 공간, 휴게실 및 직원 휴게실을 만들고 있다.

¹²많은 회사들은 또한 이동의 자유를 제공하고 근로자들이 최상으로 업무를 수행할 수 있도록 돕는 공간을 찾도록 장려하는 열린 좌석 공간을 제공하고 있다. 밀레니얼 세대의 선호에 부응하는 기업들은 경쟁력을 갖추게 되는 반면, 이것들을 ¹⁴무시하는 기업들은 구식으로 여겨지고 심지어 잠재적인 인재들을 돌려보내고 있는 것일 수도 있다.

어휘 global survey 세계적인 조사 preference 선호 with regard to ~에 관련하여 work environment 작업 환경 unlike ~와는 달리 place emphasis on ~을 강조하다 amenity 편의 시설 consider A B A를 B로 여기다/간주하다 key factor 주요 요인 perform 수행하다 recruit 채용하다. 모집하다 retain 보유하다 millennial 밀레니얼 세대 portion 부분 workforce 노동력 physical 물리적 value 가치있게 생각하다. 중요시하다 modern 현대적인 aesthetically pleasing 심미적으로 즐겁게 하는 environmentally friendly 환경 친화적인 up-to-date 최첨단인 necessity 필수품 luxury 사치. 호화로움 be well versed in ~에 정통하다 allow A B A가 B 할 수 있게 하다 flexibility 유연성 personalize 개인화하다 collaborate 협업하다 socialize with ~와 친목을 도모하다 colleague 동료 pedestrian-friendly 보행자 친화적인 urban location 도시적 장소 access to ~에 대한 접근성 public transportation 대중 교통 as a response to ~에 대응하여, ~에 부응하여 expectation 기대 competitive 경쟁력 있는 encourage 장려하다. 격려하다 perform at their best 최상의 수행을 보이다 cater to ~의 구미에 맞추다. ~에 부응하다 disregard 무시하다 out-of-date 구식인 turn A away A를 물리치다. 돌려보내다 potential talent 잠재적인 인재

08. (d)

유형 주제(What)

연구원들은 밀레니얼 세대 근로자의 선호에 대해 무엇을 발견했는가?

(a) 작업 환경에 덜 중점을 둠
(b) 고용주로부터 특별 대우를 요구함
(c) 편의 시설을 최우선으로 생각함
(d) 자신이 일하는 공간에 대해 관심이 있음

해설 본문 3단락에서 "The researchers found that millennials prefer workplaces that have a modern and aesthetically pleasing design."(연구원들은 밀레니얼 세대가 현대적이고 미적으로 즐겁게 해주는 디자인을 가진 일터를 선호한다는 것을 발견했다.)라고 하였다. 보기에서 이 내용과 일치하는 (d)가 정답이다.

정답 Key Paraphrasing

본문에 쓰인 'millennials prefer workplaces that have a modern and aesthetically pleasing design'과 의미상 통하는 것은 'that they care about the space they work in'이다.

어휘 preference 선호 emphasis 강조 require 요구하다 treatment 대우. 대접 amenity 편의 시설 top priority 최우선 순위 care about ~대해 신경 쓰다. 관심 갖다

09. (b)

유형 추론(Why)

왜 기업들이 사무실을 설계할 때 밀레니얼 세대에게 귀를 기울여야 할까?

(a) 고용주가 밀레니얼 세대를 가장 가치 있는 근로자로 보기 때문에
(b) 밀레니얼 세대가 상당한 수의 근로자를 구성하기 때문에
(c) 고용주가 밀레니얼 세대 노동자를 보유할 수 없었기 때문에
(d) 밀레니얼 세대가 최신 설계 아이디어를 가지고 있기 때문에

해설 본문 2단락에서 "The study, which was performed by Johnson Controls, was designed to help employers successfully recruit and retain <u>millennial workers, now the largest portion of the workforce.</u>"(존슨 컨트롤스에 의해 수행된 이 연구는 고용주들이 <u>현재 노동력의 가장 큰 부분인 밀레니얼 세대 근로자들</u>을 성공적으로 채용하고 보유할 수 있도록 돕기 위해 고안되었다.)라고 하였다. 현재 노동력의 가장 큰 부분을 밀레니얼 세대 근로자가 차지하고 있기 때문에 고용주들이 이들을 유치하기 위해 노력하고 있고 이들의 의견에 귀 기울이고 있다고 추론된다. 따라서 (b)가 정답이다.

본문에 쓰인 'millennial workers, now the largest portion of the workforce'와 유사한 표현이 'because millennials make up a significant number of workers'이다.

어휘 valuable 가치 있는, 소중한 make up 구성하다 significant 상당한 retain 보유하다 up-to-date 최신의

10. (c)

유형 세부사항(Why)

기사에 따르면, 밀레니얼 세대는 왜 도시 환경에서 일하는 것을 선호하는가?

(a) 타사의 근로자와 교제할 수 있다.
(b) 보다 유연한 작업 옵션을 가지고 있다.
(c) 다양한 편의 시설을 가까이서 누린다.
(d) 공원에 더 가까이 접근할 수 있다.

해설 본문 4단락에서 "Moreover, they prefer working in pedestrian-friendly urban locations that are close to shopping areas and entertainment facilities, with easy access to public transportation."(게다가, 그들은 쇼핑 센터나 유흥 시설과 가까운 보행자 친화적인 도시 지역에서 일하고 대중교통을 쉽게 이용할 수 있는 곳에서 일하는 것을 선호한다.)라고 하였다. 이들이 도시 환경을 선호하는 것은 도시 환경이 쇼핑이나 유흥 시설, 대중교통 등을 가까이서 편리하게 제공하기 때문이므로 (c)가 정답이다.

본문에 쓰인 'they prefer working in pedestrian-friendly urban locations that are close to shopping areas and entertainment facilities'와 유사한 표현은 'They enjoy proximity to different conveniences.'이다.

어휘 would rather 더 좋아하다 socialize with 사귀다, 교류하다 flexible 유연한 proximity 가까움, 근접 convenience 편의 시설 access 접근

11. (d)

유형 세부사항(What)

사무실 배치를 보다 개방적으로 만드는 것의 예상되는 효과는 무엇인가?

(a) 근로자가 더 경쟁력있게 됨
(b) 밀레니얼 세대가 더 많은 기업에 투자함
(c) 근로자가 사회성을 향상시킴
(d) 밀레니얼 세대가 함께 일할 더 많은 동기를 가짐

해설 본문 5단락에서 "More and more firms are now creating more open spaces, break rooms, and employee lounges to encourage workers to collaborate." (점점 더 많은 기업들이 근로자들의 협업을 장려하기 위해 열린 공간, 휴게실 및 직원 휴게실을 만들고 있다.)라고 하였다. 근로자의 협업을 장려하기 위해 개방적 공간을 만든다고 했다. 따라서 개방적 공간 배치는 함께 협업할 동기를 부여해 줄 수 있으므로 (d)가 정답이다.

본문에 쓰인 'to encourage workers to collaborate'과 유사한 표현은 'millennials having more motivation to work together'이다. 특히 'collaborate'와 'work together'는 같은 의미를 나타낸다.

어휘 expected effect 예상되는 효과 layout 배치 competitive 경쟁력 있는 invest 투자하다

12. (a)

유형 추론(How)

이 연구가 어떻게 밀레니얼 세대 근로자 채용에 있어 고용주들을 도울 수 있을까?

(a) 사무실을 요구에 맞춰 설계하도록 권장하여
(b) 매력적인 급여 패키지를 생각해 내도록 도와서
(c) 최고 성과를 거둔 사람만 고용하도록 허용함으로써
(d) 잠재력이 있는 사람을 식별하도록 도움으로써

해설 본문 6단락에서 "Many companies are now also providing open seating areas that offer freedom of movement and encourage workers to find the space that will help them perform at their best."(많은 회사들은 또한 이동의 자유를 제공하고 근로자들이 최상으로 업무를 수행할 수 있도록 돕는 공간을 찾도록 장려하는 열린 좌석 공간을 제공하고 있다.)라고 하였다. 밀레니얼 세대들의 작업 공간에 대한 선호에 대해 연구해서, 고용주가 이들의 요구에 맞춘 사무실을 설계하여 밀레니얼 세대 근로자가 선호하는 직장으로 만들어 유능한 인재를 채용하겠다는 취지로 추론된다. 따라서 (a)가 정답이다.

어휘 recruit 채용하다 encourage 장려하다 accordingly 그에 맞춰 come up with 생각해 내다 attractive 매력적인 perform 수행하다 identify 식별하다 potential 잠재력 있는

13. (c)

유형 어휘(명사: luxury)

본문의 맥락에서, luxury는 _____ 를 의미한다.

(a) 여가   (b) 기쁨
(c) 특권   (d) 행운

해설 본문 3단락 "To millennials, technological amenities in the workplace are a necessity, and not just a luxury."(밀레니얼 세대에게 직장 내 기술적 편의 시설은 단지 사치가 아닌 필수이다.)에서 명사 luxury는 '사치, 호화로움'의 의미로 사용되었다. 보기 중 '특혜, 특권'이라는 의미의 privilege가 문맥상 가장 가까우므로 (c)가 정답이다.

어휘 luxury 사치   leisure 레저, 여가활동   delight 즐거움 privilege 특권   fortune 운, 재산

14. (b)

유형 어휘(동사: disregard)

본문의 맥락에서, disregard는 _____ 를 의미한다.

(a) 거절하다   (b) 무시하다
(c) 불복종하다   (d) 잊다

해설 본문 6단락 "While companies that cater to the preferences of millennials are becoming competitive, those that disregard them are considered out-of-date and may even be turning potential talent away."(밀레니얼 세대의 선호에 부응하는 기업들은 경쟁력을 갖추게 되는 반면, 이것들을 무시하는 기업들은 시대에 뒤떨어진 것으로 여겨져 잠재적인 인재들을 돌려보내고 있을지도 모른다.)에서 동사 disregard는 '무시하다'의 의미로 사용되었다. 보기 중 이 의미와 가장 가까운 (b)가 정답이다.

어휘 disregard 무시하다   refuse 거절하다   ignore 무시하다, 소홀히 하다   disobey 불복하다   forget 잊다

[15~21] 사람들에게 친숙한 카시오페이아 별자리

카시오페이아

카시오페이아는 케페우스 별자리와 페르세우스 별자리 사이에 있는 북반구에서 발견되는 별자리 또는 별 무리이다. 이것은 오늘날 알려진 88개의 별자리 중 25번째로 큰 별자리이다. 카시오페이아의 별은 일 년 중 시간과 관측자의 위치에 따라 W 또는 M의 모양을 닮았다. [15]단순한 모양과 별들의 밝기 때문

에, 그것은 밤하늘에서 가장 알아보기 쉬운 별자리들 중 하나이다.

이 별자리는 그리스 천문학자인 프톨레마이오스에 의해 2세기에 처음 기록되었다. [16]그것은 그리스 신화에서 케페우스 왕의 아름다운 아내의 이름을 따서 지어졌다. 카시오페이아 여왕은 자신의 아름다움 때문에 자부심에 차서 그녀가 바다의 요정들보다 더 아름답다고 자랑했다. 이것이 바다의 여신들을 [20]격분하게 했다. 벌로, 이 오만한 여왕은 의자에 묶여 하늘에 놓여졌다. 그녀는 절반의 시간을 거꾸로 매달린 채 끝없이 북쪽 하늘을 돌고 있다고 한다.

[17]카시오페이아에는 총 53개의 알려진 별들이 있지만, 카시오페이아의 독특한 모양은 5개의 가장 밝은 별들에 의해 형성된다. 가장 밝은 카시오페이아자리 알파는 태양보다 60배 더 밝다. 그것은 또한 40배 더 크고 그만큼 무게가 5배 이상 나간다. 카시오페이아는 여왕의 남편 케페우스, 그녀의 딸 안드로메다, 날개 달린 말 페가수스를 포함한 페르세우스의 전설과 관련된 인물들의 이름을 딴 별자리의 중심에 있다.

[18] [21]특정한 계절에 한해서만 볼 수 있는 별자리와는 달리, 카시오페이아는 북반구에서는 1년 내내 볼 수 있고 남반구에서는 여름 동안 볼 수 있다. 봄과 여름에는 W자, 가을과 겨울에는 M자처럼 보이면서 밤에 볼 수 있다.

[19]카시오페이아는 가장 찾기 쉬운 별자리 중 하나이기 때문에, 대중 문화에서 자주 언급된다. 그 친숙한 별자리는 모험 소설, 공상과학 텔레비전 쇼, 로맨틱 코미디 영화와 같은 다양한 형태의 미디어에서 언급되어 왔다.

어휘 constellation 별자리   northern hemisphere 북반구 resemble 닮다   depending on ~에 따라   observer 관찰자 due to ~ 때문에   recognizable 알아볼 수 있는 astronomer 천문학자   be named after ~의 이름을 따서 지어지다   full of pride 자부심에 차서   boast 뽐내다, 자랑하다 nymph 요정   enrage 격분하게 하다   goddess 여신 punishment 벌   arrogant 오만한   heaven 하늘   spin 돌다   endlessly 끝없이   hang 매달리다   upside down 거꾸로   unique 독특한   weigh 무게가 나가다   figure 인물 associated with ~와 관련된   legend 전설   unlike ~와는 달리   particular 특정한   visible 보일 수 있는   mention 언급하다   popular culture 대중 문화   familiar 친근한   reference 참조하다, 언급하다   diverse 다양한   adventure novel 모험 소설   science fiction 공상 과학

15. (a)

주제(Why)

왜 대부분의 사람들이 카시오페이아 별자리를 쉽게 식별할 수 있는가?

(a) 모양이 기억하기 쉽기 때문에
(b) 별이 가장 밝기 때문에
(c) 형태가 하늘에서 가장 크기 때문에
(d) 고정된 외관을 가지기 때문에

해설 본문 1단락에서 "Due to its simple shape and the brightness of its stars, it is one of the most recognizable constellations in the night sky." (단순한 모양과 별들의 밝기 때문에, 그것은 밤하늘에서 가장 알아보기 쉬운 별자리들 중 하나이다.)라고 하였다. 보기 중 이 내용과 일치하는 (a)가 정답이다.

정답 Key Paraphrasing

본문에 쓰인 'due to its simple shape'와 유사한 표현은 'because its shape is easy to remember'이다.

어휘 identify 식별하다 constellation 별자리 formation 형성, 형태 appearance 외관

16. (d)

유형 세부사항(Where)

"카시오페이아"라는 이름은 어디에서 유래되었는가?

(a) 실제 여왕의 이름으로부터
(b) 그리스 천문학자의 이름으로부터
(c) 질투심 많은 한 무리의 여신들로부터
(d) 신화적 여성으로부터

해설 본문 2단락에서 "It was named after the beautiful wife of King Cepheus in Greek mythology." (그것은 그리스 신화에서 케페우스 왕의 아름다운 아내의 이름을 따서 지어졌다.)라고 하였다. 보기 중 이 내용과 일치하는 (d)가 정답이다.

정답 Key Paraphrasing

본문에 쓰인 'It was named after the beautiful wife of King Cepheus in Greek mythology.'와 유사한 표현은 'from a mythological woman'이다.

어휘 real-life 실제의 astronomer 천문학자 jealous 질투하는 mythological 신화의

17. (c)

유형 세부사항(How)

카시오페이아의 구별되는 외관은 어떻게 형태가 만들어지는가?

(a) 가장 큰 별 크기에 의해
(b) 연속 회전에 의해
(c) 가장 밝은 별들의 형성에 의해
(d) 인근 별자리와의 결합에 의해

해설 본문 3단락에서 "There are a total of 53 known stars in Cassiopeia, but its unique shape is formed by its five brightest stars." (카시오페이아에는 총 53개의 별이 있지만, 카시오페이아의 독특한 모양은 5개의 가장 밝은 별들에 의해 형성된다.)라고 하였다. 보기 중 이 내용과 일치하는 (c)가 정답이다.

정답 Key Paraphrasing

본문에 쓰인 'Its unique shape is formed by its five brightest stars'와 유사한 표현은 'by the formation of its brightest stars'이다.

어휘 distinct 구별되는 appearance 외관 shape 형태를 만들다 continuous 연속적인, 계속적인 rotation 회전 union 결합, 연합 nearby 근처의

18. (c)

유형 세부사항(What)

카시오페이아가 다른 별자리와 다른 점은 무엇인가?

(a) 육안으로 볼 수 있다.
(b) 봄철에는 시야에서 사라진다.
(c) 연중 내내 볼 수 있다.
(d) 북쪽에서만 볼 수 있다.

해설 본문 4단락에서 "Unlike constellations which can only be seen during one particular season, Cassiopeia is visible for the entire year in the northern hemisphere and during the spring in the southern hemisphere." (특정 계절에만 볼 수 있는 별자리와는 달리 카시오페이아는 북반구에서 1년 내내 볼 수 있고 남반구에서는 봄 동안 볼 수 있다.)라고 하였다. 보기 중 이 내용과 일치하는 (c)가 정답이다.

정답 Key Paraphrasing

본문에 쓰인 'Cassiopeia is visible for the entire year'와 유사한 표현은 'It can be seen all year round.'이다.

어휘 by the naked eye 육안으로 disappear 사라지다

from view 시야에서 all year round 연중 내내 visible 보일
수 있는

19. (b)

추론(What)

> 영화에서 카시오페아가 자주 언급되는 이유는 무엇일까?
>
> (a) 가장 아름다운 별자리이기 때문에
> (b) 많은 사람들에게 알려져 있기 때문에
> (c) 발음하기 쉬운 이름을 가지고 있기 때문에
> (d) 그 뒤에 로맨틱한 이야기가 있기 때문에

해설 본문 5단락에서 "Because Cassiopeia is one of the easiest constellations to find, it is often mentioned in popular culture,"(카시오페이아는 가장 찾기 쉬운 별자리 중 하나이기 때문에, 대중 문화에서 자주 언급된다.)라고 하였다. 카시오페이아 별자리가 사람들이 찾기 쉬운 별자리라는 점에서 이 별자리가 사람들에게 많이 알려져 있다고 추론될 수 있다. 따라서 (b)가 정답이다.

어휘 mention 언급하다 be well known to ~에게 잘 알려져 있다 pronounce 발음하다

20. (d)

유형 어휘(동사: enrage)

> 본문의 맥락에서, enraged는 _____를 의미한다.
>
> (a) 활기를 불어넣었다   (b) 우울하게 했다
> (c) 혼란스럽게 했다   (d) 화나게 했다

해설 본문 2단락 "This enraged the sea goddesses."(이것이 바다의 여신들을 격분하게 했다.)에서 동사 enrage는 '격분하게 하다, 분노하게 하다'의 의미로 사용되었다. 보기 중 이 의미와 가장 가까운 (d)가 정답이다.

어휘 enrage 격분하게 하다 energize 충전하다 depress 우울하게 하다 confuse 혼란스럽게 하다 anger 화나게 하다

21. (a)

유형 어휘(형용사: particular)

> 본문의 맥락에서, particular는 _____를 의미한다.
>
> (a) 특정한   (b) 정밀한
> (c) 정규적인   (d) 선택적인

해설 본문 4단락 "Unlike constellations which can only be seen during one particular season,"(특정 계절에만 볼 수 있는 별자리와는 달리)에서 형용사 particular는 '특정한'의 의미로 사용되었다. 보기 중 이 의미와 가장 가까운 (a)가 정답이다.

어휘 particular 특정한 specific 특정한, 구체적인 precise 정밀한 regular 정기적인 selective 선택적인

[22-28] 면접 결과 통보와 채용을 촉구하는 편지

조지 터너
콜럼버스 서클 15층
웨스트 44번길 28
뉴욕주 맨해튼

터너 씨에게:

²² 저는 《머니비즈 타임즈(MoneyBiz Times)》의 부편집장 자리에 대한 저의 지원과 관련하여 이 편지를 씁니다. 저는 12월 2일 면접 때 채용 절차가 2주 정도 걸린다고 들었습니다. 제가 당신으로부터 연락을 받지 못했기 때문에 이번 기회에 귀사와 함께 일하고 싶은 열망을 다시 한번 말씀드리고 싶습니다.

²³ 우리의 만남(면접)에서 부편집장에게 기대하는 바를 자세히 알고 나니, 제가 그 자리에 이상적인 지원자라는 확신이 들었습니다. 저는 입증된 편집 기술, 이해관계자와의 효율적인 조정 능력, 그리고 동시에 여러 프로젝트를 관리할 수 있는 능력을 갖추고 있습니다. 저는 또한 당신이 출판하는 주제에 대해 진정한 열정을 가진 사람을 필요로 한다고 믿습니다.

²⁴ 저는 우리가 세계 정세와 비즈니스 뉴스에 대해 같은 관심을 가지고 있다고 확신합니다. ²⁵ 게다가 《파이낸셜 데일리》지의 편집자로서 4년간 일한 경험은 제가 이런 유형의 뉴스 쓰기에 탁월하도록 준비시켜 주었습니다. 저는 당신이 주신 편집 시험에서 만점을 받았다는 것이, 언론학 석사학위와 경제학 학사학위와 함께 제가 그 일에 ²⁷ 적합하다는 증거로 보여질 수 있기를 희망합니다.

²⁶ 면접에서 말씀드렸듯이, 저의 과거 고용주들과 동료들은 최고 품질의 작업을 만들기 위한 저의 ²⁸ 헌신을 보증할 수 있습니다. 빠른 답변 기다리겠습니다. 저를 그 자리에 생각해 주셔서 다시 한번 감사드립니다.

진심으로,

주디스 랜드

in reference to ~와 관련하여　application 지원　associate editor 부편집장　recruitment process 채용 과정　opportunity 기회　restate 다시 말하다　eagerness 열망　convince 확신시키다　ideal 이상적인　candidate 후보, 지원자　proven 입증된, 검증된　coordinate with ~와 조정하다　stakeholder 이해관계자　manage 관리하다　multiple 여러 개의　at the same time 동시에　genuine 진정한, 진짜의　enthusiasm 열정　confident 자신감 있는　excel in ~에서 탁월하다　journalism 언론학　master's degree 석사 학위　bachelor's degree 학사 학위　economics 경제학　be viewed as ~로서 보이다　evidence 증거　be suited for ~에 적합하다　past employer 이전 고용주　colleague 동료　vouch 보증하다　dedication 헌신　sincerely 진심으로

---

22. (b)

유형 주제(Why)

주디스 랜드는 왜 조지 터너에게 편지를 썼는가?

(a) 그녀의 최근 성과에 대한 정보를 제공하려고
(b) 면접 결과에 대한 후속 조치를 취하려고
(c) 면접 초대 여부를 파악하려고
(d) 그녀의 편집직 지원서를 제출하려고

해설 본문 1단락에서 "I am writing this letter in reference to my application for the position of associate editor with the *MoneyBiz Times*. I was informed during my interview on December 2 that the recruitment process would take about two weeks."(저는 머니비즈 타임즈의 부편집장 자리에 대한 저의 지원과 관련하여 이 편지를 씁니다. 12월 2일 면접 때 채용 절차가 2주 정도 걸린다고 들었습니다.)라고 하였다. 자신이 치렀던 면접 결과에 대한 통보를 기다리며 쓴 편지이므로 (b)가 정답이다.

어휘 provide 제공하다　recent 최근의　achievement 성과, 성취　follow up 후속 조치하다　submit 제출하다　application 지원서

23. (d)

유형 추론(How)

랜드는 직무 자격에 대해 어떻게 더 자세히 알게 되었을까?

(a) 《머니비즈 타임즈》의 그 일자리에 대한 광고를 보았다.
(b) 인사과에 전화해서 일자리에 대해 물어보았다.
(c) 그 자리에 이상적인 지원자 한 명과 이야기를 나누었다.
(d) 면접 중에 직무 자격에 대해 들었다.

해설 본문 2단락에서 "After learning more about what you expect from an associate editor during our meeting, I am convinced that I am an ideal candidate for the position."(우리의 면접에서 당신이 부편집장에게 기대하는 바를 자세히 알고 나니, 제가 그 자리에 이상적인 후보라는 확신이 들었습니다.)라고 하였다. 새로 채용될 부편집장에게 회사가 기대하는 것은 결국 그 직무를 맡을 사람의 자격 요건이나 능력 등에 대한 것으로 추론된다. 따라서 랜드는 면접에서 직무에 대한 자격 요건을 들어서 그 자격 요건에 대해 자세히 알게 된 것이므로 (d)가 정답이다.

정답 Key Paraphrasing

본문에 쓰인 'After learning more about what you expect from an associate editor during our meeting'과 유사한 표현은 'She was told about them during the interview'이다. 특히, 'what you expect from an associate editor'는 them, 즉 'details about the qualifications for the job'과 같은 것을 나타내고 'our meeting'은 'the interview'와 일치한다.

어휘 detail 세부사항　qualification 자격 요건　advertisement 광고　HR department 인사과　candidate 지원자

24. (a)

유형 추론(What)

편지에 따르면 랜드와 터너의 공통점은 무엇일까?

(a) 유사한 주제에 대해 열정적임
(b) 여러 편집자들을 관리하는 능력
(c) 글로벌 문제에 대한 지식 보유
(d) 이해관계자와의 대화에 대한 열의

해설 본문 3단락에서 "I am confident that we share the same interest in global affairs and business news."(저는 우리가 세계 정세와 비즈니스 뉴스에 대해 같은 관심을 가지고 있다고 확신합니다.)라고 하였다. 이러한 표현으로 보아, 랜드와 터너가 유사한 주제에 대해 관심을 가지고 있는 것으로 추론되므로 (a)가 정답이다.

정답 Key Paraphrasing

본문에 쓰인 'we share the same interest in global affairs and business news'와 유사한 표현은 'being passionate about similar topics'이다.

어휘 in common 공통으로　passionate 열정적인　multiple 다수의, 복수의　knowledgeable 지식을 가진　enthusiasm 열정　stakeholder 이해 관계자

25. (d)

《머니비즈 타임즈》 사가 하는 일에 대한 랜드의 관심을 가장 잘 보여주는 것은 무엇인가?

(a) 언론학 학사 학위
(b) 그녀의 뛰어난 뉴스 글쓰기
(c) 경제학 석사 학위
(d) 업계에서 그녀의 이전의 작업

해설 본문 3단락에서 "Moreover, my four years of experience as an editor with the *Financial Daily* has prepared me to excel in this type of news writing."(게다가 파이낸셜 데일리지의 편집장으로서 4년간 일한 경험으로 인해 저는 이런 종류의 뉴스 쓰기에 탁월하도록 준비해 왔습니다.)와 "along with my master's degree in journalism and bachelor's degree in economics"(저의 언론학 석사와 경제학 학사 학위와 함께)라고 하였다. 경제 신문 편집이라는 동종 업계에서 일한 경험이 랜드가 머니비즈 타임즈 사에 가장 어필하고 싶은 점이므로 (d)가 정답이다.

오답분석 (a)와 (c)에서 학위를 잘못 기재했고 (b)에서는 그냥 뉴스 글쓰기가 탁월하다고만 적혀 있어서 어느 분야 뉴스 글쓰기인지가 불명확하므로 오답이다.

정답 Key Paraphrasing

본문에 쓰인 'my four years of experience as an editor with the Financial Daily'와 유사한 표현은 'her prior work in the industry'이다.

어휘 bachelor's degree 학사 학위 journalism 언론학 outstanding 뛰어난 master's degree 석사 학위 economics 경제학 prior 이전의 industry 산업

26. (c)

터너는 《파이낸셜 데일리》의 예전 직장 동료들에게 무엇을 요청할 수 있는가?

(a) 그녀가 말한 것이 사실이라는 법적 증거
(b) 그녀의 개인적인 문제에 대한 정보
(c) 그녀의 과거 성과에 근거한 추천
(d) 그녀가 편집한 모든 기사의 목록

해설 본문 4단락에서 "As I mentioned during the interview,

my past employers and colleagues can vouch for my dedication to producing work of the highest quality."(면접에서 말씀드렸듯이, 저의 과거 고용주들과 동료들은 최고 품질의 일을 만들기 위한 저의 헌신을 보증할 수 있습니다.)라고 하였다. 이전에 함께 일했던 사람들이 랜드의 업무 공헌에 대해 보증하고 추천해 줄 수 있다고 했으므로 (c)가 정답이다.

정답 Key Paraphrasing

본문에 쓰인 'my past employers and colleagues can vouch for my dedication to producing work'와 유사한 표현은 'a recommendation based on her past performance'이다.

어휘 request 요청하다 former 이전의, 과거의 workmate 직장 동료 legal 법적인 proof 증거 personal matter 개인사 recommendation 추천 performance 성과, 업무 실적

27. (b)

본문의 맥락에서, suited는 _____를 의미한다.

(a) 적용되는
(b) 딱 맞는
(c) 필적하는
(d) 품위 있는

해설 본문 3단락 "I am suited for the job."(저는 그 직책에 잘 맞습니다.)에서 형용사 suited의 의미는 '적합한, 딱 맞는'의 의미로 사용되었다. 보기 중 이 의미와 가장 가까운 (b)가 정답이다.

어휘 suited 적합한, 딱 맞는 applicable 해당되는, 적용되는 right 딱 맞는 comparable 필적하는 decent 품위 있는, 온당한

28. (a)

본문의 맥락에서, dedication은 _____를 의미한다.

(a) 헌신
(b) 축하
(c) 명예
(d) 복종

해설 본문 4단락 "my past employers and colleagues can vouch for my dedication to producing work of the highest quality."(저의 과거 고용주들과 동료들은 최고 품질의 작업을 만들기 위한 저의 헌신을 보증할 수 있습니다.)에서 명사 dedication은 '헌신'의 의미로 사용되었다. 보기 중 이 의미와 가장 가까운 (a)가 정답이다.

어휘 dedication 헌신 devotion 헌신 celebration 축하 honor 명예 obedience 복종

기출 실전테스트 3

01. (b)	02. (a)	03. (d)	04. (b)
05. (c)	06. (d)	07. (a)	
08. (c)	09. (d)	10. (c)	11. (a)
12. (b)	13. (d)	14. (b)	
15. (d)	16. (b)	17. (a)	18. (c)
19. (b)	20. (d)	21. (c)	
22. (b)	23. (b)	24. (a)	25. (c)
26. (b)	27. (a)	28. (c)	

[01-07] TV 애니메이션의 위상을 제고한 조니 브라보 시리즈

조니 브라보

조니 브라보(Johnny Bravo)는 동명의 미국 애니메이션 텔레비전 시리즈 주인공이다. 카툰 네트워크(Cartoon Network)를 위해 반 파티블(Van Partible)에 의해 만들어졌는데, 조니 브라보는 잘생겼지만 멍청하고 여성들에게 깊은 인상을 주려는 노력은 항상 성공하지 못하는 지나치게 자신만만한 남자이다. 그는 풍성한 금발, 근육질 몸매, 엘비스 프레슬리 같은 목소리로 잘 알려져 있다. 브라보는 또한 자신의 유명 문구인 "어이, 예쁜 아가씨!"와 "후아!"로 기억된다. ⁰¹〈조니 브라보〉는 애니메이션 텔레비전 시리즈의 황금기를 이끈 1990년대에 개봉된 만화의 물결의 일부였다.

⁰²〈조니 브라보〉는 1993년 로욜라 메리마운트 대학에서 논문 과제를 위해 반 파티블에 의해 만들어졌다. 이 애니메이션 영화는 원래 엘비스를 흉내내는 사람에 관한 것으로 제목이 '메스 오 블루스'였다. 파타블의 교수는 한나바버라 스튜디오에서 그의 친구에게 그 애니메이션을 보여주었다. ⁰³이 회사(스튜디오)와의 대화 후, 파티블은 이 영화를 7분 짜리 단편으로 수정했다. 그는 캐릭터의 스타일을 바꾸고, 성우를 맡기기 위해 제프 베넷을 고용하였고, 영화 이름을 '조니 브라보'로 바꾸었다. 새로운 조니 브라보는 1995년 3월 카툰 네트워크의 '월드 프리미어 툰스'에서 방송되었다.

그것은 관객들로부터 긍정적인 평가를 받았고 빠르게 인기를 얻었다. 그 결과, 이것은 30분짜리 시리즈로 만들어졌고, 1997년 7월에 초연되었다.

시리즈에서, 조니 브라보는 꽉 끼는 검은색 티셔츠, 청바지와 검은색 선글라스를 착용한다. 그는 항상 여자들에게 추파를 던지고 그들이 데이트를 하게 하려고 하지만, 그의 허영심과 때때로 성차별적인 행동 때문에 여자들에게 깊은 인상을 심어주려는 시도는 종종 역효과를 불러온다. ⁰⁴그는 외모에 집착해 머리를 빗거나 근육에 힘을 주면서 뽐낸다. 그의 자기 중심적인 성격과 외모에 대한 자부심은 항상 여성들의 ⁰⁶기분을 상하게 하며 대부분의 에피소드는 그들이 재미있는 방식으로 브라보에게 복수하는 것으로 끝난다.

〈조니 브라보〉 시리즈는 총 67개의 에피소드로 네 시즌 동안 지속되었고 2004년 8월에 마지막으로 ⁰⁷방송되었다. 그것은 여러 번 후보로 지명받았지만 상을 받지는 못했다. ⁰⁵하지만, 그것은 〈패밀리 가이(Family Guy)〉와 〈티미의 못말리는 수호천사(The Fairly Odd Parents)〉를 포함한 수상 경력이 있는 만화 시리즈를 계속해서 만든 몇몇 애니메이터들의 경력을 시작하는 데 도움을 주었다. 어느 정도는 〈조니 브라보〉와 그 시대의 다른 만화들 덕분에, 애니메이션 시리즈는 현재 비평가들에 의해 높이 평가되고 있고 어린이들과 어른들 모두가 즐기고 있다.

어휘 main character 주인공 good-looking 잘생긴 dumb 바보스러운 overconfident 지나치게 자신만만한 effort 노력 impress ~에게 깊은 인상을 주다 be recognized for ~로 알려지다 voluminous 풍성한 blond hair 금발 muscular 근육질의 catchphrase 캐치프레이즈, 유명 문구 include 포함하다 release 출시하다 usher 이끌다, 안내하다 impersonator 흉내내는 사람 revise 고치다, 바꾸다 do the voice-over 성우를 맡다 air 방송하다 positive 긍정적인 audience 청중 as a result 결과적으로 premiere 초연하다, 개봉하다 flirt with ~에게 추파를 던지다 go on dates 데이트하다 attempt 시도 backfire 역효과를 낳다 vanity 허영심 at times 때때로 behavior 행동 be obsessed with ~에 집착하다 appearance 외모 show off 자랑하다, 뽐내다 comb 머리를 빗다 flex muscles 근육을 만들어 보이다 self-centered personality 자기 중심적인 성격 offend 기분을 상하게 하다 take revenge on ~에게 복수하다 nomination 후보 지명 award 상 due in part to 부분적으로 ~때문에, 어느 정도 ~때문에 be held in high regard 높이 평가받다 critic 비평가

1. (b)

주제(What)

〈조니 브라보〉는 부분적으로 무엇에 대해 인정받을 수 있는가?

(a) 엘비스의 음악을 새로운 세대에 소개함
(b) 애니메이션 텔레비전의 위상을 제고함
(c) '황금시대'라는 캐치프레이즈를 만듦
(d) 잘생긴 남자에 대한 더 많은 시리즈에 영감을 줌

해설 본문 1단락에서 "*Johnny Bravo* was part of a wave of cartoons released in the 1990s that ushered in a "golden age" of animated television series."(〈조니 브라보〉는 애니메이션 텔레비전 시리즈의 황금기를 이끈 1990년대에 개봉된 만화의 물결의 일부이다.)라고 하였다. 조니 브라보라는 애니메이션 시리즈가 애니메이션 텔레비전 시리즈의 황금기를 이끈 일부였다고 했으므로 (b)가 정답이다.

어휘 partially 부분적으로 be credited for ~로 인정받다 raise 올리다 status 지위 coin (새로운 어휘를) 만들다 inspire 영감을 주다

2. (a)

유형 세부사항(Why)

반 파티블은 왜 〈조니 브라보〉를 만들었는가?

(a) 학업 요건을 충족하기 위해
(b) 애니메이션 제작자로 취직하려고
(c) 그의 교수가 영화 일을 하는 것을 도우려고
(d) 유명한 가수에게 경의를 표하기 위해

해설 본문 2단락에서 "Johnny Bravo was created in 1993 by Van Partible for his thesis project at Loyola Marymount University."(조니 브라보는 1993년 로욜라 메리마운트 대학에서 논문 과제를 위해 반 파티블에 의해 만들어졌다.)라고 하였다. 반 파티블이 대학 논문 과제를 위해 조니 브라보를 제작했는데 이는 학업 요건을 충족시키기 위함이므로 (a)가 정답이다.

어휘 meet 충족시키다 academic requirement 학업 요건 animator 애니메이션 제작자 give tribute to 경의를 표하다

3. (d)

유형 세부사항(What)

파티블은 〈조니 브라보〉가 대중에게 노출되도록 하기 위해 처음에 무엇을 했는가?

(a) 단편을 30분 특집으로 확장한다
(b) 시험 청중으로부터 피드백을 받는다
(c) 세계 만화 모음집을 취합한다
(d) 이전 프로젝트에 기반한 단편 영화를 제작한다

해설 본문 2단락에서 "After talks with the company, Partible revised the film into a seven-minute short."(이 회사와의 대화 후, 파티블은 이 영화를 7분짜리 단편으로 수정했다.)라고 하였다. 보기 중 이 내용과 일치하는 (d)가 정답이다.

정답 Key Paraphrasing

본문에 쓰인 'Partible revised the film into a seven-minute short.'와 유사한 표현은 'make a short film based on an earlier project'이다.

어휘 exposure 노출 expand the short 단편을 확장하다 test audience 시험 청중 put together 모으다, 취합하다 compilation 모음집, 편찬

4. (b)

유형 세부사항(How)

브라보는 그가 관심 있는 여성들을 어떻게 유혹하려고 하는가?

(a) 그들의 외모에 아첨함으로써
(b) 그 자신의 외모에만 초점을 맞춤으로써
(c) 그들을 존중하며 대함으로써
(d) 그들에게 재미있는 농담을 함으로써

해설 본문 3단락에서 "He is obsessed with his appearance and shows off by combing his hair or flexing his muscles."(그는 외모에 집착하고 머리를 빗거나 근육에 힘을 주면서 뽐낸다.)라고 하였다. 그는 잘생긴 자기의 외모로 여성들에게 어필하려고 했으므로 (b)가 정답이다.

정답 Key Paraphrasing

본문에 쓰인 'He is obsessed with his appearance'와 유사한 표현은 'by focusing solely on his own looks'이다. 특히, 'his appearance'와 'his own looks'는 같은 것을 나타내며 'be obsessed with(~에 집착하다)'와 'focusing solely on(단지 ~에만 초점을 맞춤)'도 유사성이 높은 표현이다.

어휘 entice 유혹하다 flatter 아첨하다 appearance 외모
focus solely on ~에만 초점을 맞추다 treat 대우하다

5. (c)

유형 추론(What)

이 시리즈의 애니메이션 산업에 대한 기여는 무엇일 것 같은
가?
(a) 애니메이션이 수상할 가치가 있다는 것이 입증되었다.
(b) 그것은 어른들이 즐기는 최초의 만화였다.
(c) 성공적인 애니메이션 제작자를 위한 훈련장이 되었다.
(d) 그것은 네트워크에 가장 큰 성공을 안겨주었다.

해설 본문 마지막 단락에서 "However, it helped start the
career of several animators who continued creating
award-winning cartoon series including Family Guy and
The Fairly Odd Parents."(하지만, 그것은 Family Guy와 The
Fairy Odd Parents를 포함한 상을 받은 만화 시리즈를 계속해서 만든
몇몇 애니메이션 제작자들의 경력을 시작하는 데 도움을 주었다.)라고
하였으므로 (c)가 정답이다.

정답 Key Paraphrasing

본문에 쓰인 'it helped start the career of several animators
who continued creating award-winning cartoon series'와
유사한 표현은 'It became a training ground for successful
animators.'이다.

어휘 contribution to ~에 대한 기여 industry 산업 prove
입증하다 award-worthy 수상할 가치가 있는 adult 어른
training ground 훈련장 critical success 대성공

6. (d)

유형 어휘(동사: offend)

본문의 맥락에서 offend는 _____를 의미한다.
(a) 흥분시키다   (b) 주의를 산만하게 하다
(c) 괴롭히다   (d) 화나게 하다

해설 본문 3단락 "His self-centered personality and pride
in his looks always offend the women, and most episodes
end with them taking revenge on Bravo in a funny
way."(그의 자기 중심적인 성격과 외모에 대한 자부심은 항상 여성들
의 기분을 상하게 하며, 대부분의 에피소드는 여성들이 브라보에게 우
스꽝스럽게 복수하는 것으로 끝난다.)에서 동사 offend는 '~의 기분
을 상하게 하다'라는 의미로 사용되었다. 보기 중 이 의미와 가장

가까운 (d)가 정답이다.

어휘 offend 마음을 상하게 하다 excite 흥분시키다
distract 주의를 산만하게 하다 harass 괴롭히다 anger 화나
게 하다

7. (a)

유형 어휘(과거분사: aired)

· 본문의 맥락에서, aired는 _____를 의미한다.
(a) 보여진   (b) 소리 나는
(c) 출판된   (d) 개방된

해설 본문 마지막 단락 "The Johnny Bravo series lasted for
four seasons with a total of 67 episodes and was last
aired in August 2004."(조니 브라보 시리즈는 총 67개의 에피소드
로 네 시즌 동안 지속되었고 2004년 8월에 마지막으로 방송되었다.)에
서 과거분사 aired의 의미는 '방송된'이다. 보기 중 이 의미와 가
장 가까운 (a)가 정답이다.

어휘 aired 방송된 shown 보여진 voiced 소리 나는
published 출판된 opened 개방된

[08-14] 은행 금전 출납원의 고객 정보 도용

은행 보안 위협의 새로운 출처

은행 업무가 고도로 디지털화됨에 따라 은행 보안에 대한 우
려는 가면을 쓴 강도에서 사이버 범죄자로 옮겨갔다. 그러나
자주 간과되는 것으로, 위협은 은행 직원들 자신일 가능성이
더 높다. 금전 출납원 및 기타 은행 직원은 고객의 개인 정보와
계정에 즉시 접속할 수 있다. ⁰⁸최근, 그들 중 점점 더 많은 이
들이 개인 정보와 돈을 훔치기 위해 고객 계정을 도용한 것으
로 유죄 판결을 받고 있다. 이러한 범죄는 현재 미국에서 ¹³만
연해 있으며 매달 적어도 한 건은 창구 직원을 상대로 새로운
소송이 제기된다.

⁰⁹금전 출납원과 다른 소매 지점 직원들은 돈을 인출하고, 자
금을 송금하고, 개인 정보를 도둑들에게 팔 수 있다. 개인 정보
를 거래하는 출납원들은 돈을 받거나 유명 인사와의 인맥 형
성, 개인 비행기 여행과 같은 ¹⁴특혜의 대가로 그런 일을 한다.
그리고 나서 절도범들은 계좌에서 돈을 인출하고 고객 이름으
로 직불카드, 신용카드, 수표를 만드는 데 이 정보를 사용한다.

이러한 범죄가 만연하는 한 가지 이유는 그것들이 기술에 정
통하거나 컴퓨터에 대한 전문 지식을 거의 필요로 하지 않기

때문이다. 인터넷 검색은 신용 사기를 수행하는 방법에 대한 단계별 지침이 포함된 사용지침서를 불러올 수 있다. 금전 출납원은 일반적으로 현행 은행법에 따라 자동적으로 또 다른 검토 단계를 야기하는 한도인 1만 달러 미만을 인출함으로써 도난 사실을 숨긴다. ¹⁰계좌 잔고가 많을 때, 이런 무단 출금은 몇 년 동안 감지되지 않을 수 있다.

보안 전문가들에 따르면, ¹¹금전 출납원들은 스트레스를 많이 받고 잠재적으로 위험할 수도 있는 직업에 적은 급여를 받기 때문에 뇌물에 특히 노출되어 있다고 한다. 평균적으로 창구 직원은 연봉으로 약 3만 달러를 받는데, 이는 고위험직의 성격을 반영하지 않은 액수이다.

은행들은 고객들에게 손실에 대한 대가를 지불함으로써 그 문제를 처리해 왔다. 보안 통제가 일반적으로 약하다. 보통 은행 창구 직원은 채용 과정 중에 광범위한 신원 조회를 거치지 않고 계좌 및 고객 정보에 대한 모든 접속 권한을 부여받는다. ¹²게다가 은행들은 보통 창구 직원이 사직하면 사기 혐의에 대한 조사를 중단한다. 이것은 대부분의 출납원들이 다른 은행으로 빠르게 이동할 수 있게 해준다. 당국은 이 문제에 대한 가능성 있는 해결책으로 범법자들에 대한 더 강력한 처벌과 채용 과정에서의 더 많은 조사를 고려해 왔다.

어휘 now that ~이니까 banking 은행 업무 highly digitized 고도로 디지털화된 concern 우려, 걱정 security 보안 shift from A to B A에서 B로 옮겨가다 masked robber 가면을 쓴 강도 cybercriminal 사이버 범죄자 more likely 가능성 높게 overlooked 간과되어지는 threat 위협 bank teller 금전 출납원, 창구 직원 instant access to ~에 즉각적인 접속 account 계좌, 계정 recently 최근에 found guilty of ~로 유죄 판결을 받은 tap into 활용하다, 도용하다 rampant 만연한 at least 적어도 case filed against ~에게 제기된 소송 withdraw 인출하다 wire fund 자금을 송금하다 deal in 거래하다 in exchange for ~와 교환으로, ~의 대가로 perk 특혜 high-profile figure 유명 인물 debit card 직불카드 check 수표 prevalent 만연한 require 요구하다 tech-savvy 기술에 능숙한 expertise 전문지식 call up 불러오다 tutorial 사용 지침서, 사용 지침 프로그램 instruction 지침 carry out 수행하다 scam 신용 사기 theft 절도 set off 유발하다, 일으키다 layer 층 balance 잔액 unauthorized withdrawal 무단 출금 go undetected 감지되지 않다 expert 전문가 particularly 특히 bribe 뇌물 potentially 잠재적으로 on average 평균적으로 amount 액수, 양 reflect 반영하다 high-risk nature 고위험성 loss 손실 typically 전형적으로, 보통 go through 겪다 extensive 광범위한 background

check 신원 조회, 배경 조사 hiring process 채용 과정 moreover 게다가 investigate 조사하다 suspected fraud 사기 혐의 resign 사직하다 authorities 당국 weigh 저울질 하다, 고려하다 penalty 처벌

08. (c)

유형 주제(How)

기사에 따르면, 일부 금전 출납원들이 은행들에게 보안 문제를 어떻게 일으키고 있는가?

(a) 대중에게 개인 정보를 유출함으로써
(b) 다른 은행의 고객들을 도용하여
(c) 고객 계좌에서 돈을 도용하여
(d) 예금자에게 현금을 요구함으로써

해설 본문 1단락에서 "Recently, a growing number of them are being found guilty of tapping into customer accounts to steal personal information and money."(최근, 점점 더 많은 이들이 개인 정보와 돈을 훔치기 위해 고객 계좌를 도용한 것으로 유죄 판결을 받고 있다.)라고 하였으므로 (c)가 정답이다.

정답 Key Paraphrasing

본문에 쓰인 'tapping into customer accounts to steal personal information and money'와 유사한 표현은 'by stealing money from customer accounts'이다.

어휘 bank teller 금전 출납원 security issue 보안 문제 leak 유출하다 private information 개인 정보 the masses 대중 steal 훔치다 account 계좌, 계정 demand 요구하다 depositor 예금자

09. (d)

유형 세부사항(What)

도둑들이 금전 출납원으로부터 어떤 정보를 살 수 있는가?

(a) 고객의 계좌 잔액
(b) 고객의 은행 업무 방식에 대한 자료
(c) 고객의 소비 습관에 대한 지식
(d) 고객의 계정 정보

해설 본문 2단락에서 "Tellers and other retail-branch employees can withdraw money, wire funds, and sell personal information to thieves."(금전 출납원과 다른 소매지점 직원들은 돈을 인출하고, 자금을 송금하고, 개인 정보를 도둑들에게 팔

수 있다.)라고 하였다. 금전 출납원이 접근할 수 있는 고객의 개인 정보는 고객 계정에 대한 정보이므로 고객 계정 정보를 도둑들에게 팔 수 있다. 따라서 (d)가 정답이다.

정답 Key Paraphrasing

본문에 쓰인 'personal information'과 유사한 표현은 'a customer's account information'이다.

어휘 thief 도둑 account balance 계좌 잔액 banking practice 은행 업무 방식 spending habit 소비 습관

10. (c)

유형 세부사항(which customers)

어떤 고객이 금전 출납원에 의해 도난당할 위험이 더 높은가?

(a) 은행에 10,000달러 이하가 있는 사람
(b) 매일 계좌를 확인하지 않는 사람
(c) 거액의 계좌 잔액을 유지하는 사람
(d) 계좌에 10,000달러 이상이 있는 사람

해설 본문 3단락에서 "When accounts have large balances, these unauthorized withdrawals can go undetected for years."(계좌 잔고가 많으면 이런 무단 출금은 몇 년 동안 감지되지 않을 수 있다.)라고 하였으므로 (c)가 정답이다.

정답 Key Paraphrasing

본문에 쓰인 'accounts have large balances'와 유사한 표현은 'maintain a large account balance'이다.

어휘 at a higher risk of ~할 위험이 더 높은 be robbed by ~에 의해 도난당하다 maintain 유지하다 account balance 계좌 잔액

11. (a)

유형 추론(What)

금전 출납원들이 범죄자들로부터 뇌물을 받는 이유는 무엇일 것 같은가?

(a) 그들은 자신들이 저임금을 받고 있다고 믿는다.
(b) 자신의 행동이 잘못되었다고 생각하지 않는다.
(c) 그들은 범죄자들로부터 위협받고 있다.
(d) 그들은 그것이 심각한 범죄라고 생각하지 않는다.

해설 본문 4단락에서 "tellers are particularly open to bribes because they are paid small salaries for an often stressful

and potentially dangerous job"(금전 출납원들은 스트레스를 많이 받고 위험할 수도 있는 직업에 적은 급여를 받기 때문에 뇌물에 특히 노출되어 있다)라고 하였다. 스트레스와 위험이 큰 일에 종사하면서도 급여가 적은 상황이 이들을 뇌물에 노출되게 한다고 지적했으므로 (a)가 정답이다.

정답 Key Paraphrasing

본문에 쓰인 'they are paid small salaries for an often stressful and potentially dangerous job.'과 유사한 표현은 'They believe they are being underpaid.'이다.

어휘 accept bribes 뇌물을 받다 criminal 범죄자 be underpaid 저임금을 받다 be threatened by ~에 의해 위협받다 serious 심각한 crime 범죄

12. (b)

유형 세부사항(How)

부정직한 금전 출납원들은 어떻게 형사 고발에서 벗어나는가?

(a) 신원 조회를 회피함으로써
(b) 즉시 직장을 그만둠으로써
(c) 근무 은행에 뇌물을 바침으로써
(d) 훔친 것을 돌려줌으로써

해설 본문 5단락에서 "Moreover, banks usually stop investigating a suspected fraud when a teller resigns."(게다가 은행들은 보통 창구 직원이 사직하면 사기 혐의에 대한 조사를 중단한다.)라고 하였다. 창구 직원이 다니던 은행을 그만두면 은행들이 조사를 중단하여 형사 고발을 피할 수 있으므로 (b)가 정답이다.

정답 Key Paraphrasing

본문에 쓰인 'when a teller resigns'와 유사한 표현은 'by quitting their jobs promptly'이다.

어휘 dishonest 부정직한 escape from ~로부터 회피하다 criminal charge 형사 고발 avoid 피하다 background check 신원 조회 quit 그만두다 promptly 신속하게 bribe 뇌물을 주다 give back 돌려주다

13. (d)

유형 어휘(형용사: rampant)

본문의 맥락에서, rampant는 _____를 의미한다.

(a) 폭력적인   (b) 유행하는
(c) 열정적인   (d) 널리 퍼진

해설 본문 1단락 "Such crimes are now <u>rampant</u> in the United States, with at least one new case filed against a teller each month."(이러한 범죄는 현재 미국에서 만연하고 있으며 매달 적어도 한 건은 창구 직원을 상대로 새로운 소송을 제기한다.)에서 rampant는 '널리 퍼진'의 의미로 사용되었으므로 보기 중 이 의미와 가장 가까운 (d)가 정답이다.

어휘 rampant 만연한 violent 폭력적인 fashionable 유행하는 passionate 열정적인 widespread 널리 퍼진

14. (b)

유형 어휘(명사: perk)

> 본문의 맥락에서, perks는 _____ 를 의미한다.
>
> (a) 이해관계   (b) 혜택들
> (c) 상금들   (d) 업무들

해설 본문 2단락 "Tellers who deal in personal information do so in exchange for money or <u>perks</u> such as networking with high-profile figures and trips on private planes."(개인 정보를 취급하는 출납원들은 돈을 받거나 유명 인사와의 인맥 형성, 개인 비행기 여행과 같은 **특혜**의 대가로 개인정보를 취급한다.)에서 perks는 명사로 '특혜, 혜택'의 의미로 사용되었다. 보기 중 이 의미와 가장 가까운 (b)가 정답이다.

어휘 perk 혜택, 특혜 interests 이해 관계 benefit 혜택 prize 상 task 업무

[15-21] 덴마크 코펜하겐의 관광명소가 된 인어공주 동상

인어공주 동상

인어공주 동상은 덴마크 코펜하겐의 랑겔리니의 물가에 앉아 있는 인어공주의 청동 조각상이다. [15]유명한 덴마크 동화의 이름을 따서 지어진 그 동상은 덴마크 양조업자 칼 야콥슨이 이 도시에 준 선물이었다. 그것은 코펜하겐의 유명한 랜드마크이자 관광 명소이다. 이 동상은 매년 전 세계에서 백만 명 이상의 관광객들을 끌어 모은다.

키가 4피트이고 몸무게가 385파운드인 이 작은 조각상은 1909년 1월 칼스버그 맥주의 설립자의 아들인 칼 야콥슨(Carl Jacobsen)에 의해 제작이 의뢰되었다. [16]야콥슨은 왕립극장에서 열린 〈인어공주〉 발레 공연을 보고 난 후, 덴마크 작가 한스 크리스티안 안데르센의 동화에 처음으로 매료됐다. 그는 또한 인어 역을 맡은 발레리나 엘렌 프라이스(Ellen Price)의 연기에 감탄했다. 야콥슨은 이 캐릭터가 영원히 기억되기를 원했고, 그래서 그는 그것의 화상을 만들어내기 위해 에드바르드 에릭센(Edvard Eriksen)이라는 젊고 재능 있는 조각가를 고용했다.

에릭센이 그 동상이 어떻게 보일 것인지를 그린 최초의 도안들은 야콥슨에 의해 즉시 승인되었다. [17]야콥슨의 요청에 따라 에릭센은 엘렌 프라이스에게 이 조각상의 모델이 되어 달라고 부탁했다. 하지만 프라이스는 누드 포즈를 취하고 싶지 않았기 때문에 거절했다. 그래서 에릭센은 대신 자신의 아내를 조각상의 모델로 영입했다. 인어공주 조각상은 더 자연스러워 보이게 하기 위해 바다 옆에 있는 돌 위에 놓여졌다. 이 동상은 지느러미 두 개로 조각되었다는 점에서 동화의 외꼬리 인어에서 [20]벗어나 있었다. 그것은 1913년 8월 랑겔리니 항구에서 공개되었다.

처음 공개될 때부터 [18]인어상은 높은 인지도 때문에 여러 차례 파손되어 왔지만 그때마다 관리하는 사람들이 간신히 그 인어상을 원상태로 [21]복구해낸다. 오늘날, 인어공주 동상은 매년 수백만 명의 관광객들을 이 장소로 끄는 코펜하겐의 주요 관광 명소이다. [19]사실, 이것의 인기는 미국, 스페인, 브라질을 포함한 전 세계 도시에 12개 이상의 청동상이 전시되는 결과를 낳았다.

어휘 statue 동상, 조각상 bronze sculpture 청동 조각상 mermaid 인어 by the waterfront 물가에 named after ~의 이름을 따서 이름 지어진 Danish 덴마크의 fairy tale 동화 tourist attraction 관광 명소 be commissioned 의뢰되다, 주문되다 become fascinated with ~에 매료되다 ballet performance 발레 공연 admire 감탄하다 likeness 화상, 초상화, 유사성 sculptor 조각가 deviate from ~에서 벗어나다 fin 지느러미 be unveiled 공개되다 harbor 항구 initial 최초의 public display 대중에 대한 전시 be vandalized 파손되다 due to ~ 때문에 high profile 높은 인지도, 세간의 주목 supervise 감독하다 manage to+동사원형 간신히 ~하다 restore 복구하다 to its original state 원상태로 result in ~을 결과로 낳다

15. (d)

유형 ▶ 주제(What)

청동상을 만드는 데 무엇이 영감을 주었는가?

(a) 덴마크 양조장의 마스코트
(b) 현지 인어 목격담
(c) 도시 랜드마크의 필요성
(d) 신화 속 생명체에 대한 이야기

해설 ▶ 본문 1단락에서 "Named after a popular Danish fairy tale, the statue was a gift to the city by Danish brewer Carl Jacobsen."(유명한 덴마크 동화의 이름을 따서 지어진 이 동상은 덴마크 양조업자 칼 야콥슨이 이 도시에 준 선물이었다.)라고 하였다. 그 청동상이 유명한 동화의 이름을 따서 지어졌다는 것에서 청동상을 제작하는데 영감을 준 것이 그 동화, 즉 인어공주에 대한 이야기임을 알 수 있으므로 (d)가 정답이다.

어휘 ▶ inspiration 영감 bronze statue 청동상 Danish brewery 덴마크의 양조장 tales of sighting 목격담 mythical creature 신화 속의 생명체

16. (b)

유형 ▶ 세부사항(When)

야콥슨이 인어공주에 매료된 것은 언제 시작되었는가?

(a) 젊은 조각가의 작품을 보았을 때
(b) 무용으로 각색된 작품을 보았을 때
(c) 유명한 동화를 읽었을 때
(d) 재능 있는 젊은 발레리나를 만났을 때

해설 ▶ 본문 2단락에서 "Jacobsen first became fascinated with Danish author Hans Christian Andersen's fairy tale after watching a ballet performance of The Little Mermaid at the Royal Theater."(야콥슨은 왕립극장에서 열린 〈인어공주〉 발레 공연을 보고 덴마크 작가 한스 크리스티안 안데르센의 동화에 매료됐다.)라고 하였으므로 (b)가 정답이다.

🔑 정답 Key ▶ Paraphrasing

본문에 쓰인 'after watching a ballet performance of The Little Mermaid'와 유사한 표현은 'when he saw an adaptation in dance'이다. 특히, 'a ballet performance of The Little Mermaid'와 'an adaptation in dance'는 같은 것을 나타낸다.

어휘 ▶ fascination 매료 sculptor 조각가 adaptation 각색 fairy tale 동화 talented 재능 있는

17. (a)

유형 ▶ 추론(Why)

왜 에릭센의 부인이 그 동상 모델로 선정되었을까?

(a) 그녀는 모델 업무 조건 때문에 단념하지 않았다.
(b) 그녀가 다른 여성이 남편을 위해 나체 포즈를 취하는 것을 원하지 않았다.
(c) 그녀는 그 동상 후원자의 요청에 따라 모집되었다.
(d) 그녀는 그 캐릭터와 자연스럽게 닮았다.

해설 ▶ 본문 3단락에서 "At Jacobsen's request, Eriksen asked Ellen Price to model for the statue. Price refused, however, because she did not want to pose nude. So, Eriksen instead recruited his own wife as the statue's model."(야콥슨의 요청에 따라 에릭센은 엘렌 프라이스에게 이 조각상의 모델이 되어 달라고 부탁했다. 하지만 프라이스는 누드 포즈를 취하고 싶지 않았기 때문에 거절했다. 그래서 에릭센은 대신 자신의 아내를 여신상의 모델로 영입했다.)라고 하였다. 누드 포즈를 취해야 하는 업무 조건 때문에 엘렌 프라이스가 거절했지만 에릭센의 아내는 그러한 업무 조건을 꺼려하지 않아서 모델 일을 수락한 것으로 추론되므로 (a)가 정답이다.

어휘 ▶ statue 동상, 조각상 be deterred by ∼에 의해 단념하다 recruit 채용하다, 모집하다 request 요청 resemblance 닮음

18. (c)

유형 ▶ 세부사항(What)

인어공주 동상의 명성의 결과는 무엇이었는가?

(a) 그 도시는 관광 산업을 규제해야 했다.
(b) 그 동상은 현재 모든 나라에 존재한다.
(c) 그 조각상은 반복적으로 훼손되어 왔다.
(d) 그 도시는 그 동상을 옮기도록 강요받았다.

해설 ▶ 본문 4단락에서 "the statue has been vandalized many times due to its high profile,"(그 조각상은 세간의 이목을 끌었기 때문에 여러 차례 파손되어 왔다)라고 하였으므로 (c)가 정답이다.

🔑 정답 Key ▶ Paraphrasing

본문에 쓰인 'the statue has been vandalized many times'와 유사한 표현은 'The statue has been repeatedly damaged.'이다.

어휘 ▶ consequence 결과 fame 명성 regulate 규제하다

tourism industry 관광 산업　appear 등장하다　repeatedly 반복적으로　damaged 훼손된　be forced to+동사원형 ~하도록 강요받다

19. (b)

유형 추론(Why)

왜 다른 나라들이 코펜하겐의 동상을 모방했을 것 같은가?

(a) 덴마크와의 유대를 강화시키길 원했기 때문에
(b) 더 많은 방문객에게 어필하기를 원했기 때문에
(c) 그들도 인어에 대한 민담을 가지고 있기 때문에
(d) 그 동상의 더 나은 버전을 원했기 때문에

해설 본문 4단락에서 "In fact, its popularity has resulted in more than a dozen copies of the bronze statue being displayed in cities around the world, including in the United States, Spain, and Brazil."(사실, 이것의 인기는 미국, 스페인, 그리고 브라질을 포함한 전 세계 도시에 12개 이상의 청동상이 전시되는 결과를 낳았다.)라고 하였다. 코펜하겐에 있는 인어상이 관광객들의 인기를 끌자 다른 도시에서도 이런 동상을 전시하게 된 것으로 추론되므로 (b)가 정답이다.

어휘 strengthen 강화하다　tie 유대　appeal to ~에게 호소력을 가지다　folktale 민담

20. (d)

유형 어휘(동사: deviate)

본문의 맥락에서, deviated는 _____를 의미한다.

(a) 회전했다　　　　(b) 나누어졌다
(c) 방황했다　　　　(d) 달라졌다

해설 본문 3단락에서 "The statue deviated from the fairy tale's single-tail mermaid in that it was sculpted with two fins."(이 동상은 지느러미 두 개로 조각되었다는 점에서 동화의 외꼬리 인어에서 벗어났다.)라는 문장에서 deviated는 '벗어났다, 달라졌다'의 의미로 사용되었다. 보기 중 이 의미와 가장 가까운 (d)가 정답이다.

어휘 deviate 벗어나다, 일탈하다　turn 돌다　divide 나누다　wander 방황하다, 헤매다　differ 다르다

21. (c)

유형 어휘(동사: restore)

본문의 맥락에서, restore는 _____를 의미한다.

(a) 조절하다　　　　(b) 구조하다
(c) 수리하다　　　　(d) 배열하다

해설 본문 4단락 "Since its initial public display, the statue has been vandalized many times due to its high profile, but each time, the people who supervise its care manage to restore the mermaid to its original state."(처음 공개될 때부터 이 동상은 높은 인지도 때문에 여러 차례 파손되었지만 매번 관리 감독하는 사람들이 그것을 원래 상태로 복원한다.)라는 문장에서 restore는 '수리하다, 고치다'의 의미로 사용되었으므로 (c)가 정답이다.

어휘 restore 복구하다　adjust 조절하다　rescue 구조하다　repair 수리하다, 보수하다　arrange 배열하다

[22-28] 거래 회사에 회계감사가 시작됨을 통보하는 편지

딘 윌리엄스 씨
최고 운영 책임자
우드랜드 퍼니처 사
그랜드빌 가 50번지
캘리포니아 주 로스앤젤레스

윌리엄스 씨께:

²²이 편지는 블루 업홀스터리 사(Blue Upholstery Co.)가 우드랜드 퍼니처 사(Woodland Furniture, Inc.)의 회계 관행에 대한 감사를 실시하기로 결정했음을 공식적으로 알려드리기 위한 것입니다. 감사는 내일 시작되며 왓킨스 앤 스미스 회계 서비스 사(Watkins & Smith Auditing Services)에 의해 우리 회사를 위한 감사가 내일 시작될 것입니다.

귀하에게 알려 드린 바와 같이, ²³우리의 회계 부서에 의해 지적된 대로 일부 작업 주문서와 송장의 불일치로 인해 감사가 ²⁷촉발되었습니다. 이러한 차이는 우드랜드 퍼니처와 블루 업홀스터리가 지난 6개월 동안 한 여러 가지 사업 거래에 관한 것입니다. 우리 회계 부서는 이 감사가 필요하고 합리적이라고 생각합니다.

감사는 감사 회사의 행정 및 통제 정책에 따라 진행되며, ²⁴감사 결과가 알려질 때까지 각 회사에 의해 제기된 상대 회사 관련 모든 송장은 왓킨스 앤 스미스 회계서비스사에 의해 보관될 것입니다.

²⁵우리는 가능한 한 빨리 절차가 마무리될 수 있도록, 당신 회사가 회계감사자들과 전적으로 협력해 주시길 요청합니다. ²⁶우리는 감사와 함께 수락 가능한 결론에 도달하여 우드랜드 가구 주식회사와의 향후 비즈니스 ²⁸거래에서 신뢰를 회복할 수 있기를 희망합니다.

감사 과정에 대해 궁금한 점이 있으시면 왓킨스 앤 스미스사의 프로젝트 감사 담당자 수잔 데이비스(603-555-5771)에게 연락하십시오.

진심으로,

그레타 풀턴
회장
블루 업홀스터리 사

어휘 formally 공식적으로 advise 알리다 audit 감사 accounting practice 회계 관행 inform 알려주다, 통보하다 prompt 촉발시키다 discrepancy 불일치 invoice 송장, 청구서 as noted 지적된 대로 accounting department 회계부서 concern 관련하다 business transaction 비즈니스 거래 reasonable 합리적인, 타당한 conduct 시작하다 auditing firm 회계 회사 administration 행정 control policy 통제 정책 raise ~를 작성하다 be held by ~에 의해 보관되다 request 요청하다 complete 전적인, 완전한 cooperation 협조 as quickly as possible 가능한 한 빨리 restore 회복하다 business dealing 비즈니스 거래

---

22. (b)

유형 주제(Why)

그레타 풀턴은 왜 딘 윌리엄스에게 편지를 썼는가?

(a) 감사 회사의 서비스에 대해 그에게 알리려고
(b) 감사인들이 그의 기록들을 확인할 것임을 통지하려고
(c) 감사를 하기에 가장 편리한 날을 그에게 물어 보려고
(d) 보고된 불일치에 대한 설명을 요청하려고

해설 본문 1단락에서 "This letter is to formally advise you that Blue Upholstery Co. has decided to perform an audit of the accounting practices of Woodland Furniture, Inc."(이 편지는 블루 업홀스터리 사가 우드랜드 퍼니처 사의 회계 관행에 대한 감사를 실시하기로 결정했음을 공식적으로 알려드리기 위한 것입니다.)라고 하였다. 상대방 회사에 대한 감사가 시작될 것임을 통보하려고 이 편지를 썼으므로 (b)가 정답이다.

어휘 inform 알려주다 auditing firm 감사 회사

convenient 편리한 request 요청하다 explanation 설명 discrepancy 불일치

23. (b)

유형 세부사항(What)

감사의 주요 고려 사항은 무엇인가?

(a) 회계 부서 내의 충돌
(b) 두 업체로부터의 보고에서의 차이
(c) 납품되지 않은 주문에 대한 우려
(d) 두 사업체 간의 개인적 차이

해설 본문 2단락에서 "the audit was prompted by discrepancies in some of your work orders and invoices as noted by our accounting department."(우리의 회계 부서에 의해 지적된 대로 일부 작업 주문서와 송장의 불일치로 인해 감사가 촉발되었습니다.)라고 하였다. 두 업체간 거래의 작업 주문서와 송장(청구서)에서의 불일치가 이번 감사의 원인이므로 (b)가 정답이다.

정답 Key Paraphrasing

본문에 쓰인 'discrepancies in some of your work orders and invoices'와 유사한 표현은 'a gap in reporting from the two businesses'이다.

어휘 consideration 고려 사항 conflict 갈등, 충돌 accounting department 회계 부서 gap in ~에서의 차이 concern 우려

24. (a)

유형 세부사항(How)

얼마나 오랫동안 왓킨스 앤 스미스 사는 미심쩍은 영수증들을 보관할까?

(a) 조사가 진행 중인 동안
(b) 청구서가 완전히 지불될 때까지
(c) 회사들이 함께 일하는 동안
(d) 그 절차가 시작될 때까지

해설 본문 3단락에서 "All invoices raised by either company and concerning the other company will be held by Watkins & Smith Auditing Services until the result of the audit is known."(감사 결과가 알려질 때까지 각 회사에 의해 제기된 상대 회사와 관련된 모든 송장은 왓킨스 앤 스미스사에 의해 보관될 것입니다.)라고 하였다. 감사 결과가 나올 때까지 모든 송장(청구서)은 감사 회사인 왓킨스 앤 스미스사에서 보관할 것이라고 했으므로 (a)가 정답이다.

본문에 쓰인 'until the result of the audit is known'와 유사한 표현은 'as long as the investigation is in progress'이다.

어휘 questionable 의심스러운, 미심쩍은 receipt 영수증 as long as ~하는 한 in progress 진행 중인 invoice 송장, 청구서 procedure 과정, 절차

25. (c)

유형 세부사항(Why)

> 풀턴이 왜 윌리엄스의 협조를 요청하고 있는가?
>
> (a) 감사를 유효하게 하기 위해
> (b) 윌리엄스가 유죄라는 것을 증명하기 위해
> (c) 감사를 신속하게 완료하기 위해
> (d) 향후 계약을 확보하기 위해

해설 본문 4단락에서 "We are requesting your complete cooperation with the auditors for the process to be finished as quickly as possible."(우리는 가능한 한 빨리 절차가 마무리될 수 있도록 당신 회사가 회계감사원들과 전적으로 협력해 주시기를 요청합니다.)라고 하였다. 보기 중 이 내용과 일치하는 (c)가 정답이다.

본문에 쓰인 'for the process to be finished as quickly as possible'과 유사한 표현은 'to complete the audit quickly'이다.

어휘 ask for 요청하다 cooperation 협력 audit 감사 valid 유효한 prove 증명하다 guilty 유죄의 complete 완료하다 secure 확보하다 contract 계약

26. (b)

유형 추론(How)

> 편지에 따르면, 회계감사에서 부정이 입증된다면 풀턴은 어떻게 반응할까?
>
> (a) 그녀는 회계감사 회사에 대한 신뢰를 잃을 수 있다.
> (b) 그녀는 파트너십에 대한 믿음을 끊을 것이다.
> (c) 그녀는 감사 기관에 다른 검토를 요청할 수 있다.
> (d) 그녀는 소송을 제기할 것이다.

해설 본문 4단락에서 "We are hoping to reach an acceptable conclusion with the audit so that our trust can be restored in future business dealings with Woodland

Furniture, Inc."(우리는 감사와 함께 수락 가능한 결론에 도달하여 향후 우드랜드 퍼니처 주식회사와의 사업 거래에서 신뢰를 회복할 수 있기를 희망합니다.)라고 하였다. 감사 결과 수락 가능한 결론이 나오면 우드랜드 사에 대한 신뢰를 회복할 것이라는 말에서 그렇지 않은 결과가 나오면 신뢰하지 않을 것임이 추론되므로 (b)가 정답이다.

어휘 react 반응하다 irregularity 변칙, 부정 trust 신뢰 auditing firm 회계 회사 cease 중단하다 faith 믿음, 신뢰 review 검토 lawsuit 소송

27. (a)

유형 어휘(과거분사: prompted)

> 본문의 맥락에서, prompted는 _____를 의미한다.
>
> (a) 동기가 된   (b) 납득된
> (c) 권장된   (d) 도움받은

해설 본문 2단락 "the audit was prompted by discrepancies in some of your work orders and invoices"(작업 주문서와 송장의 일부 불일치로 인해 감사가 촉발되었습니다.)에서 prompted는 '동기가 된, 촉발된'의 의미로 사용되었으므로 (a)가 정답이다.

어휘 prompted 촉발된 motivated 동기가 된 convinced 납득된 advised 권장된 helped 도움받은

28. (c)

유형 어휘(명사: dealing)

> 본문의 맥락에서, dealings는 _____를 의미한다.
>
> (a) 할인   (b) 경영
> (c) 계약   (d) 유통

해설 본문 4단락 "We are hoping to reach an acceptable conclusion with the audit so that our trust can be restored in future business dealings with Woodland Furniture, Inc."(우리는 감사와 함께 수락 가능한 결론에 도달하여 향후 우드랜드 퍼니처 주식회사와의 사업 거래에서 신뢰를 회복할 수 있기를 희망합니다.)에서 dealings는 '거래, 계약'의 의미로 사용되었으므로 (c)가 정답이다.

어휘 dealing 거래 discount 할인 management 경영 arrangement 협의, 계약 distribution 유통

inter**change**
5th Edition

학습용 Audio와 Video 무료 제공
www.cambridge.org/interchange

Jack C. Richards with Jonathan Hull and Susan Proctor

Beginner to Intermediate 4 Levels* 90–120 teaching hours

A1 A2 B1 B1+

영어회화를 원하는 5천만 명 이상의 학생들이 Interchange를 선택했습니다.

Key features

- Student's Book에는 통합 학습을 위한 수백 개의 연습 문제가 포함되어 있습니다.
- Grammar PLUS는 각 단원의 문법을 더 깊이 있게 학습 하고 연습할 수 있도록 구성되어 있습니다.
- Listening은 학생들이 자신의 생각과 감정을 끌어낼 수 있도록 도와줍니다.
- Reading은 주제, 세부 정보, 추론 문제와 함께 다양한 최신 주제를 학습할 수 있는 기회를 제공합니다.
- Speaking은 말하기와 듣기 연습을 할 수 있게 하며, 일상생활 에서 사용되는 주제로 구성되어 학습자에게 도움을 줍니다.

Cambridge One!

- Interchange Fifth edition의 학습 환경이 Cambridge One 으로 새롭게 업그레이드 되었습니다. 언제 어디서나 스마트 폰, 태블릿, PC 등 모든 디바이스를 사용하여 쉽고 간편하게 학습이 가능합니다.

Student Digital Pack includes:

- eBook with Audio
- Video Program
- Digital Workbook
- Class Audio

Digital Workbook

- 모바일 환경에 최적화된 연습문제를 제 공하여 쉽고 간편하게 테스트 프로그램 을 활용할 수 있습니다.
- Digital Pack 에 적용

eBook

- Student's Book과 ebook을 동시에 제 공하여 온라인, 오프라인 환경 어디에 서나 스스로 학습할 수 있게 최적화되 어 있습니다.

The digital resources

| Powered by Cambridge One | Presentation Plus | eBook with Audio | Digital Workbook | Classroom App | Downloadable Audio | Video | Online Placement Test | Teacher Training cambridge.org/training |

BM (주)도서출판 **성안당** | ✠ **CAMBRIDGE** | 도서문의 031-950-6394

\<EVOLVE\> 시리즈

9781009231763
A1

9781009231794
A2

9781009231824
B1

9781009237550
B1+

9781009235518
B2

9781009237581
C1

\<UNLOCK\> 시리즈

▍ Listening & Speaking

9781009031455
A1

9781009031462
A2

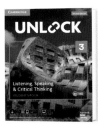

9781009031479
B1

9781009031486
B2

9781009031493
C1

▍ Reading & Writing

9781009031387
A1

9781009031394
A2

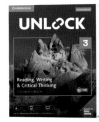

9781009031400
B1

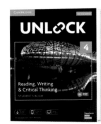

9781009031417
B2

9781009031448
C1

BM (주)도서출판 **성안당**   **CAMBRIDGE** 도서문의 031-950-6394

\<FOUR CORNERS> 시리즈

COURSE

9781009285971

A1

9781009286336

A2

9781009286534

B1

9781009286596

B1+

\<PRISM READING> 시리즈

READING

9781009251327

A1

9781009251631

A2

9781009251792

B1

9781009251860

B2

9781009251938

C1

BM (주)도서출판 성안당   **CAMBRIDGE**   도서문의 031-950-6394